HEILIGE

Copyright © für die deutsche Ausgabe
Parragon Books Ltd
Chartist House
15–17 Trim Street
Bath BA1 1HA, UK

Created by Moseley Road Inc.
Herstellungsleitung: Lisa Purcell
Text: Jo Rose
Design: Terasa Bernard, Brian MacMullen

Art Director: Brian MacMullen
Herausgeber: Edward Sczesnak
Herstellung: Holly Lee, Danielle Scaramuzzo

Realisation der deutschen Ausgabe: trans texas Publishing, Köln
Übersetzung: Aggi Becker, Köln
Lektorat: Yvonne Paris, Bad Neuenahr

ISBN 978-1-4723-1090-3
Printed in China

Hinweis: Die Angabe zu den Patronaten der Heiligen stellen in der Regel eine Auswahl dar.

HEILIGE

EIN LEBEN FÜR DEN GLAUBEN

Inhalt

Wer sind die Heiligen?

„**G**ott erschafft aus dem Nichts. Wunderbar, finden Sie. Ja, aber er tut etwas, das noch wunderbarer ist: Er macht aus Sündern Heilige."

So notierte es der dänische Philosoph Søren Kierkegaard am 7. Juli 1838 in sein Tagebuch. Die im vorliegenden Buch aufgezeichneten Lebensgeschichten der Heiligen geben der Feststellung Kierkegaards recht. Es sind Geschichten von Menschen, deren Leben eine außergewöhnliche Wendung erfährt, indem sie ihr Geschick in Gottes Hände legen. Der Krieger, der das Schwert niederlegt, der Regierungsbeamte aus gutem Hause, der ein lasterhaftes Leben gegen ein tugendhaftes eintauscht, die dunkle Seele, die aus den Tiefen der Verzweiflung emporsteigt, um Tausende zu bekehren.

Heilige vollbrachten Großes. Sie legten sich mit korrupten Regierungen an, bekämpften tief verwurzelte Orthodoxien – manchmal auch innerhalb der Kirche selbst – und abergläubische Ignoranz. Sie heilten die Kranken, tauften die Versklavten und legten oft Tausende von Kilometern unter unvorstellbar harten Bedingungen zurück. Und sie wurden verfolgt, wie wir es uns kaum noch vorstellen können, oft

LINKS: *Jungfrau und Kind mit vier Engeln (1510) von Gerard David. Der niederländische Künstler stellt Jan van Eycks bekannte Komposition von Maria mit dem Jesuskind vor ein zeitgenössisches Bild von Brügge.*

bis in den Tod. So sagte die heilige Teresa von Ávila einst: „Wir stellen immer wieder fest, dass diejenigen, die Christi Lehren aufs Engste befolgten, die größten Prüfungen zu bestehen hatten."

Fast von Beginn der Religion an haben die Christen Heilige verehrt: Der heilige Stephanus wird bereits in der Bibel genannt und ist der allererste heilige Märtyrer des Christentums. Die frühen Heiligen waren meist Märtyrer, gläubige Christen, die sich unter römischer Gesetzgebung eher zum Tode verurteilen ließen als ihrem Glauben abzuschwören und das römische Heidentum zu praktizieren.

Im Laufe der Jahrhunderte haben die christlichen Autoritäten Menschen unterschiedlichster Herkunft und aus allen Gesellschaftsschichten heiliggesprochen. So verfügte Katherine Maria Drexel, die den Orden der Schwestern vom Heiligen Sakrament gründete, über ein Vermögen von 20 Millionen US-Dollar, das sie für ihr religiöses Wirken verwendete. Martin von Porres, 1837 von Papst Gregor XVI. seliggesprochen, wuchs als illegitimer Sohn eines spanischen Adligen und einer ehemaligen schwarzen Sklavin in Armut auf. Die heilige Bernadette war die Tochter der französischen Müllersfamilie Soubirous. Apostel, Jungfrauen, Märtyrer, Mönche, Mystiker, Könige und Bauern, wie unterschiedlich die Herkunft der Heiligen auch immer war, eines hatten sie alle gemeinsam: Sie

lebten ein Leben in heroischer Tugend, unerschütterlich ergeben an ihren Glauben.

Auch die geografische Herkunft der Heiligen ist ganz unterschiedlich, wir finden sie auf allen Kontinenten, und sie stammen aus vielen verschiedenen Nationen. So gibt es über 10 000 allein von der römisch-katholischen Kirche

anerkannte Heilige. Angesichts dieser Zahl können die hier versammelten 150 Heiligenleben also bestenfalls einen Eindruck von der Vielzahl der Heiligen vermitteln.

Die frühesten Heiligen stammen aus der Zeit vor der großen Kirchenspaltung (Schisma 1054), bevor eine West- und eine Ostkirche entstanden. Die Lebensgeschichten dieser Heiligen lassen die ferne Vision einer hegemonischeren religiösen Institution aufkommen, die es leider, wie der Verlauf der Geschichte gezeigt hat, nie wirklich geben sollte. Daher haben die beiden Kirchen einzelnen Heiligen zuweilen unterschiedliche Gedenktage zugeteilt.

Nicht alle Christen sind sich über die spirituelle Wirkungskraft der Heiligen einig, aber es ist unbestreitbar, dass sie − zumindest während ihres irdischen Lebens − eine enorm wichtige Rolle in der Geschichte, Entwicklung und Theologie des Christentums und somit auch ganz allgemein in der Geschichte der Menschheit gespielt haben. So kann man ihre spirituelle, theologische und historische Bedeutung gar nicht überbewerten.

„Nicht mehr ich lebe, sondern Christus lebt in mir" (Galater 2,20). Dieser Satz gilt für die hier beschriebenen Heiligen: Sie waren bestrebt, ein vom christlichen Glauben erfülltes Leben zu leben. Dass sie dies taten − und es ihnen gelang, das Christentum so beachtlich zu verbreiten −, zeugt von ihrer enormen Tapferkeit angesichts der schwierigen, gefahrvollen, ja oft lebensbedrohlichen Umstände. In diesem Lichte betrachtet sind ihre Leben Beispiele einer tiefgründigen Zivilcourage und für uns heute genauso relevant, wie sie es vor Hunderten von Jahren für die frühen Christen waren.

Heiligenfiguren sind oft das Thema großartiger Kunstwerke; so schmücken viele beeindruckende Bildnisse die Kirchen der Welt. Dieses Altarbild von Johannes dem Täufer (1505) schuf der umbrische Maler Pietro Perugino als Auftragsarbeit für den Hochaltar der Basilica della Santissima Annunziata in Florenz.

In Correggios Gemälde Vier Heilige: Petrus, Martha, Maria Magdalena und Leonhard *(um 1514–1516) sind die Attribute der Heiligen zu sehen: Schlüssel (Petrus), Drache (Martha), Salbgefäß (Maria Magdalena), Fesseln (Leonhard).*

HEILIGE MÄRTYRER

In den ersten Jahrhunderten nach Christus verbot Rom das Christentum. Christen, die eher das Todesurteil annahmen, als ihren Glauben zu verleugnen, wurden zu Märtyrern. Ihre Namen, Todestage und zum Teil auch kurzen Biografien füllten die Seiten der ersten Martyrologien. Die Märtyrer trugen wahrscheinlich eher dazu bei, den Glauben zu verbreiten, denn viele Römer waren von solcher Ergebenheit derart beeindruckt, dass auch sie Christen wurden. Später bekannten sich auch die römischen Kaiser zum Christentum und verknüpften damit Kirche und Staat. Dennoch stand man Missionaren oft feindselig gegenüber – bisweilen mussten sie mit ihrem Leben büßen. Selbst in traditionell christlichen Ländern haben in den letzten Jahrhunderten gewalttätige Regierungen viele Gläubige zu Märtyrern gemacht. Papst Johannes Paul II. sprach 1992 eine Gruppe von 25 Katholiken selig, die in Mexiko unter dem anti-katholischen Regime von Plutarco Calles (1924–1928) getötet worden waren.

Die Verehrung der Märtyrer ist einer der ältesten Aspekte des christlichen Glaubens. Bereits im 4. Jahrhundert wurden ihre Reliquien aufbewahrt. Im Mittelalter wurden jungfräuliche Märtyrerinnen, wie die heilige Barbara, die heilige Lucia von Syrakus und die heilige Cäcilia von Rom, besonders verehrt. Heute wird der sagenhafte Charakter der Märtyrerlegenden manchmal infrage gestellt, doch schon die Tapferkeit der am wenigsten sagenumwobenen Märtyrer verdient ehrendes Gedenken.

STEPHANUS

Stephanus, der erste von sieben Diakonen der urchristlichen Gemeinde, wurde durch seine Steinigung um das Jahr 35 zum ersten Märtyrer der Christenheit. Die Bibel beschreibt alles, was wir über sein Leben und Martyrium wissen, in der Apostelgeschichte 6,1–8,2. Als Stephanus, der Blasphemie beschuldigt, der ihm feindlich gesinnten jüdischen Menge vorgeführt wurde, verwies er auf historische Präzedenzen: „Ihr Halsstarrigen und Unbeschnittenen an Herz und Ohren! Ihr widerstreitet allezeit dem Heiligen Geiste; wie eure Väter, so auch ihr. Welchen der Propheten haben eure Väter nicht verfolgt?" (Apostelgeschichte 7,51–7,52).

Viele Künstler haben das Martyrium des heiligen Stephanus dargestellt. Porträts zeigen ihn oft als Diakon mit einer Märtyrerpalme und drei Steinen als Symbol für sein Martyrium.

Seine Worte verärgerten die Zuhörer, und die Vision von Gott und Jesus, die Stephanus am Himmel erschien, machte sie nur noch wütender, sodass sie ihn nach hebräischem Gesetz steinigten. Stephanus aber, „voll Gnade und Kraft" (Apostelgeschichte 6,8), vergab seinen Mördern, als er starb.

Vier Jahrhunderte nach seinem Martyrium fand ein Priester namens Lucianus das Grab von Stephanus und barg dessen Reliquien. Stephanus' Reliquien wurden zunächst in einer Kirche in der Nähe des Damaskustors in Jerusalem aufbewahrt, der ursprüngliche Kirchenbau existiert jedoch nicht mehr. Nach Stephanus benannt ist das Stephanstor in Jerusalem.

Stephanus aber, voll Gnade und Kraft, tat Wunder und große Zeichen unter dem Volk.

APOSTELGESCHICHTE 6,8

IGNATIUS
von Antiochia

GEBOREN
um 50

GESTORBEN
um 107

KANONISIERT
vor der Kongregation

GEDENKTAG
17. Oktober oder 1. Februar
(Westkirche)
20. Dezember oder 2. Januar
(Ostkirche)

PATRON
der orthodoxen Kirchen des
östlichen Mittelmeeres

AUCH BEKANNT ALS
Theophorus

Auf dem Weg nach Rom, wo Ignatius, Bischof von Antiochia in Syrien, im Kolosseum den Märtyrertod sterben sollte, schrieb er in einem seiner Briefe: „Ich werde bereitwillig für Gott sterben." Fast jedes seiner geschriebenen Worte verlieh seinem inbrünstigen Glauben Ausdruck. Ignatius war einer der ersten Bischöfe Antiochias und sicherlich einer der jüngsten, da er bei seiner Ernennung erst etwa 17 Jahre alt war. Doch nicht deshalb wird sein Andenken so hochgehalten. In einer Reihe von Briefen an verschiedene Adressaten, darunter sein Freund Polykarp von Smyrna, schuf er das theologische Gerüst der späteren katholischen Doktrin. So ist Ignatius der Erste, der die Bezeichnung „katholisch" für die Kirche verwendete. Die Charakterstärke, die er als Gefangener bewies, machte einen bleibenden Eindruck auf die Christen, die am Wege herbeiliefen, um ihn zu unterstützen. Er hieß den Märtyrertod mit offenen Armen willkommen, bat gar seine christlichen Glaubensgenossen, nicht einzugreifen. Die Reliquien des Theologen und Märtyrers Ignatius befinden sich heute in der Basilica di San Clemente in Rom.

Ich bin der Weizen Gottes, lasst die Zähne wilder Tiere mich mahlen, auf dass ich zum reinen Brot Christi werde.

BRIEF DES IGNATIUS VON ANTIOCHIA
AN DIE RÖMER, KAPITEL 4

Mosaik in der Basilica di San Clemente, in der Ignatius' Reliquien aufbewahrt werden.

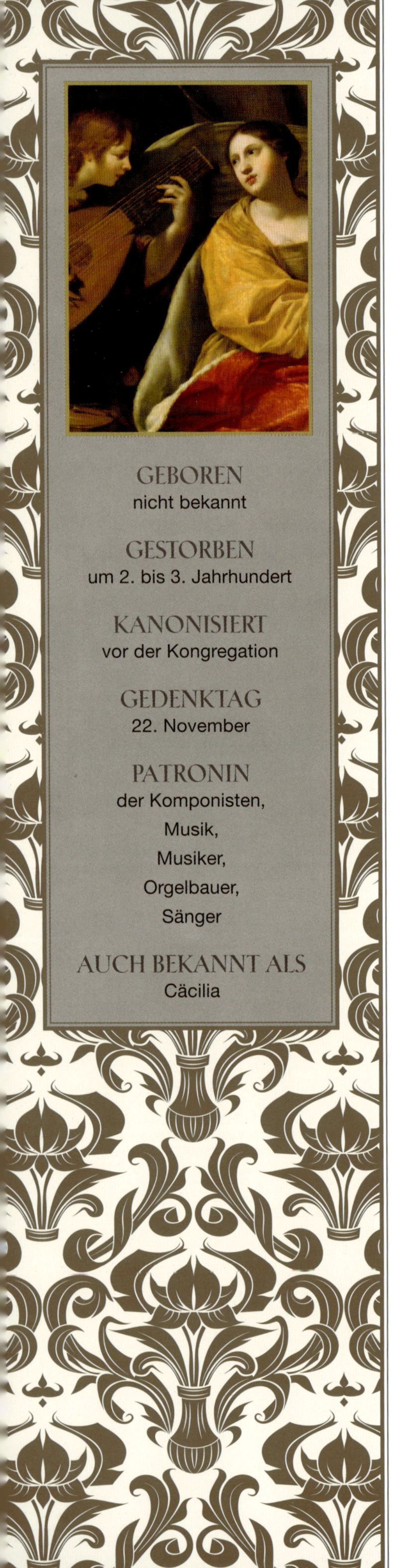

GEBOREN
nicht bekannt

GESTORBEN
um 2. bis 3. Jahrhundert

KANONISIERT
vor der Kongregation

GEDENKTAG
22. November

PATRONIN
der Komponisten,
Musik,
Musiker,
Orgelbauer,
Sänger

AUCH BEKANNT ALS
Cäcilia

CÄCILIA
von Rom

Die heilige Cäcilia ist eine der geheimnisvollsten Heiligen. Ihre Legende gehört zu denen der jungfräulichen Märtyrerinnen der späten Antike. Sie gelobte Christus Jungfräulichkeit, wurde aber gezwungen, Valerianus, einen heidnischen Patrizier, zu heiraten. Als an ihrem Hochzeitstag die Orgel spielte, sang sie im Herzen zu Christus. In der Hochzeitsnacht soll sie ihren Ehemann bekehrt haben und bewahrte so ihre Jungfräulichkeit. Auch

Du aller Jungfrau'n

blüthenreichste Zier

❋

GEOFFREY CHAUCER,
*CANTERBURY-ERZÄHLUNGEN,
DIE ERZÄHLUNGEN DER ZWEITEN NONNE*

ihren Schwager und Hunderte weitere Menschen bekehrte sie zum Christentum. Sie wurde festgenommen und dazu verurteilt, in heißem Wasser zu verbrühen. Da sie dies überlebte, sollte sie enthauptet werden. Dem Henker gelang dies jedoch auch nach drei Versuchen nicht, sodass Cäcilia erst drei Tage darauf an ihren Verletzungen gestorben sein soll.

Diese düstere Legende datiert zurück in das 5. Jahrhundert. Keine der Einzelheiten kann überprüft werden. Cäcilias Name taucht weder in einem Martyrologium noch einem Werk früher christlicher Autoren auf; vermutlich ist ihre Geschichte erfunden. Die Cäcilienfeiern, bei denen ihrer gedacht wird, haben über die Jahre zahlreiche Komponisten zu Werken inspiriert.

Der Legende nach sang Cäcilia sterbend eine Lobeshymne auf Gott. Als Schutzpatronin der Musiker wird Cäcilia meist dargestellt, wie sie ein Musikinstrument spielt.

PERPETUA UND FELICITAS

Die aus vornehmem Hause stammende Perpetua und ihre Sklavin Felicitas starben am 7. März 203 in Karthago als Märtyrerinnen. Zu den Berichten von Zeitzeugen zählen auch zwei, die von Perpetua und einer ihrer Sklavinnen selbst verfasst wurden. Diese schildern Einzelheiten des Prozesses gegen diese beiden Frauen.

Nachdem der römische Kaiser Septimius Severus den christlichen Glauben verboten hatte, wurden Perpetua vor Gericht gebracht. Perpetuas Vater, ein Heide, bat seine Tochter mehrmals vergeblich, ihrem Glauben abzuschwören; nicht einmal, nachdem er Perpetuas Sohn zu einem Gefängnisbesuch mitgenommen hatte, ließ sie sich erwei-

Perpetuas Bericht ist in der ersten Person verfasst und gilt deshalb als erster überlieferter Text einer Christin.

chen. Weder Perpetua, Felicitas noch weitere mit ihnen verhaftete Christen widerriefen. Perpetua und einer ihrer Mitgefangenen, Saturus, waren mit Visionen gesegnet, während die hochschwangere Felicitas dafür betete, ihr Kind rechtzeitig gebären zu dürfen, um gemeinsam mit den anderen sterben zu können (das Gesetz erlaubte es nicht, eine schwangere Frau zu töten). Felicitas gebar ihr Kind nur zwei Tage vor der angesetzten Exekution. Einer der Gefährten Perpetuas starb noch im Gefängnis. Perpetua und ihre übrigen Gefährten wurden in das Amphitheater von Karthago gebracht, von wilden Tieren gehetzt und schließlich mit dem Schwert erschlagen.

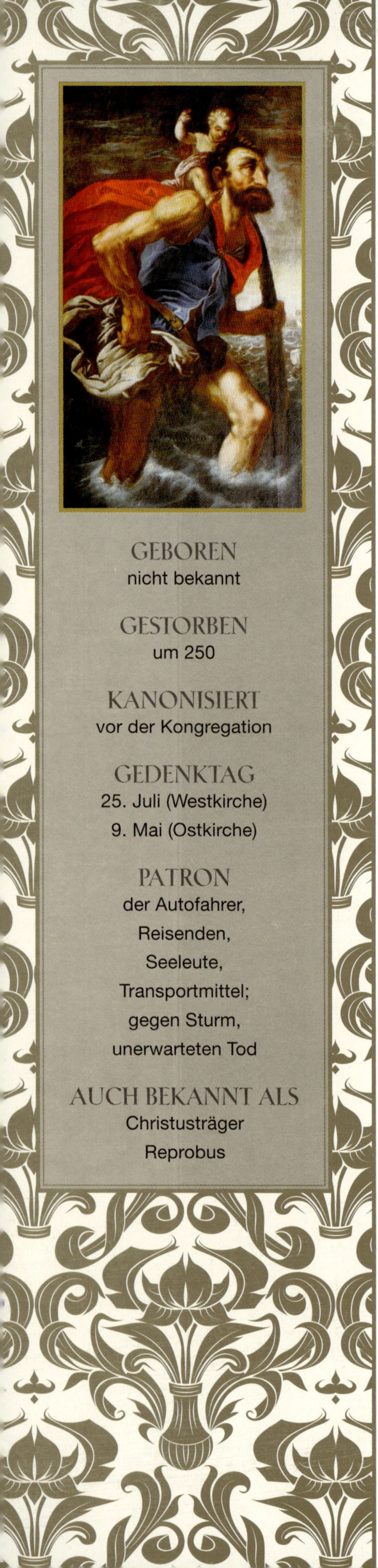

GEBOREN
nicht bekannt

GESTORBEN
um 250

KANONISIERT
vor der Kongregation

GEDENKTAG
25. Juli (Westkirche)
9. Mai (Ostkirche)

PATRON
der Autofahrer,
Reisenden,
Seeleute,
Transportmittel;
gegen Sturm,
unerwarteten Tod

AUCH BEKANNT ALS
Christusträger
Reprobus

CHRISTOPHORUS

Um Christophorus ranken sich viele Legenden, kaum etwas ist geschichtlich belegt. Auch seine Erwähnung in einem Martyrologium aus dem 5. Jahrhundert ist zweifelhaft, obwohl ihm bereits 452 eine Kirche in Bithynien geweiht wurde.

DER CHRISTUSTRÄGER

Alle Legenden um Christophorus heben ihn als fesselnde symbolische Figur hervor. Ursprünglich Reprobus genannt, soll er ein menschenfressender Wilder gewesen sein. In frühen östlichen Legenden wird er als Cynocephalus beschrieben, ein Monstrum mit menschlichem Körper und Hundekopf, das bellen, aber nicht sprechen kann. Der stolze Reprobus forderte Gott auf, seine Macht zu beweisen; ein Engel schenkte ihm daraufhin die Sprache. Reprobus zog umher, bis er am Ufer eines Flusses auf ein Kind traf, das auf die andere Seite getragen werden wollte. Er tat dies, doch während der Überquerung des Flusses wurde das Kind immer schwerer. Reprobus bekam Angst zu ertrinken, doch das Kind gab sich als Christuskind zu erkennen, und Reprobus – der Christusträger – bekannte sich zum Glauben.

Im Mittelalter wurde Christophorus sehr verehrt und zählte zu den 14 Nothelfern. Als Christusträger ist er heute der Schutzpatron der Reisenden.

In Eurasien glaubte man, dass es Kynokephale genannte hundsköpfige Menschen gab. Christophorus wird in östlichen Überlieferungen oft als Cynocephalus dargestellt, in westlicher Tradition meist als ein Riese.

Dionysius
von Paris

Der Überlieferung nach wurde Dionysius bei seiner Missionsarbeit in Gallien während der Christenverfolgung durch Kaiser Decius oder Valerius als Märtyrer hingerichtet. Gregor von Tours erwähnt die Geschichte des Dionysius in seiner *Historia Francorum*, die er jedoch erst im 6. Jahrhundert verfasst hat, also drei Jahrhunderte nach den Ereignissen; deshalb ist es fraglich, wie zuverlässig einzelne Details sind.

Im 7. Jahrhundert entdeckte der Frankenkönig Dagobert I. Dionysius' Reliquien und errichtete die Abteikirche Saint-Denis, in der sie seither aufbewahrt werden. Dagobert selbst wurde dort neben den Gebeinen des Dionysius beigesetzt.

Im 9. Jahrhundert setzte Abt Hildwin (Hilduin) von Saint-Denis die Geschichte des Dionysius irrtümlich mit der des Dionysius Areopagita (Pseudo-Dionysius) gleich. Obwohl dieser wahrscheinlich erst im 5. Jahrhundert gelebt hat, datierte man seine Arbeiten auf das 1. Jahrhundert, und so wurde seine Person mit der des biblischen Dionysius Areopagita von Athen verschmolzen. Trotz dieser Verwirrungen und Unklarheiten breitete sich sein Kult schnell aus.

Der Legende zufolge trug Dionysius nach seiner Enthauptung seinen Kopf zum heutigen Standort der Kathedrale von Saint-Denis in Paris, um zu zeigen, wo er begraben sein wollte.

GEBOREN
nicht bekannt

GESTORBEN
um 250–258

KANONISIERT
vor der Kongregation

GEDENKTAG
9. Oktober (Westkirche)
3. Oktober (Ostkirche)

PATRON
von Frankreich

AUCH BEKANNT ALS
Denis

Papst FABIANUS

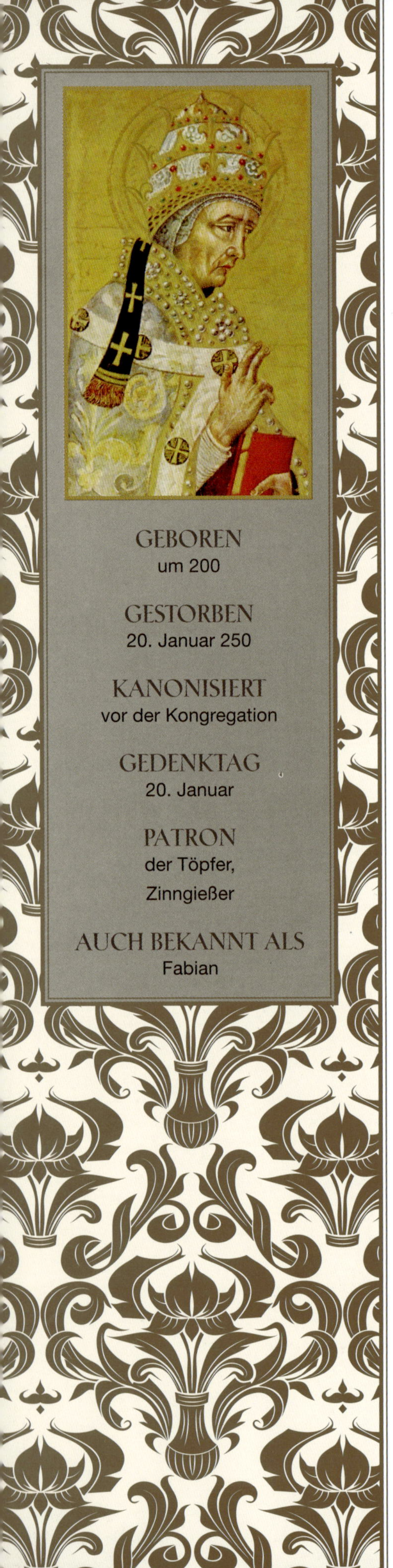

GEBOREN
um 200

GESTORBEN
20. Januar 250

KANONISIERT
vor der Kongregation

GEDENKTAG
20. Januar

PATRON
der Töpfer,
Zinngießer

AUCH BEKANNT ALS
Fabian

Fabianus wurde 236 zum Papst und Bischof von Rom gewählt. Der Geschichtsschreiber Eusebius von Caesarea berichtet, dass sich eine Taube (das Symbol des Heiligen Geistes) auf Fabianus' Haupt niedergelassen hatte und Fabianus demzufolge von den Christen für würdig angesehen wurde, zum Bischof gewählt zu werden, obwohl er kein Geistlicher war.

Die Herrschaft von Kaiser Philippus Arabs (244–249) gewährte den Christen eine kurze Atempause von der Verfolgung. Fabianus konnte so mehrere wichtige Projekte durchführen, die ihm wahrscheinlich die Unterstützung des Kaisers einbrachten. Er erbaute und erweiterte einige Gräber in den Katakomben von Rom, überführte die Gebeine seines Vorgängers Papst Pontianus (um 230–235) und dessen Leidensgenossen als Märtyrer, des heiligen Hippolyt von Rom, und gliederte Rom in sieben Diakonatsbezirke. Er sammelte auch die Märtyrerakten – das Schicksal hatte vorgesehen, ihn selbst in deren Reihen aufzunehmen. Als im Jahre 249 Kaiser Decius an die Macht kam, folgte eine der schlimmsten Christenverfolgungen in der römischen Geschichte. Im Januar 250 wurde Fabianus das erste römische Opfer von Kaiser Decius. Man setzte ihn in der Calixtus-Katakombe im Rom bei, die er selbst hatte instand setzen lassen.

Die Christenverfolgung unter Kaiser Decius

Decius regierte von 249 bis 251. Im Januar 250 erließ er ein allgemeines Opferedikt, demzufolge jeder Bürger dem Kaiser und den Göttern Roms zu opfern hatte. Dieses Gebot jedoch war mit dem christlichen Glauben nicht vereinbar. Viele Christen unterschiedlicher gesellschaftlicher Stellung verweigerten dem Kaiser die Gefolgschaft und riskierten Folter und Tod. Das Edikt führte zur ersten organisierten Christenverfolgung des Kaiserreiches.

Römische Silbermünze mit Porträt des Kaisers Decius

AGATHA
von Catania

Die Geschichte der Agatha von Catania bleibt von einem Geheimnis umwoben, obwohl ihr Kult in verschiedenen Quellen belegt ist.

Agatha starb um 250 in Catania. Ihr Geburtsort soll entweder Catania oder Palermo gewesen sein. Die Legende der Agatha, die in den Details Parallelen zu anderen bekannten jungfräulichen Märtyrerinnen aufweist, ist insgesamt nicht zuverlässig.

Der Überlieferung nach weigerte sich Agatha, den Heiden Quintianus, Statthalter von Sizilien, zu heiraten, der sie daraufhin dazu verdammte, die Schande der Prostitution auf sich zu

Dieses Gemälde aus dem 17. Jahrhundert zeigt Petrus, der die Wunden der heiligen Agatha heilt. In Gemälden wird sie oft dargestellt mit einer Schale, auf der ihre Brüste liegen – sie sollen ihr im Verlauf der Folter abgetrennt worden sein.

nehmen. Als sie sich auch nach einem Monat im Freudenhaus immer noch weigerte, Quintianus zu ehelichen, übergab er sie dem Magistrat. Sie wurde zunächst eingekerkert, da sie aber standhaft blieb und ihrem Glauben nicht abschwor, musste Agatha schreckliche Folter erleiden: Sie wurde gestreckt und über heiße Kohlen gerollt. Dabei betete Agatha, dass die Folterqualen aufhören mögen, sodass ihre Seele zu Christus im Himmel auffahren könne. Der Legende zufolge soll die Erde gebebt haben, die Mauern stürzten ein und zermalmten die Folterknechte. So wurde sie von ihren Qualen befreit.

Die Kathedrale Sant'Agata in Catania

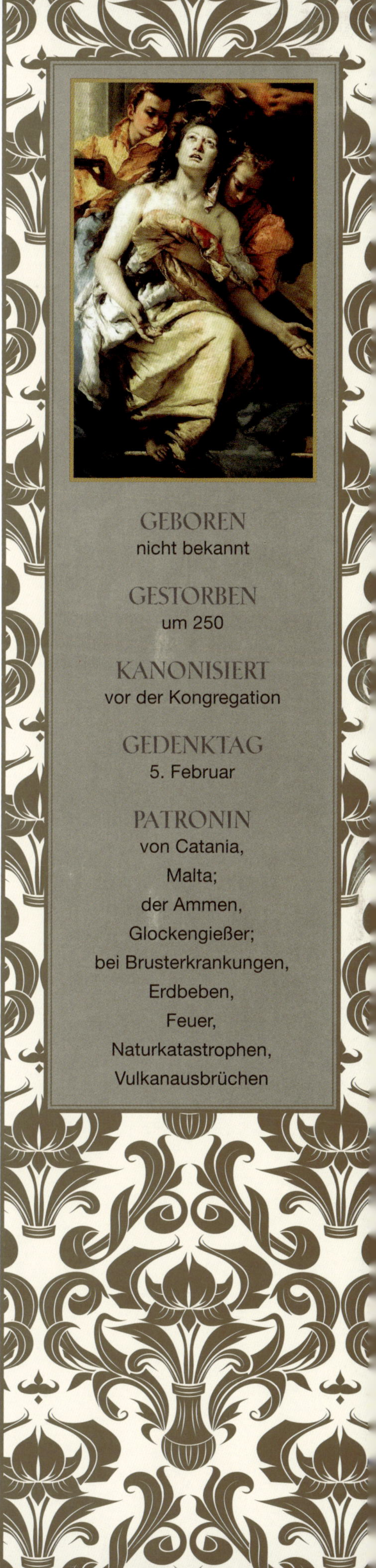

GEBOREN
nicht bekannt

GESTORBEN
um 250

KANONISIERT
vor der Kongregation

GEDENKTAG
5. Februar

PATRONIN
von Catania,
Malta;
der Ammen,
Glockengießer;
bei Brusterkrankungen,
Erdbeben,
Feuer,
Naturkatastrophen,
Vulkanausbrüchen

Papst SIXTUS II.

GEBOREN
Nicht bekannt

GESTORBEN
6. August 258

KANONISIERT
vor der Kongregation

GEDENKTAG
7. August

PATRON
für gutes Gedeihen von
Trauben und Bohnen

AUCH BEKANNT ALS
Xystus II.

I m Jahr 258 ordnete der römische Kaiser Valerian die generelle Hinrichtung aller christlichen Geistlichen an, die einen bestimmten Rang bekleideten, darunter Bischöfe, Pries-

Laurentius von Rom

Einer nicht belegten Legende nach traf der Papst auf dem Weg zu seiner Verurteilung seinen Archidiakon Laurentius. Laurentius war herbeigeeilt, als er von der Verhaftung gehört hatte, um an der Seite des Papstes zum Märtyrer zu werden. Sixtus jedoch besänftigte ihn und prophezeite, dass er ihm nach drei Tagen folgen würde, was auch eintrat.

Das Martyrium des heiligen Laurentius von Rom, *Relief von Juan de León*

Wir wissen, dass die Soldaten Christi nicht getötet, sondern vielmehr gekrönt werden.

HEILIGER CYPRIAN VON KARTHAGO IN EINEM BRIEF ZUM TODE SIXTUS' II.

ter und Diakone. Auch verbot er jegliche Versammlung von Christen wie auch christliche Friedhöfe. Die Christenverfolgung unter Valerian gehörte zu einer der restriktivsten in römischer Zeit. Auch Papst Sixtus II. fiel ihr bald nach seiner Ernennung in Rom zum Opfer. 257 zum Pontifex gewählt, hatte Sixtus II. bereits andere Christenverfolgungen erlebt. Am 6. August 258 jedoch missachtete er Valerians Edikt und büßte dafür mit dem Leben. Er wurde während einer Versammlung von Christen in der Calixtus-Katakombe von römischen Soldaten verhaftet, einer raschen Verurteilung zugeführt und auf dem Richtplatz zusammen mit mehreren Diakonen enthauptet.

CYPRIAN
von Karthago

Der heilige Cyprian war ein wohlhabender Karthager, der sich in seinen mittleren Lebensjahren zum christlichen Glauben bekannte. Er entkam zwar der Christenverfolgung unter Kaiser Decius (249–251), doch erlitt er unter der Herrschaft Kaiser Valerians (256–260) als erster Bischof von Karthago den Märtyrertod.

Ruinen römischer Villen in Tunis. In den ersten Jahrhunderten nach Christus ging das einst mächtige karthagische Reich in der römischen Provinz Africa auf. Die Stadt Karthago, heute ein Vorort von Tunis, war ein Zentrum des frühen Christentums.

> *Wer die Kirche nicht zur Mutter hat, kann Gott nicht zum Vater haben.*

HEILIGER CYPRIAN VON KARTHAGO

Als Kaiser Decius 249 die Hinrichtung aller christlichen Bischöfe anordnete – gut ein Jahr, nachdem Cyprian zum Bischof von Karthago gewählt worden war –, versteckte sich Cyprian. Einige erachteten dies für Feigheit, Cyprian jedoch war der Ansicht, dass er seinen Gefolgsleuten lebend eine bessere Hilfe sei als tot. Aus seinem Versteck sandte er verfolgten Christen finanzielle Hilfe und schrieb dringend benötigte Briefe, die Leitlinien und moralische Unterstützung boten.

Dennoch, als Kaiser Valerian erneut zur Hinrichtung der Bischöfe und anderer Geistlicher aufrief, konnte Cyprian der Verhaftung nicht länger entkommen. Im August 257 schickten die Römer ihn ins Exil. Einen Monat darauf träumte Cyprian, er sei zum Tode verurteilt. Dies sollte sich genau ein Jahr nach seinem Traum, am 14. September 258, erfüllen. Da er sich weigerte, seinem Glauben abzuschwören, verurteilte ihn der römische Prokonsul zum Tode durch Enthauptung.

GEBOREN
um 200

GESTORBEN
14. September 258

KANONISIERT
vor der Kongregation

GEDENKTAG
16. September (Westkirche)
31. August (Ostkirche)
26. September (anglikanische Kirche)

PATRON
von Algerien, Nordafrika

AUCH BEKANNT ALS
Thaschus Caecilius Cyprianus

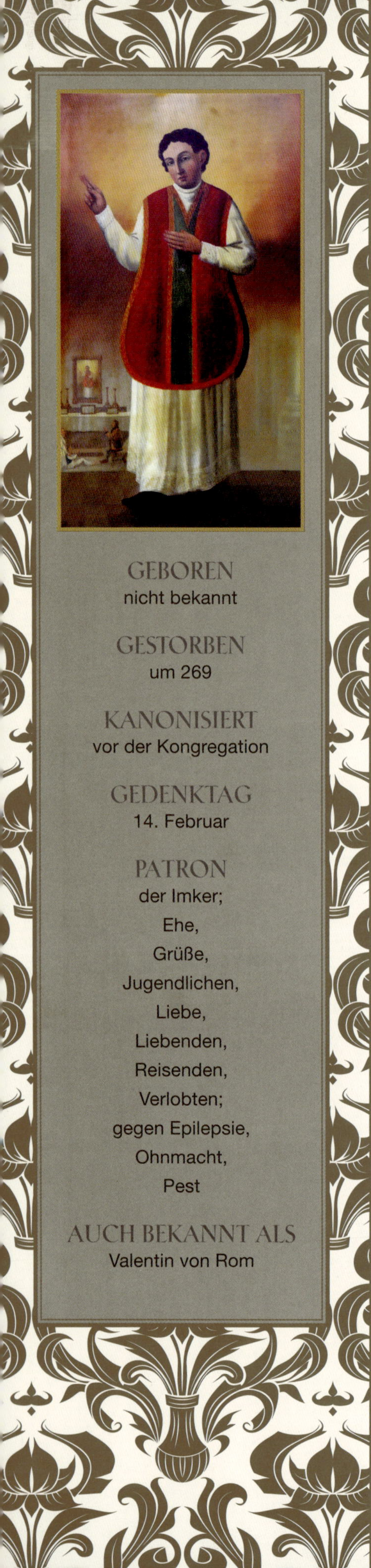

VALENTIN
von Terni

Anders als andere frühe Heilige, die geschichtlich nur durch wenige Erwähnungen belegt sind, taucht der heilige Valentin allzu häufig auf. So tragen gleich drei Heilige den Namen Valentin, und es ist nicht sicher, welchem von ihnen der Valentinstag gilt.

OBEN: *Valentin tauft die heilige Lucilla. Die meisten Darstellungen zeigen den heiligen Valentin in der Bischofsrobe.*

RECHTS: *Quellen sprechen von einem Valentin von Terni, einem von Rom und einem von Afrika. Dennoch mag es sich um dieselbe Person handeln, die alle drei Regionen bereist hat.*

Trotz der Verbreitung seines Namens bleibt der heilige Valentin eine von Rätseln verschattete Gestalt. Auch stammt die Verbindung seines Namens mit der Liebe wahrscheinlich aus legendenhaften Erzählungen, die man sich erst später ausdachte, nachdem diese Assoziation bereits bestand. Einer Erzählung zufolge traute Valentin heimlich Brautleute von seiner Gefängniszelle aus nach christlichem Ritus, obwohl der römische Kaiser Claudius II. Goticus seinen Soldaten die Eheschließung verboten hatte. Einer anderen Legende zufolge gab Valentin der blinden Tochter seines Gefängniswärters auf wundersame Weise das Augenlicht zurück und ließ ihr eine Notiz zukommen, die er mit „von deinem Valentin" unterschrieb. Obwohl derlei Erzählungen nicht viel geschichtliche Glaubhaftigkeit beigemessen werden kann, gilt Valentin seit dem Mittelalter als Schutzpatron der Liebe und der Liebenden.

Barbara

Barbara war im Mittelalter eine der meistverehrten jungfräulichen Märtyrerinnen. Wahrscheinlich ist ihre Person erfunden, ihr Kult jedoch fand im frühen Mittelalter im Westen wie im Osten weite Verbreitung. Die bekannteste Legendenversion wird in der *Legenda aurea* (Goldene Legende) erzählt, der berühmten, im 13. Jahrhundert von Jacobus de Voragine verfassten Sammlung von Heiligenlegenden.

Demnach war die schöne Barbara die Tochter des wohlhabenden Heiden Dioskuros von Nikomedia. Ihr eifersüchtiger Vater sperrte sie die meiste Zeit ihres Lebens in einen eigens dafür errichteten Turm ein. Als er auf eine lange Reise ging, befahl Dioskuros, ein Badehaus für seine Tochter zu bauen. Bei seiner Rückkehr raste er vor Wut, als er entdeckte, dass anstelle der von ihm angeordneten zwei Fenster drei eingebaut worden waren und noch dazu ein Kreuz in die Wand gemeißelt war. Barbara erklärte ihrem Vater, dass die drei Fenster die Heilige Dreieinigkeit repräsentierten und dass sie das Kreuz auf wundersamer Weise nur mit ihrem Finger in die Wand gedrückt habe. Vor ihrem wutentbrannten Vater konnte Barbara fliehen, wobei Engel ihr halfen, doch der Vater fand sie schließlich und lieferte sie an den römischen Statthalter aus.

Dieser folterte sie mehrfach, doch sie schwörte ihrem Glauben nicht ab. Dioskuros persönlich richtete seine Tochter hin.

Dieses Gemälde zeigt die heilige Barbara, die ihren heidnischen Vater zerdrückt. Künstler malten sie oft neben einem Turm oder mit einem Miniaturturm im Arm. Häufig erscheint sie auch mit einem Palmzweig und einem Kelch.

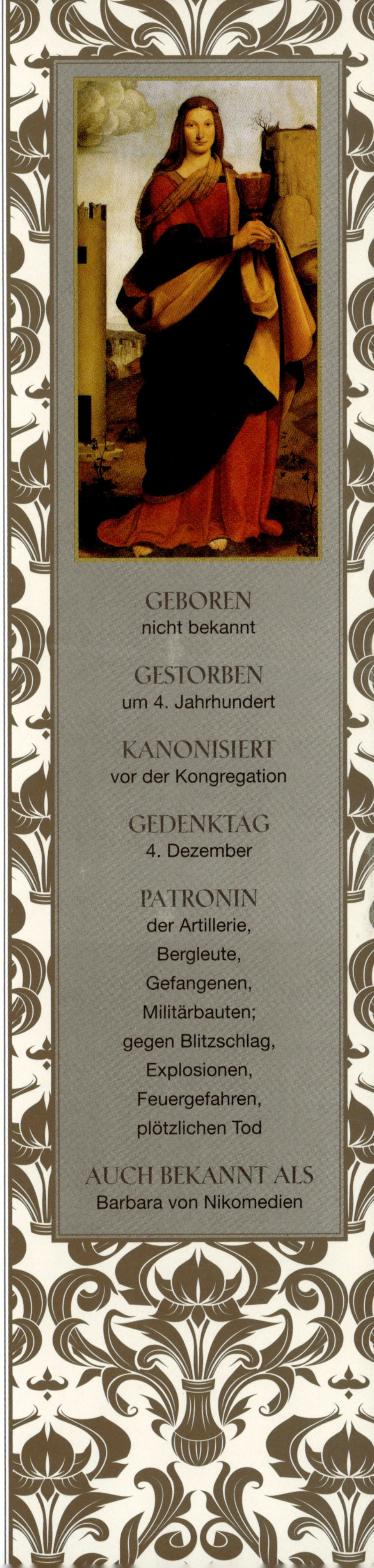

GEBOREN
nicht bekannt

GESTORBEN
um 4. Jahrhundert

KANONISIERT
vor der Kongregation

GEDENKTAG
4. Dezember

PATRONIN
der Artillerie,
Bergleute,
Gefangenen,
Militärbauten;
gegen Blitzschlag,
Explosionen,
Feuergefahren,
plötzlichen Tod

AUCH BEKANNT ALS
Barbara von Nikomedien

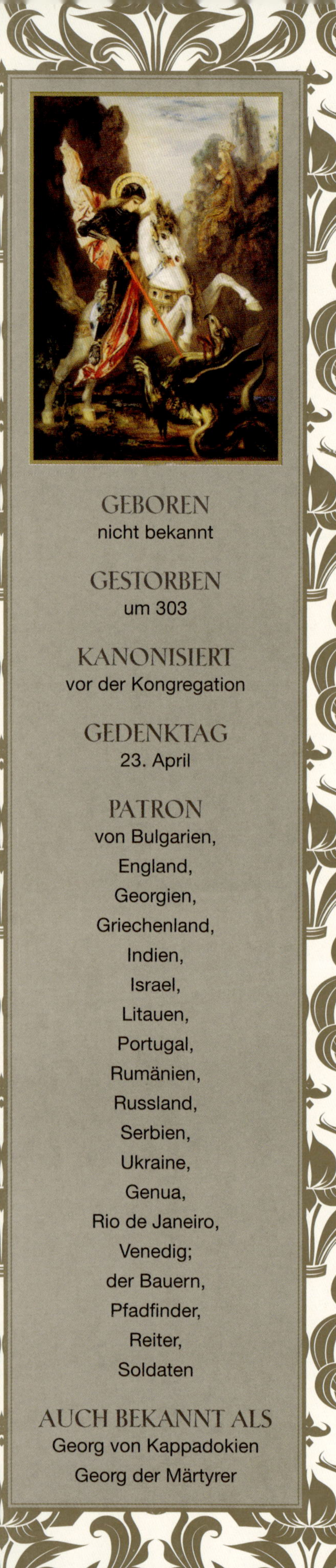

GEORG

Als Georg auf Reisen war, kam er zu einer Stadt, die von einem Drachen geplagt wurde. Als er die Stadt erreichte, sah er, dass die Bewohner dem Drachen die Königstochter ausgeliefert hatten. Georg machte das Kreuzzeichen und ritt gegen den Drachen, den er mit seiner Lanze durchbohrte. Dann nahm er den Gürtel der Königstochter, warf ihn um den Hals des Drachens, führte die Bestie in das Dorf und tötete sie dort. Der König, seiner Sorgen entledigt, bot Georg viele Reichtümer, doch dieser lehnte sie ab und ging seines Weges.

Die Legende von Georg stammt aus dem 11. oder 12. Jahrhundert und hat sicherlich keinen Anspruch auf historische Wahrheit. Von seinem Leben weiß man, dass Georg ein Soldat und Offizier in den Diensten Kaiser Diokletians war und ein hohes Ansehen genossen zu haben scheint. Dennoch protestierte er öffentlich gegen die vom Kaiser Anfang des 4. Jahrhunderts angeordnete Christenverfolgung und wurde infolgedessen gefoltert. Im Mittelalter war er ein sehr beliebter Heiliger in der östlichen und westlichen Christenheit. Die Kreuzfahrer trugen sein Wappen in den Kampf – ein rotes Kreuz auf weißem Untergrund. Schließlich bestimmte auch England das *St George's Cross* (Georgskreuz) für seine Nationalflagge, auch im *Union Jack*, der Flagge des Vereinigten Königreiches von Großbritannien, ist es zu sehen.

Viele Städte und Nationen haben den heiligen Georg zu ihrem Schutzpatron erkoren, so auch Russland, dessen Staatswappen in der Mitte ein Bild des Heiligen trägt.

AGNES
von Rom

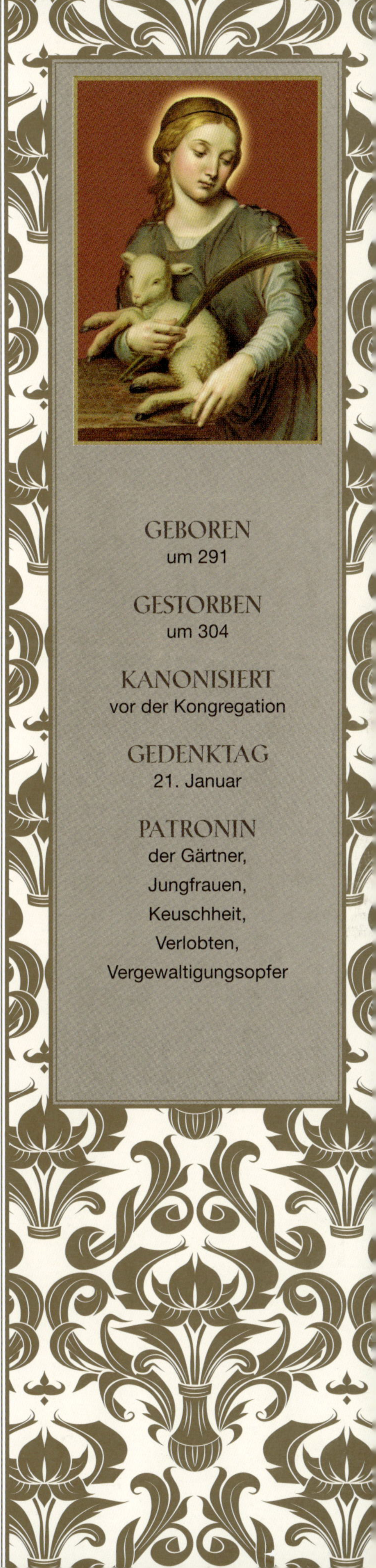

Zu der Zahl der sehr verehrten jungfräulichen Märtyrerinnen gehört die heilige Agnes von Rom. Sie soll während der Christenverfolgung unter Kaiser Diokletian im Alter von 12 oder 13 Jahren gestorben sein. Ihre Legende geht in das 5. Jahrhundert zurück und ähnelt der anderer jungfräulicher Märtyrerinnen: Agnes hatte demnach um Christi willen ein Leben in Jungfräulichkeit gelobt und lehnte es ab, einen heidnischen Römer zu heiraten, der um sie warb. Dieser versuchte daraufhin, sie in ein Freudenhaus zu bringen (eine Quelle berichtet, dass er erblindete, als er versuchte, sie anzufassen, doch Agnes ließ ihn durch ihr Gebet das Augenlicht wiedererlangen), und brachte sie schließlich vor den Richter. Über die Art ihres Martyriums gibt es keine gesicherten Nachrichten: Den verschiedenen Quellen zufolge wurde sie entweder verbrannt, enthauptet oder durch das Schwert getötet, indem man ihr die Kehle aufschlitzte.

Obwohl die Legende in den Einzelheiten nicht zuverlässig ist, ist ihre Verehrung als Märtyrerin durch die

In mittelalterlichen Kunstwerken wird die heilige Agnes oft als junges Mädchen abgebildet, begleitet von ihrem Attribut, dem Lamm (lat. agnus), Symbol für den Opfertod Christi und Reinheit.

Aufnahme in ein Martyrologium von 354 nachgewiesen. Auch die Heiligen Ambrosius, Hieronymus und Papst Damasus I. erwähnen sie in ihren Schriften.

KURZ ERLÄUTERT:
Hagiografie

Die Hagiografie gilt dem Studium der Heiligen. Sie zielt darauf ab, die Leben und insbesondere die den heiligen Frauen und Männern zugeschriebenen Wunder zu erforschen und niederzuschreiben.

DIE KUNST DER HAGIOGRAFIE
Die Beschreibung der Heiligenleben, Hagiografie genannt, florierte im Mittelalter besonders in den aus Stein erbauten Gotteshäusern – Klöstern, Kirchen und Kathedralen –, die schützende

Das Martyrium der Heiligen Primus und Feliciano, aus einem Manuskript der Legenda aurea.

Abbildung aus einer Abschrift von Beda Venerabilis' Leben und Wunder des Cuthbert von Lindisfarne: *König Æthelstan präsentiert dem heiligen Cuthbert das Werk.*

Aufbewahrungsorte für die Literatur und das Wissen der Zeit boten. Die Hagiografien stellen nicht nur wertvolle Quellen über das Leben der Heiligen dar, sondern geben auf subtile Art und Weise auch über ihre Verfasser Auskunft. So schrieben manche Hagiografen mit einer politischen Absicht, beispielsweise, wenn sie einen bestimmten Heiligen rühmten – und auch die Kirche, die seine Reliquien aufbewahrte –, um damit zu Pilgerreisen und Spenden anzuregen und langsam die Machtposition der Kirche auszubauen. Meist jedoch ging es den Hagiografen um die Lobpreisung ihres „Studienobjekts". Einige der hervorragendsten Hagiografen, darunter Beda Venerabilis und Gregor von Tours, wurden selbst zu Heiligen. Waren diese Hagiografien, die den Kirchenbeitritt

Die Bollandisten

Die vielleicht berühmtesten Hagiografen sind die Bollandisten, benannt nach dem Jesuiten Johannes Bolland (1596–1665). Bollands Interesse galt der Sammlung und Erforschung der Heiligenviten. Die ersten beiden Bände der von Bolland begründeten Legendensammlung *Acta Sanctorum* (Taten der Heiligen) erschienen 1643. Der 68. und letzte Band erschien 1940, doch die Bollandisten widmen sich auch heute noch der hagiografischen Forschung und veröffentlichen Publikationen.

Die Widmungsseite an Maria Magdalena von Österreich, Schwester Kaiser Karls VI., in Band 5 der Acta Sanctorum *(1727).*

beförderten, bereits im Mittelalter eine wichtige Quelle der Geschichtsschreibung, so sind sie auch heute noch von größtem Wert. Sie verzeichnen die wichtigsten heiligen Männer und Frauen des Christentums, und ihre Bedeutung kann gar nicht hoch genug eingeschätzt werden.

DIE LEBEN DER HEILIGEN

Diese bedeutende Arbeit des Abtes Ælfric Grammaticus datiert aus den Jahren 996 bis 997. Sie beschreibt das Leben von 39 Heiligen, darunter auch einige der ältesten Heiligen der katholischen Kirche.

LEGENDA AUREA (GOLDENE LEGENDE)

Eines der in Europa bis in das 16. Jahrhundert am weitesten verbreiteten Bücher war die 1260 erschienene *Legenda aurea* von Jacobus de Voragine. Der Erzbischof von Genua schrieb auf Latein, doch über die Jahrhunderte wurde das Werk in viele Sprachen übersetzt. Die Sammlung bietet einen wichtigen Einblick in die Heiligenkulte des späten Mittelalters.

Die Kreuzigung von Ottaviano Nelli in der Kapelle des Palazzo Trinci in Foligno in Italien, zeigt ganz links den Erzbischof Jacobus de Voragine, der sein Buch Legenda aurea *in der Hand hält.*

LUCIA
von Syrakus

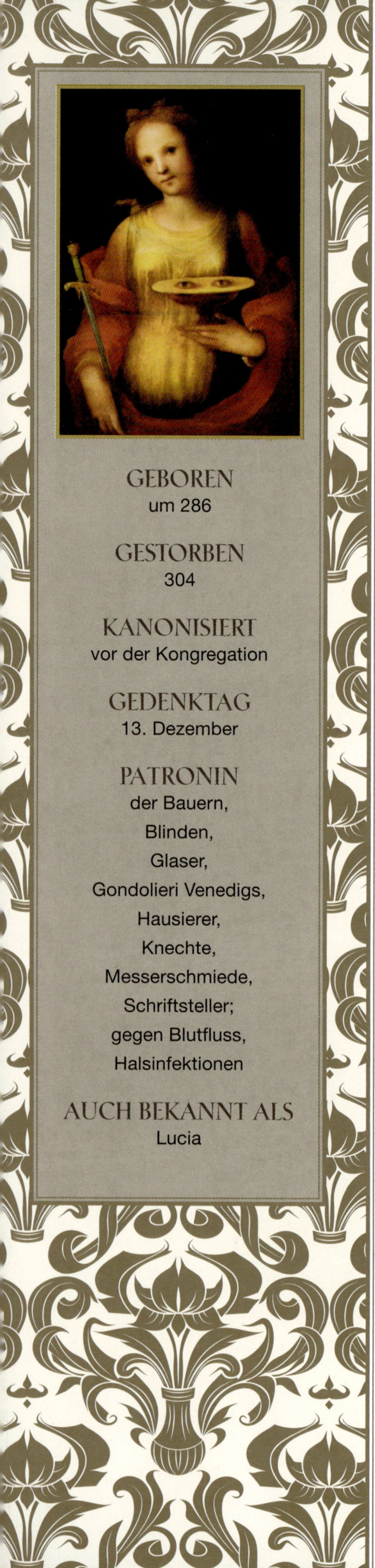

Schon als Mädchen weihte Lucia Gott ihre Jungfräulichkeit, doch ihre Mutter Eutychia verlobte die Tochter trotz deren Widerspruch mit einem heidnischen Jüngling.

Die Kraft des christlichen Glaubens erlebten Lucia und ihre Mutter auf einer Pilgerreise zur Grabstätte der heiligen Agatha, wo die erkrankte Eutychia auf wundersame Weise vom Blutfluss geheilt wurde. Eutychia ersparte ihrer Tochter daraufhin die Eheschließung und erlaubte ihr, das Familienvermögen an die Armen zu verteilen.

Alles hätte gut ausgehen können, wenn nicht ihr einstiger Bräutigam Lucia an die römische Obrigkeit verraten hätte, in einer Zeit der schlimmsten Christenverfolgungen der römischen

Das Luciafest

Der Luciakult erfuhr in den skandinavischen Ländern große Popularität. Noch heute begehen dort überwiegend protestantische oder auch freireligiöse Gemeinden das Luciafest am 13. Dezember.

Traditionell kleidet sich ein Mädchen aus der Familie in ein weißes Kleid und trägt auf dem Kopf einen Lichterkranz mit brennenden Kerzen. Mit einem Tablett voll Gebäck und Kaffee wandelt sie durch das Haus.

In Schweden ist es Brauch, dass die älteste Tochter am Morgen des Luciafestes das traditionelle Safrangebäck, die „lussekatter", serviert.

Geschichte. Lucia wurde dem römischen Präfekten Paschasius vorgeführt, und dieser befahl ihr, den römischen Göttern zu huldigen, was Lucia verweigerte. Daraufhin ordnete Paschasius an, sie in ein Freudenhaus zu bringen, doch sie sprach: „Je schlimmer die Schändung gegen meinen Willen, desto sicherer ist meine Jungfräulichkeit." Lucia entkam der Erniedrigung, denn obwohl unzählige Männer versuchten, sie fortzubewegen, machte sie der Heilige Geist bewegungslos. Schließlich wurde Lucia durch das Schwert hingerichtet, doch nicht ohne vorher den Untergang der Kaiser Diokletian und Maximian prophezeit zu haben.

ANASTASIA
von Sirmium

Im 4. und 5. Jahrhundert zählte Anastasia zu den am meisten verehrten Heiligen, dennoch ist nur wenig über ihr Leben bekannt. Späte Legenden beschreiben sie als eine römische Adlige, die von dem heiligen Chrysogonus unterrichtet wurde. Zur Märtyrerin wurde sie aber in Sirmium (heute Sremska Mitrovica in Serbien), einer bedeutenden Stadt des Römischen Reiches, deren Überreste noch heute zu sehen sind. Es gilt jedoch als sicher, dass sowohl Anastasia als auch der heilige Chrysogonus während der Christenverfolgung durch Kaiser Diokletian starben.

Einer Überlieferung zufolge verriet Anastasia ihre Glaubenszugehörigkeit unabsichtlich den Gerichtsbehörden, als sie erfuhr, dass Chrysogonus der Kopf abgeschlagen worden war. Sie weigerte sich mehrfach, ihrem Glauben abzuschwören, als man sie dazu zwingen wollte, und überlebte auf wunderbare Weise die Versuche, sie zu ertränken und sie verhungern zu lassen. Schließlich starb Anastasia den Märtyrertod in den Flammen. Ihr Gedenktag, der 25. Dezember, der heute als Hochfest der Geburt des Herrn gefeiert wird, wurde im 4. Jahrhundert im römischen Kirchenjahr der Festtag Anastasias.

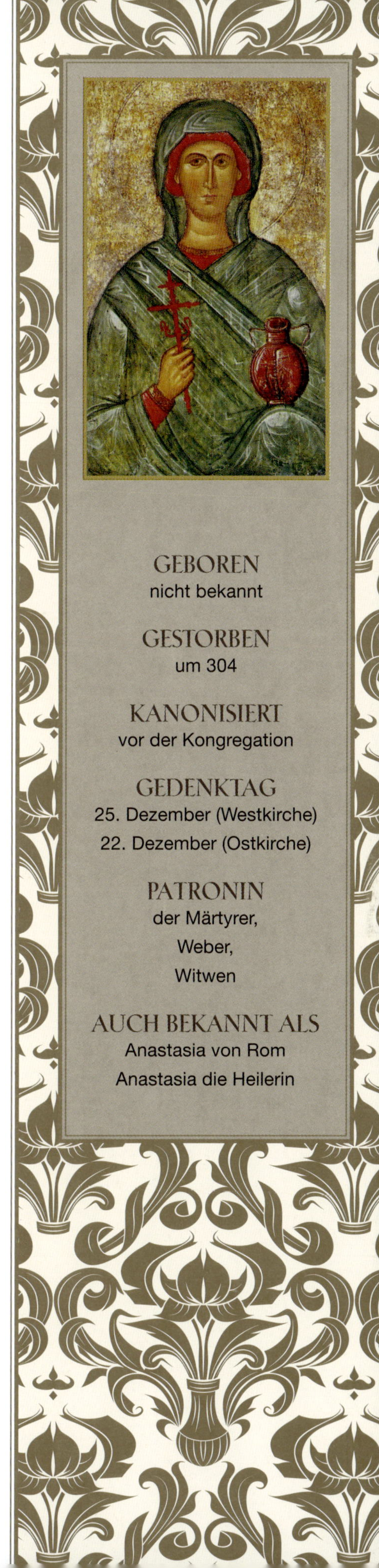

GEBOREN
nicht bekannt

GESTORBEN
um 304

KANONISIERT
vor der Kongregation

GEDENKTAG
25. Dezember (Westkirche)
22. Dezember (Ostkirche)

PATRONIN
der Märtyrer,
Weber,
Witwen

AUCH BEKANNT ALS
Anastasia von Rom
Anastasia die Heilerin

Die Christenverfolgung unter Kaiser Diokletian

Seit dem Ende des 1. Jahrhunderts war die christliche Religion im Römischen Reich illegal, aber erst im Jahr 249 begannen die Christenverfolgungen seitens der römischen Kaiser. Anlass war ein Edikt des Kaisers Decius, demzufolge jeder römische Bürger heidnische Opfer darbringen musste. Über die nächsten 50 Jahre wurden die Verfolgungen mit unterschiedlicher Härte durchgeführt, bis Kaiser Diokletian im Jahre 303 die letzten und umfassendsten Maßnahmen einleitete, um das Christentum auszulöschen.

Bis dahin hatten die Christen unter Diokletians Regierung relativen Frieden genossen, doch nun versuchte der Kaiser, seinen Untergebenen die alte heidnische Religion aufzuzwingen. Die große Christenverfolgung dauerte zehn Jahre, noch über die Abdankung Diokletians im Jahre 305 hinaus. Viele Märtyrer erlitten qualvolle Foltertode, doch letztendlich erreichte die Christenverfolgung ihr Ziel nicht. Nachdem Kaiser Konstantin der Große im Jahr 312 mit seinen Truppen in Rom einzogen war, wurde das Christentum die wichtigste Religion im Römischen Reich.

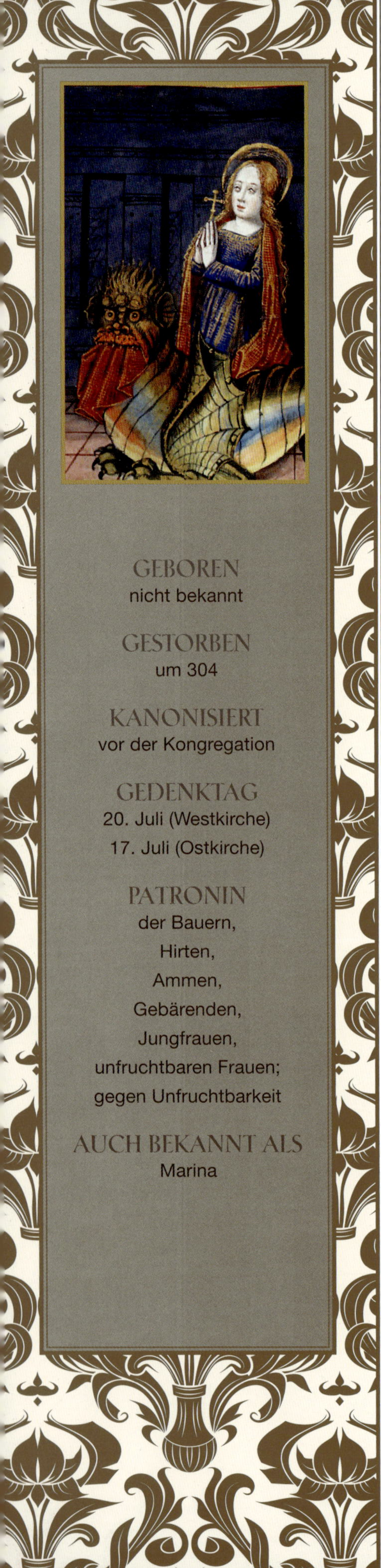

MARGARETA
von Antiochia

Obwohl Margareta von Antiochia eine der verehrtesten Heiligen im Mittelalter war, ist nichts historisch Gesichertes über sie bekannt, etwa, wann sie überhaupt gelebt hat. Die Unzuverlässigkeit der Quellen veranlasste Papst Paul VI. dazu, ihren Gedenktag 1969 aus dem Römischen Generalkalender zu streichen. Doch war ihre Verehrung in früheren Zeiten weitverbreitet, und auch heute vermuten einige Forscher, dass sie sehr wohl gelebt hat und als Märtyrerin gestorben ist, auch wenn sonst nichts Gesichertes belegt ist.

Eine Version ihrer Legende aus dem Mittelalter berichtet, dass Margareta als Tochter eines heidnischen Priesters in Antiochia zur Welt kam, ihre Mutter bald nach ihrer Geburt starb und sie bei einer christlichen Amme aufwuchs. Sie war sehr schön, doch keusch und fromm. Als ein Stadtpräfekt um sie warb, lehnte sie ab. Der verschmähte Verehrer denunzierte sie als Christin bei den römischen Behörden. Margareta wurde gefoltert, überstand aber auf wundersame Weise die Qualen und rang im Gefängnis mit dem Teufel selbst: Satan erschien als Drache und wollte sie verschlingen, die Frau jedoch bekreuzigte sich, sodass sie dem Dämon entkam. Ihre Frömmigkeit und Grazie auf dem Hinrichtungsplatz bewogen viele in der zuschauenden Menge, sich taufen zu lassen.

Die 14 Nothelfer

Im Mittelalter verehrten Katholiken im Rheinland, in Ungarn und Teilen Skandinaviens eine Gruppe von 14 Heiligen, deren Fürbitte als besonders wirksam gegen Plagen und Nöte galt. Als sich im 14. Jahrhundert die Pest in Europa verbreitete, war ihr Kult äußerst populär. Mit Ausnahme des heiligen Ägidius starben alle als Märtyrer. Die Zugehörigkeit zu dieser Gruppe schwankte je nach Zeitraum und lokaler Verehrung, doch allgemein gelten Achatius von Armenien, Barbara, Blasius von Sebaste, Katharina von Alexandria, Christophorus, Cyriacus von Rom, Dionysius von Paris, Erasmus, Eustachius, Georg von Kappadokien, Ägidius, Margareta von Antiochia, Pantaleon und Vitus als die 14 Nothelfer.

KATHARINA
von Alexandria

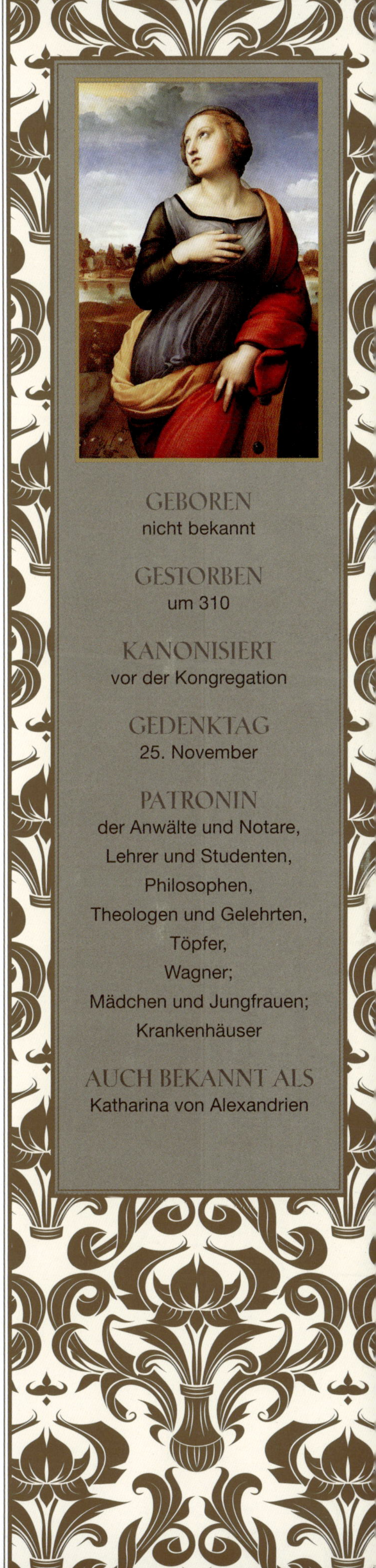

Der Legende nach wurde Katharina von Alexandria als Tochter einer Adelsfamilie geboren und wuchs zu einer tapferen jungen Frau heran. Sie war nicht willens, die Christenverfolgung der römischen Kaiser im ersten Jahrzehnt des 4. Jahrhunderts einfach zu erdulden, reiste zu Kaiser Maxentius und trug ihre Argumente mit Vehemenz vor. Der Kaiser war irritiert und rief Philosophen hinzu. Doch auch die gelehrten Männer konnten die Argumentation der gebildeten jungen Christin nicht widerlegen, und ihr gelang es, einige der Philosophen, eine Schar Soldaten und selbst die Kaiserin zu bekehren. Der wutenbrannte Kaiser Maxentius ließ sie allesamt hinrichten. Katharina wurde zum Tod durch das Rad verurteilt, doch ein Engel zerbrach das Folterinstrument. Stattdessen wurde Katharina enthauptet, und Engel flogen ihren Körper auf den Berg Sinai.

Da ihre Geschichte eher sagenhafte Züge birgt, wurde Katharina auf Beschluss des Zweiten Vatikanischen Konzils 1969 aus dem Römischen Generalkalender genommen, doch Papst Johannes Paul II. nahm sie 2002 wieder auf. Die große Verehrung Katharinas im Mittelalter überstieg zum Teil die der Apostel. Wie die jungfräulichen Märtyrerinnen Barbara und Margareta von Antiochia gehört sie zu den 14 Nothelfern.

Katharina von Alexandria wird oft mit einem Rad abgebildet. Wie zu der Zeit üblich, wurde sie zum Tode durch Rädern verurteilt. Auf wundersame Weise zerbrach das Folterinstrument jedoch, bevor es sie töten konnte, und so wurde sie enthauptet. Nach ihr ist auch das Katharinenrad benannt.

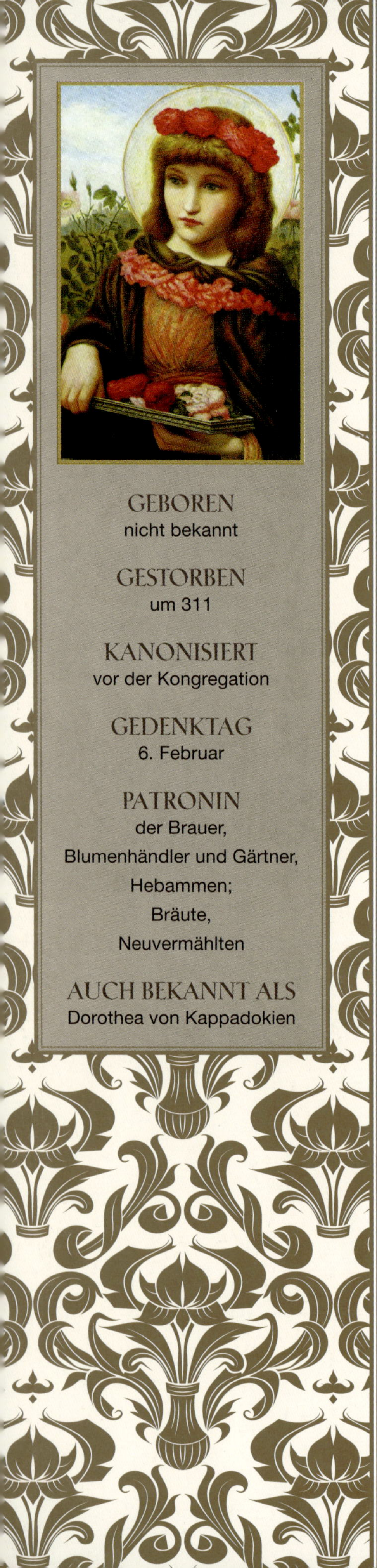

GEBOREN
nicht bekannt

GESTORBEN
um 311

KANONISIERT
vor der Kongregation

GEDENKTAG
6. Februar

PATRONIN
der Brauer,
Blumenhändler und Gärtner,
Hebammen;
Bräute,
Neuvermählten

AUCH BEKANNT ALS
Dorothea von Kappadokien

DOROTHEA
von Caesarea

Während der Christenverfolgungen durch Kaiser Diokletian brachten römische Beamte Dorothea von Caesarea, die den christlichen Glauben praktizierte, vor Gericht. Damit sie ihrem Glauben abschwöre, wurde sie gefoltert und in ihrer Gefängniszelle von ihren beiden Schwestern besucht, die aus Angst vor der Folter Jesus Christus abgeschworen hatten. Der römische Gouverneur hoffte, Dorothea würde es ihnen gleichtun, doch diese überzeugte stattdessen ihre Schwestern, zu ihrem Glauben zurückzukehren. Sie musste zusehen, als sie zusammen das Martyrium erlitten, und machte ihnen mit Visionen vom Himmel und Gottes Gnade Mut.

Auf dem Weg zu ihrer eigenen Hinrichtung sah sie in der Menge den heidnischen Gerichtsschreiber Theophilus. Er machte sich über sie lustig und rief ihr zu: „Braut Christi, schick mir einige Rosen und Äpfel aus dem Garten deines Bräutigams." Vor ihrer Hinrichtung betete Dorothea, und ein Engel erschien. Dorothea gab diesem ihre Kopfbedeckung und schickte ihn damit zu Theophilus, der erstaunt den Geruch von Rosen und Äpfeln auf dem gesegneten Kleidungsstück wahrnahm.

Dorothea wird oft mit einem Engel dargestellt. In Schweden galt sie als 15. Nothelfer. Neben Barbara, Katharina von Alexandria und Margareta von Antiochia gehört sie zu den virgines capitales, *den heiligen Jungfrauen.*

Er bekannte sich zum christlichen Glauben und erlitt an Dorotheas Seite das Martyrium.

Kaum etwas aus Dorotheas Legende ist belegt, und so strich der Vatikan 1969 ihren Festtag aus dem Römischen Generalkalender.

BLASIUS
von Sebaste

Die Christenverfolgung unter Diokletian endete im Weströmischen Reich, als Kaiser Konstantin der Große zum christlichen Glauben konvertierte. Im Oströmischen Reich jedoch, wo Kaiser Licinius regierte, dauerte die Verfolgung bis 324 an. Während dieser Zeit zog sich Blasius, Bischof von Sebaste in Kappadokien, in eine Höhle – der Überlieferung nach auf dem Berg Erciyes – in der trockenen Karstlandschaft zurück. Der Legende nach fanden ihn dort wilde Vögel und leisteten ihm Beistand; er soll viele Wunder vollbracht haben.

Die Soldaten des örtlichen Statthalters Agricolaus jedoch spürten Blasius in seiner Abgeschiedenheit auf. Er wurde gefoltert, und der Statthalter befahl einigen Christinnen, sein Blut aufzufangen und es heidnischen Idolen zu opfern. Die Frauen warfen jedoch stattdessen die Idole in einen See. Wutentbrannt ließ der Statthalter nicht nur die Frauen, sondern auch deren Kinder hinrichten.

Blasius war Arzt, bevor er das Bischofsamt übernahm. Im Mittelalter war er ein hochverehrter Heiliger und wurde bei vielerlei Krankheiten um Heilung ersucht. Er ist einer der 14 Nothelfer.

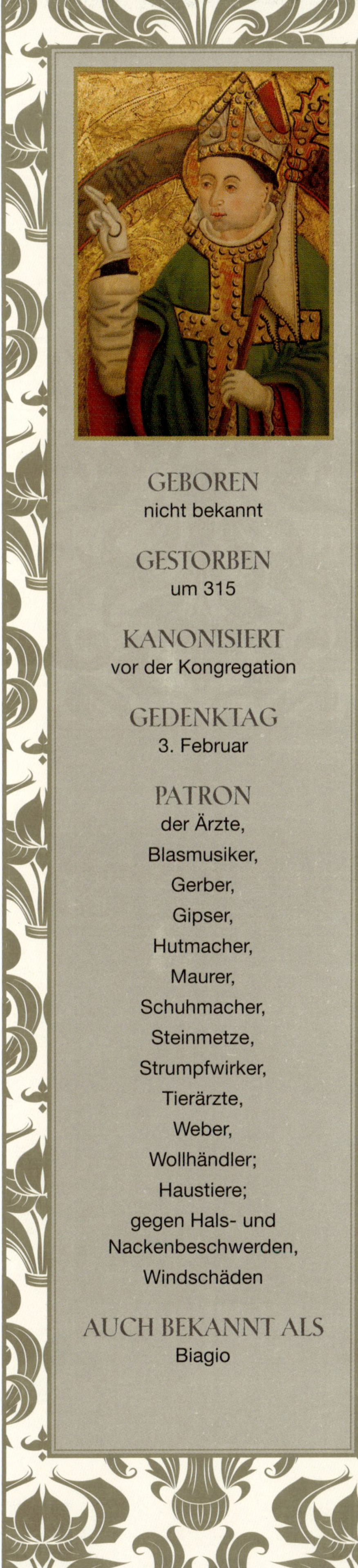

GEBOREN
nicht bekannt

GESTORBEN
um 580

KANONISIERT
vor der Kongregation

GEDENKTAG
25. September

PATRON
bei Drüsenbeschwerden

AUCH BEKANNT ALS
Docus
Cathmael
Cadfael
Cadoc

CADOCUS
von Llancarfan

C adocus ist einer der wichtigsten Heiligen von Wales. Er war der Sohn eines Königs, verzichtete aber auf sein Erbe, legte die Mönchskutte an und bekehrte seine königlichen Eltern zum Christentum. Das von ihm in Llancarfan gegründete Kloster wurde zu einer bedeutenden Stätte der Bildung.

Nach der Gründung des Klosters in Llancarfan begab sich Cadocus auf Reisen, gründete ein weiteres Kloster in Schottland, fuhr nach Rom und Griechenland und brachte von seiner Reise nach Jerusalem Wasser aus dem Jordan mit. In Llancarfan gab er das Wasser in einen Brunnen, der jahrhundertelang für seine heilenden Kräfte berühmt war. Doch im 11. und 12. Jahrhundert fiel das Kloster

Die Saint Cadoc's Church in Llancarfan, die etwa 1200 errichtet wurde, steht auf dem Gelände der ehemaligen Abtei aus dem 6. Jahrhundert.

den Invasionen der Normannen zum Opfer. An seiner Stelle wurde eine Kirche erbaut. Cadocus, ein ruheloser Reisender und unermüdlicher Missionar, wurde um 580 von den nach Britannien eingeströmten heidnischen Sachsen getötet, die ihn den Martertod erleiden ließen.

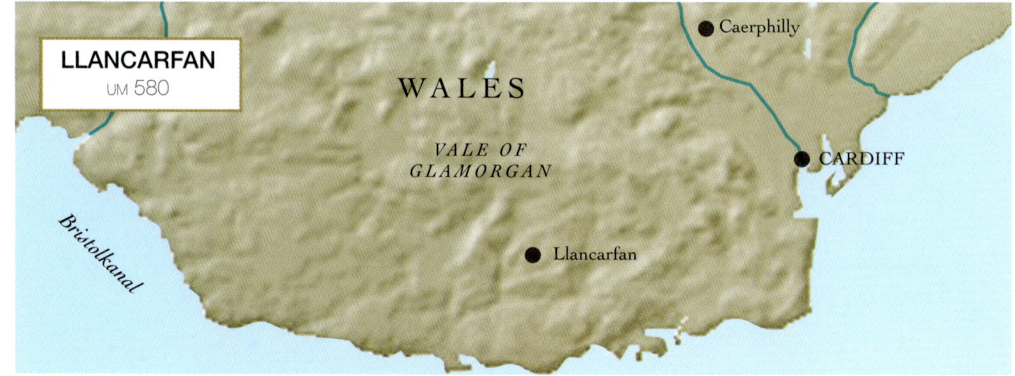

STANISLAUS
von Krakau

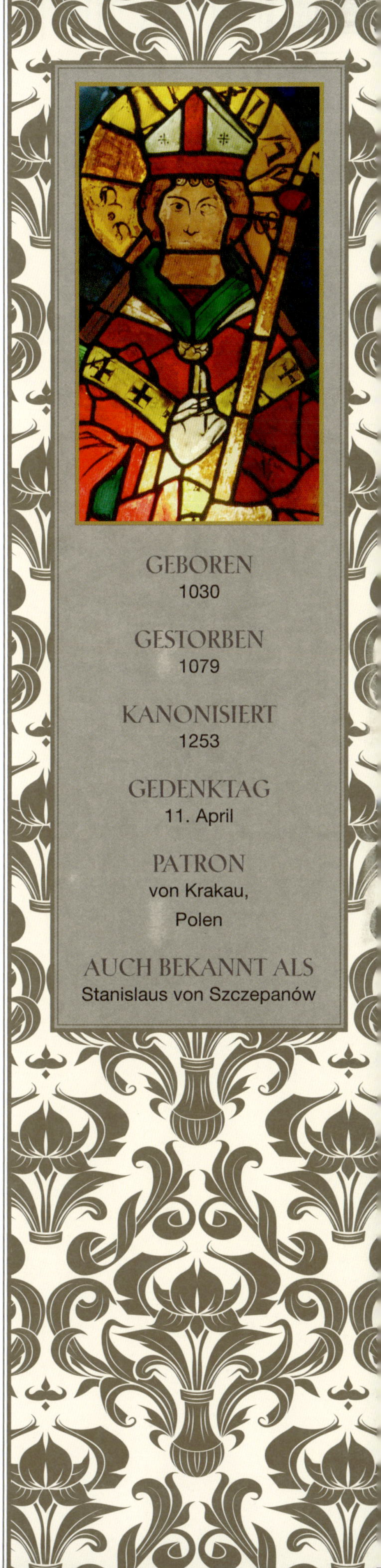

Stanislaus wurde am 26. Juli 1030 als Sohn einer Adelsfamilie geboren. Sein Bischofsamt übte er in einer schwierigen Zeit aus. Kaum ein Jahrhundert zuvor, im Jahr 966, hatte Polen das römisch-katholische Christentum übernommen, wobei einzelne Landesteile von der orthodoxen Kirche wie auch − so im östlichen Baltikum − von noch überwiegend heidnischen Stämmen stark geprägt waren.

Stanislaus' rhetorisches Talent ließ viele unentschlossene und abtrünnige Katholiken innerhalb des polnischen Staatsgebietes konvertieren. Zu seiner Heiligsprechung führte jedoch sein Märtyrertod unter der Herrschaft des Königs Bolesław II. Dieser hatte zwar militärische Erfolge zu verzeichnen, doch seine tyrannische Persönlichkeit entfremdete ihn sowohl von der Kirche als auch vom polnischen Adel. Als die Ehefrau eines Adligen sich weigerte, um des Königs willen ihrem Gatten untreu zu werden, ließ er sie entführen und ins Gefängnis sperren. Der Adel empörte sich zwar, hielt jedoch angesichts der Machtstellung des Königs still.

Stanislaus aber, zu dieser Zeit Bischof von Krakau, konnte einen solchen Affront nicht ertragen und

exkommunizierte den König. Weit davon entfernt, Reue zu zeigen, verhängte dieser das Todesurteil über Stanislaus.

Die Illustrationen aus dem Anjou-Legendarium *(14. Jahrhundert) des ungarischen Königshauses zeigen Stanislaus bei der Weihe zum Bischof von Krakau (oben links), wie er Petrus wiederauferstehen lässt (oben rechts), wie König Bolesław II. ihn tötet (unten links) und Stanislaus' Zerstückelung überwacht (unten rechts).*

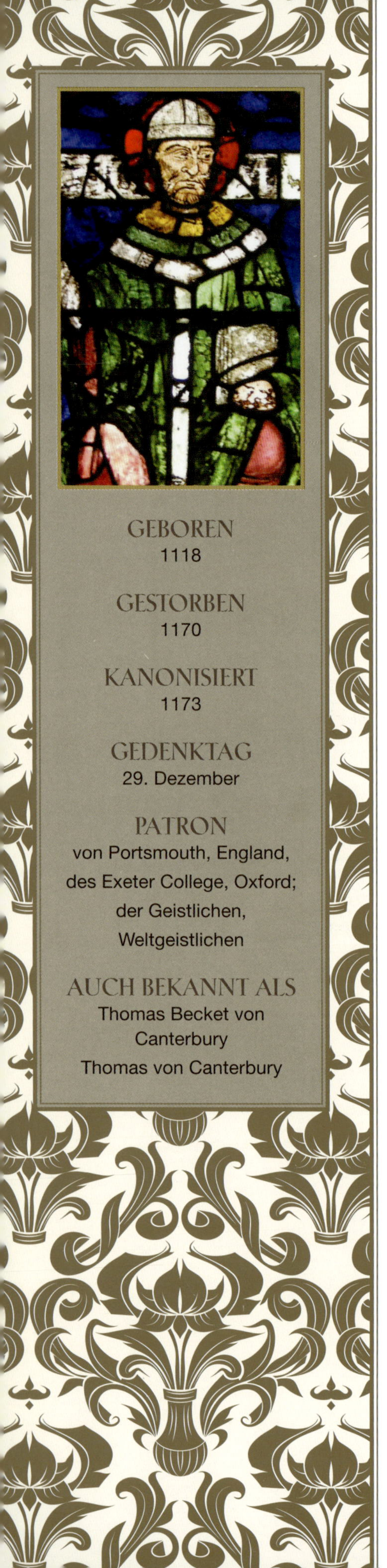

GEBOREN
1118

GESTORBEN
1170

KANONISIERT
1173

GEDENKTAG
29. Dezember

PATRON
von Portsmouth, England,
des Exeter College, Oxford;
der Geistlichen,
Weltgeistlichen

AUCH BEKANNT ALS
Thomas Becket von
Canterbury
Thomas von Canterbury

THOMAS
Becket

„Wir werden über den Feind siegen", sagte Thomas Becket am Tag seiner Ermordung, „eher durch Leiden denn durch Kampf." An jenem kalten Dezembertag starb der 1173 heiliggesprochene Erzbischof von Canterbury und triumphierte.

Als junger Mann kam der in London geborene Thomas in das Haus des Erzbischofs Theobald von Canterbury, des obersten Bischofs von England. Der Erzbischof erkannte Thomas' vielseitige Begabungen und förderte ihn, bis Thomas zum Archidiakon von Canterbury ernannt wurde. Dann empfahl Theobald ihn dem jungen Heinrich II., und schon bald waren der Monarch und der Archidiakon Freunde. 1155 berief ihn der König zum Lordkanzler, nach dem König die einflussreichste und mächtigste Position.

KRONE UND MITRA

1161 starb Erzbischof Theobald, und Heinrich II. machte seinen Freund zu dessen Nachfolger. Thomas akzeptierte das zögerlich, denn als Erzbischof würde er des Königs Position gegen die der Kirche wägen müssen. Dennoch stürzte er sich mit Scharfsinn und Willenskraft in seine erzbischöflichen Pflichten. Bis dahin hatte er einen höfischen Lebensstil gepflegt, doch nun legte er die kostbare Kleidung ab, ging barfuß und beschränkte seine Mahlzeiten auf einfache Kost. Er verschenkte seine Reichtümer, las die Bibel immer und immer wieder und geißelte sich.

Wie er vorausgesehen hatte, brachte ihn sein neues Amt als Erzbischof sehr bald in Konflikt mit dem König. Mächtig, anmaßend und übertrieben ehrgeizig, missgönnte Heinrich II. der Kirche ihre beträchtliche Macht und

Die Kathedrale von Canterbury

ihren Reichtum. Im Herbst 1163 beantragte er, dass Geistliche, die ziviler Verbrechen angeklagt waren, durch weltliche Gerichte verurteilt werden sollten und nicht länger durch kirchliche. Thomas lehnte dies strikt ab und bot dem König dadurch Anlass, nicht nur verstärkt die Kirche anzugreifen, sondern auch ihn persönlich. Er wurde zu der Geldstrafe von 30 000 Pfund verurteilt und floh aus England. Es dauerte mehrere Jahre, bis sich die beiden zumindest teilweise aussöhnten und Thomas schließlich am 1. Dezember 1170 nach England zurückkehrte.

DER UNBEUGSAME GOTTESMANN

Ein herausragender Streitfall zwischen Heinrich II. und Thomas hatte mit dem Erzbischof von York und den Bischöfen von London und Salisbury zu tun. Diese hatten des Königs Wunsch entsprochen und seinen Sohn zum Thronanwärter gekrönt, was bis dato allein in der Macht des Erzbischofs von Canterbury lag. Thomas exkommunizierte die Bischöfe und suspendierte den Erzbischof von York von seinem Amt. Die so Bestraften begaben sich zu König Heinrich. Der König hörte den Bericht über Thomas' unerbittliche Haltung mit wachsendem Zorn. Dann schrie er: „Will mich denn niemand von diesem lästigen Priester befreien?" Niemand weiß, worauf genau Heinrich mit dieser Bemerkung abzielte, aber vier seiner Ritter interpretierten sie als königlichen Befehl. Sie begaben sich direkt nach Canterbury. Zunächst traten sie Thomas ohne Waffen gegenüber und verlangten, dass die exkommunizierten Bischöfe wieder in die Kirche aufgenommen würden; als der Erzbischof sich jedoch weigerte, gingen sie. Später am Tag, Thomas führte die Mönche gerade in den

Auch ohne expliziten Befehl ließen die Worte Heinrichs II. seine Ritter handeln.

Kreuzgang, tauchten die Ritter in ihrer Rüstung auf, die Waffen in der Hand. Die Mönche flüchteten und ließen den Erzbischof allein mit seinem Freund Edward Grim. Weder der Anblick des Erzbischofs in seiner Robe noch die entfernten Vespergesänge der Mönche hielten die Ritter auf. Sie verlangten erneut von Thomas, die Bischöfe wieder in die Kirche aufzunehmen, doch dieser blieb bei seiner Haltung. „Dann wirst du jetzt sterben", warnten die Ritter. Thomas antwortete: „Ich bin bereit, für meinen Herrn zu sterben." Die Schwerter, die im Schatten der Kathedrale von Canterbury auf den Erzbischof einhieben, vergossen auf heiligem Boden das Blut des Mannes, der einst vom König geliebt und nun durch die Hand seiner Gefolgsleute ermordet wurde.

König Heinrich II. von England: Freund und Feind von Thomas Becket

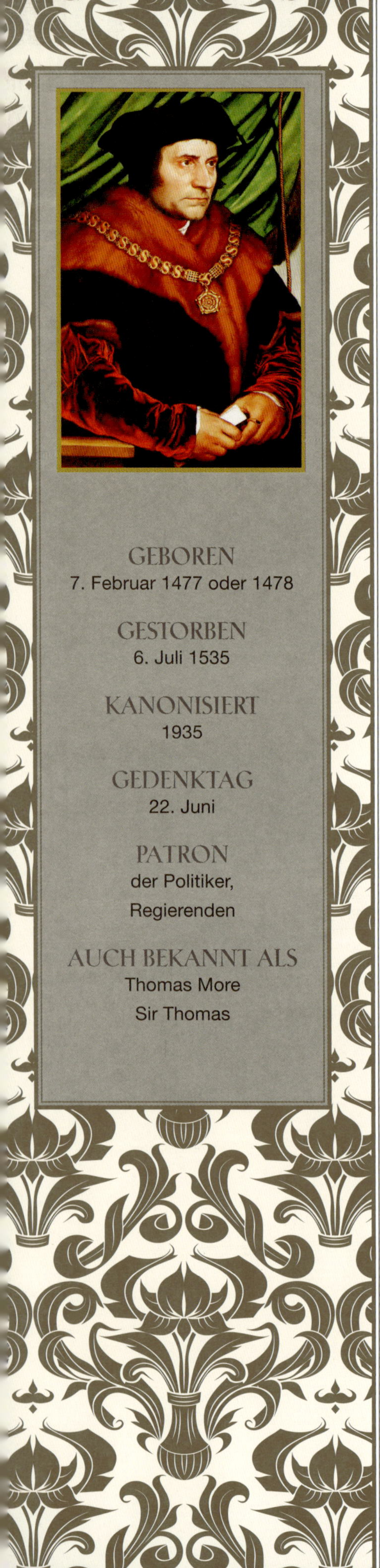

THOMAS
Morus

Thomas Morus war ein frommer, geistreicher und intelligenter Mann, der damit liebäugelte, einem Klosterorden beizutreten, sich dann aber doch entschied, zu heiraten. An der Universität Oxford hatte er eine exzellente Ausbildung erhalten und wurde ein brillanter Rechtsanwalt.

Sir Thomas' Karriere war ein stetiger Aufstieg beschieden, bis er 1529 Lordkanzler von England wurde, ein Amt, das er knappe drei Jahre bekleidete. Im selben Jahr beschloss der englische König Heinrich VIII., sich von seiner Frau Katharina von Aragón scheiden zu lassen, um Anna Boleyn zu heiraten. Die Weigerung des Papstes, dieser

Sir Thomas wurde durch das „Tor der Verräter" in den Tower von London gebracht.

Scheidung zuzustimmen, führte zu einer Verschlechterung der Beziehungen zwischen Heinrich VIII. und der römisch-katholischen Kirche und letztendlich zur Lossagung Heinrichs VIII. und der englischen Kirche von Rom. Thomas Morus, der eine enge Beziehung zum König gepflegt hatte, konnte jedoch das Verhalten Heinrichs nicht ertragen. Er weigerte sich, Anna Boleyn als legitime Ehefrau Heinrichs anzuerkennen, und legte sein Amt als Lordkanzler nieder. Letztendlich lehnte er sowohl die Thronfolgeakte, die Katharinas Tochter enterbte, als auch den Suprematseid ab, den Eid zur Anerkennung Heinrichs VIII. als Oberhaupt der anglikanischen Kirche. Der wutentbrannte Heinrich ließ Thomas Morus im Tower von London am 6. Juli 1535 hinrichten.

> *Eines der größten*
>
> *Probleme unserer Zeit*
>
> *ist, dass viele geschult sind,*
>
> *aber nur wenige gebildet.*
>
> HEILIGER THOMAS MORUS

ANDREAS
Kim Taegon

Erst im späten 19. Jahrhundert öffnete Korea sich der westlichen Welt und westlichen Einflüssen. Zuvor hatte das Land jeglichen Kontakt ausländischer Kulturen verboten, sodass das Christentum dort lange Zeit kaum praktiziert wurde, obwohl die ersten Christen bereits im späten 16. Jahrhundert nach Korea kamen.

Dennoch konvertierten trotz des Priestermangels viele Koreaner zum Katholizismus. Andreas Kim Taegons Eltern gehörten zu den Konvertiten. Sie schickten ihn in ein Priesterseminar in die portugiesische Kolonie Macao. 1845 empfing er die Priesterweihe und wurde der erste römisch-katholische Priester Koreas. Er kehrte heimlich in sein Land zurück, um die Christen

> *Wie kann die Christenverfolgung etwas anderes sein als Gottes Wille?*
>
> HL. ANDREAS KIM TAEGON

dort zu unterstützen. Unter dem isolationistischen Regime der Joseon-Dynastie kam es in Korea während des 19. Jahrhunderts wiederholt zu Christenverfolgungen, denen auch Andreas Kim Taegons Vater 1839 zum Opfer fiel und 1846 sein Sohn, den man folterte und dann enthauptete.

Andreas Kim Taegon zählte zu den 103 koreanischen Märtyrern, die am 6. Mai 1984 von Papst Johannes Paul II. heiliggesprochen wurden. Unter ihnen waren auch der 13-jährige Peter Yu Taechoi und Paul Chong Hasang, der 1839 den Märtyrertod starb. Letzterer gilt als Begründer der katholischen Kirche Koreas.

Die koreanischen Katholiken litten besonders 1839, 1846 und 1866 unter Verfolgung, mindestens 8000 Gläubige wurden umgebracht. 1984 wurden 103 Märtyrer heiliggesprochen.

GEBOREN
10. Dezember 1855

GESTORBEN
11. Juni 1900

KANONISIERT
2000
(orthodoxe Ostkirche)

GEDENKTAG
11. Juni (Ostkirche)

AUCH BEKANNT ALS
Priester Mitrophan
Metrophanes Chi-Sung

METROPHANES
Tsi-Chung

Im Jahr 1900 wogte eine Welle der Gewalt durch China. Der Boxeraufstand hatte zum Ziel, alle Nichtchinesen aus China zu vertreiben oder umzubringen, er richtete sich auch gegen chinesische Christen und Konvertiten.

Während des Aufstandes starben Hunderte von Christen, darunter auch die 222 heiligen chinesischen Märtyrer der orthodoxen Ostkirche. Der bekannteste unter ihnen ist Metrophanes Tsi-Chung. Er wurde als Christ erzogen und ging in eine Missionsschule in Peking. Tsi-Chung schien zum Priester geschaffen, lehnte jedoch zunächst die Priesterweihe ab.

Tafelbild mit chinesischen Märtyrern

Er war der Ansicht, dass einem Mann von seiner bescheidenen Herkunft solch ein hohes Amt nicht zustand. Erst nach viel Überredung willigte er schließlich ein.

Viele Christen fanden bei Pater Metrophanes während des Boxeraufstandes Zuflucht. Am 10. Juni 1900 brach der Sturm los; Soldaten drangen in sein Haus ein. Sie massakrierten Metrophanes mit zahlreichen Messerstichen und brachten alle um, die bei ihm waren – einem Bericht zufolge überwiegend Frauen und Kinder. Anderenorts in der Stadt folterten und töteten Soldaten Metrophanes' Familienangehörige, darunter seine Frau Tatiana und seine Söhne Isaac, 23, und Jean, erst sieben Jahre alt.

> *Wie kann ein Mann solch geringer Befähigung und solch schwacher Tugend den Mut haben, zu einem so hohen Amt aufzusteigen?*

HEILIGER METROPHANES TSI-CHUNG

MAXIMILIAN *Kolbe*

Maximilian Kolbe verließ sein Geburtsland Polen und begab sich auf weite Reisen. Bereits während seines Studiums in Rom gründete er die Organisation Militia Immaculatae (Soldaten der Unbefleckten) und während einer Missionsreise in Japan unter anderem ein Kloster. Maximilian war in der politisch turbulenten Zeit, in die er hineingeboren wurde, ein aktiver und gottesfürchtiger Mann. Er überlebte den Ersten Weltkrieg unbeschadet, erkrankte aber 1920 an Tuberkulose.

1936 kehrte Maximilian Kolbe aus Japan nach Polen zurück. 1939 wurde er von der Gestapo verhaftet, dann aber wieder freigelassen. Während der darauffolgenden zwei Jahre versteckte er Flüchtlinge und Juden, die den Nazis entkommen waren, und publizierte von seinem Kloster aus Texte gegen das nationalsozialistische Regime. 1941 wurde er erneut verhaftet und von den Nazis in das Konzentrationslager Auschwitz gebracht. Als die Wachen zehn Gefangene auswählten, die als Strafmaßnahme wegen eines vermeintlich geflohenen Häftlings den Tod im Hungerbunker erleiden sollten, vollzog Maximilian Kolbe einen

Wegen seines freiwilligen Hungertodes im Konzentrationslager Auschwitz nannte Papst Paul VI. Maximilian Kolbe (unten) einen Glaubensbekenner und inoffiziellen „Märtyrer der Nächstenliebe".

letzten Akt der Nächstenliebe. Einer der ausgewählten Männer klagte, dass er Frau und Kinder habe, und Kolbe bot deshalb an, dessen Platz einzunehmen. Tagelang hat Kolbe die anderen Leidensgenossen mit Gebeten in den Hungertod begleitet. Er starb am 14. August 1941.

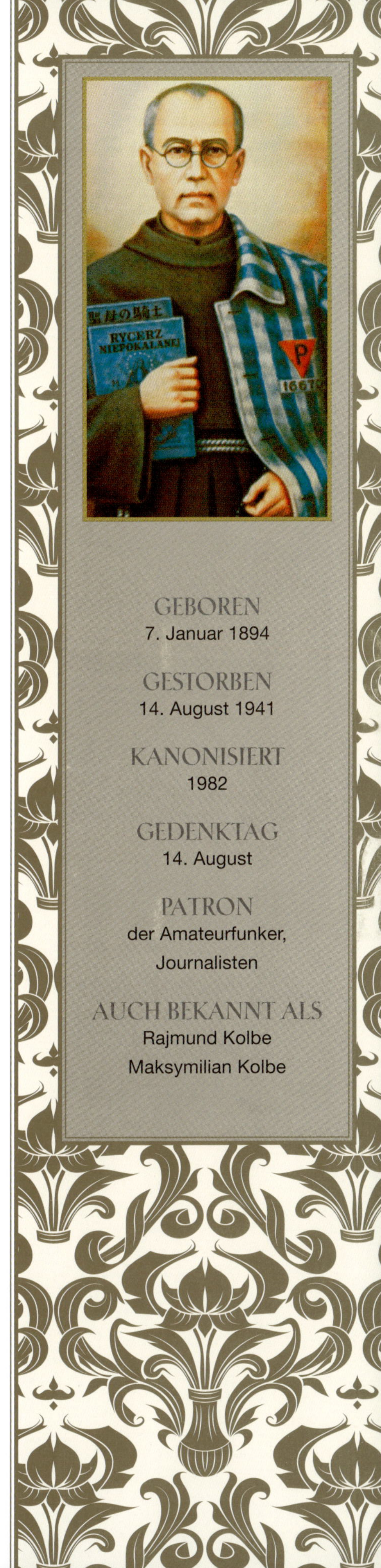

GEBOREN
7. Januar 1894

GESTORBEN
14. August 1941

KANONISIERT
1982

GEDENKTAG
14. August

PATRON
der Amateurfunker,
Journalisten

AUCH BEKANNT ALS
Rajmund Kolbe
Maksymilian Kolbe

Heilige des Wortes und der Schrift

Die frühchristlichen Theologen haben den Grundstein für spätere Lehren gelegt. Die einflussreichsten unter ihnen sind als die Kirchenväter bekannt, unter ihnen Athanasius der Große, Basilius der Große, Augustinus von Hippo und Hilarius von Poitiers. Sie werden seit den frühesten Jahrhunderten der Kirche auch als griechische oder lateinische Kirchenväter bezeichnet, je nachdem, welche Sprache ihr Wirken hauptsächlich kennzeichnete. Der 636 verstorbene heilige Isidor von Sevilla ist als letzter lateinischer Kirchenvater bekannt.

Spätere heilige Theologen waren orthodoxe Gelehrte, die ihre intellektuellen Fähigkeiten der Verteidigung der Kirche widmeten. Der heilige Hieronymus zog sich als Eremit in die Wüste zurück; andere wie Bonaventura, Franz von Sales und Therese von Lisieux traten klösterlichen Orden bei.

Geschichtsschreiber wie Beda Venerabilis und Gregor von Tours sowie Prediger wie Antonius von Padua hinterließen einen bleibenden Einfluss auf die Kirchendoktrin. Die bedeutendsten Kirchenschriftsteller werden auch Kirchenlehrer (*doctores ecclesiae*) genannt. Der Einfluss einiger der intellektuell brillantesten unter ihnen – wie Augustinus von Hippo und Thomas von Aquin – ging weit über die Grenzen der Kirche hinaus.

Papst
Clemens I.

C lemens war ein Schüler des Apostels Petrus, der ihn der Legende nach zum Priester weihte. Er bekleidete als einer der Ersten das Amt des Bischofs von Rom und war in der Nachfolge Petri einer der ersten Päpste. Geschichtlich ist nicht viel über sein Leben und seinen Tod belegt. Er wurde auch, unter anderem vom heiligen Hieronymus, einem der berühmten Kirchenlehrer, mit der Person des im Philipperbrief 4,3 erwähnten Clemens gleichgesetzt, doch ist es unwahrscheinlich, dass es sich um ein und dieselbe Person handelt.

Ein von Clemens erhaltenes Schriftstück zählt zu den berühmtesten frühchristlichen Abhandlungen und reiht ihn unter die apostolischen Väter ein, jene Theologen, welche die frühe Kirche entscheidend prägten und die Apostel persönlich kannten. In diesem unter der Bezeichnung „Clemens 1" bekannten Brief ermahnt der Verfasser die Korinther, die ihre Bischöfe abgesetzt hatten, dass Letztere ihre Autorität von den Aposteln erhielten – welche ihre Autorität wiederum durch Jesus Christus erhalten hatten. Diese Aussage zielte auf die Einrichtung einer Kirchenhierarchie in der korinthischen Gemeinde ab.

Um das Jahr 868 entdeckte der heilige Kyrillos in einem Grab auf der Krim Knochenüberreste mit einem Anker, die er für die Gebeine Clemens' hielt. Kyrillos brachte die Reliquien nach Rom, wo sie zusammen mit den Gebeinen des Ignatius von Antiochia in die Basilica di San Clemente überführt wurden.

Der Legende nach starb Clemens I. als Märtyrer. Er soll mit einem Anker um den Hals in das Schwarze Meer geworfen worden sein.

GEBOREN
nicht bekannt

GESTORBEN
um 99

KANONISIERT
vor der Kongregation

GEDENKTAG
23. November

PATRON
der Marmorarbeiter,
Seeleute,
Steinmetze;
bei Hochwasser,
Gewitter und Sturm

AUCH BEKANNT ALS
Klemens von Rom

IRENÄUS
von Lyon

I renäus wurde in Kleinasien geboren, war Missionar, Bischof und der erste große Theologe. Er kam als Missionar in das südliche Gallien (Frankreich) und wurde um 178 Bischof von Ludunum (Lyon). Als junger Mann war er Schüler des Polykarp von Smyrna, der mit Papst Clemens I. und Ignatius von Antiochia einer der drei wichtigsten apostolischen Väter ist.

Irenäus' wichtigste Erörterungen betrafen die Legitimität des Johannesevangeliums, die Bedeutung des heiligen Abendmahls und das Primat des Bischofs von Rom. Aufgrund der Tatsache, dass Irenäus diese Fragen zu so früher Zeit erörterte, und seiner Verbindung zu Polykarp von Smyrna – der noch den Evangelisten Johannes gekannt hatte – besaßen seine Argumente großes Gewicht.

Die Herrlichkeit Gottes ist der lebende Mensch, das Leben des Menschen die Gottesschau.

Irenäus ist jedoch vor allem berühmt für seine Positionierung gegenüber den Häretikern, insbesondere den Gnostikern. Die Gnostiker hingen einer dualen Philosophie an, die Gott nicht als alleinigen Schöpfer der materiellen Welt sah und die somit für die Kirche unvertretbar war. In seinem berühmtesten Werk, *Adversus Haereses* (Gegen die Häresien), beschreibt Ignatius die Position der Gnostiker im Detail. 1945 bestätigte ein bis dahin unbekannter Fund gnostischer Schriften Irenäus als unvoreingenommenen und akkuraten Autor: Er hatte keine der gnostischen Positionen ausgeschmückt oder verändert, um seine eigene Argumentation zu stärken.

Statue des Irenäus in Kopenhagen

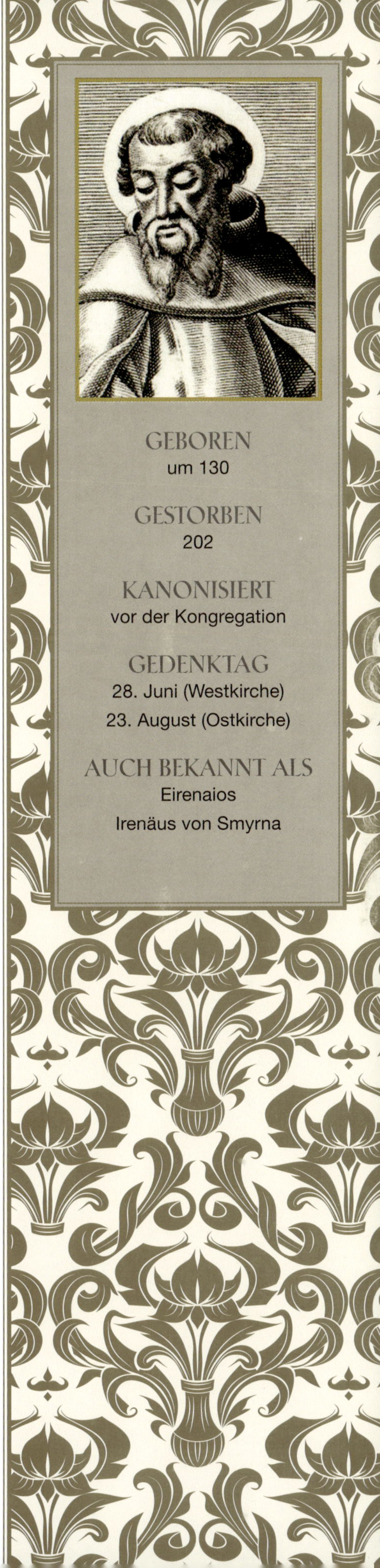

ATHANASIUS
der Große

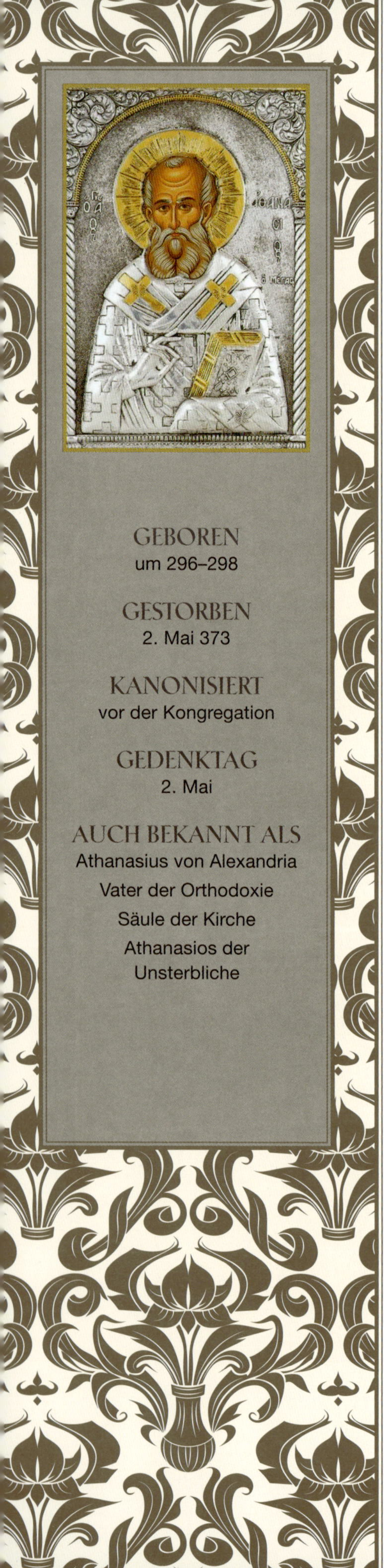

Als Athanasius heranwuchs, war die gnostische Lehre, gegen die sich Irenäus von Lyon so erfolgreich ereifert hatte, bereits im Niedergang, doch eine neue Häresie war im Osten aufgekommen: der Arianismus. Die Arianer bestritten das göttliche Wesen des Gottessohnes Jesu Christi; sie trennten klar zwischen Gottvater und Gottsohn als verschiedenen Wesen, der eine habe den anderen erschaffen. Das machte Christus zu einer Art minderwertigem Gott. Da das Wesen Christi und seine Verbindung zu Gott zentrale Fragen des christlichen Glaubens waren, traf diese Häresie in das Herz der Kirche und bedrohte sie in ihrem Innersten.

DAS NIZÄNISCHE GLAUBENSBEKENNTNIS

Kaiser Konstantin I. interessierte sich für die Auseinandersetzung und berief dazu ein Konzil ein. Das erste Konzil von Nizäa fand im Frühjahr 325 statt und formulierte das Nizänische Glaubensbekenntnis in der Absicht, den Streit damit beizulegen. Athanasius war als Diakon des Patriarchen Alexander von Alexandria anwesend und bewies sich mit theologischem Scharfsinn als

> *Gottes Sohn wurde Mensch, auf dass wir göttlich werden mögen.*

HEILIGER ATHANASIUS DER GROSSE

unnachgiebiger Verfechter des orthodoxen Glaubens.

Das Nizänische Glaubensbekenntnis besagte, dass Gott, Christus und der Heilige Geist von derselben göttlichen Substanz und die Manifestation eines einzigen Gottes seien (Trinität). Dies wurde später ein wesentlicher Glaubenssatz der Ost- und Westkirche wie auch vieler protestantischer Glaubensgemeinschaften. Die orthodoxen Bischöfe erwiesen sich jedoch als zu schwach, um diese Sicht durchzusetzen, und so besaß der Arianismus immer noch große Macht. Auch Kaiser Konstantins Sohn, Konstantin II., war ein Anhänger des Arianismus.

Das erste Konzil von Nicäa. Athanasius war nur ein Diakon und Sekretär des Patriarchen von Alexandria, doch aufgrund seines Auftretens gegen die Arianer ist er in die Geschichte eingegangen.

BISCHOF IM EXIL

Athanasius der Große wurde 326 zum Bischof von Alexandria und bekämpfte den Arianismus sein Leben lang. Seine Widersacher waren sowohl Bischöfe aus dem Osten des Römischen Reiches wie auch römische Kaiser.

Als sich Athanasius dem Befehl Kaiser Konstantins I. widersetzte, die Arianer am Abendmahl teilhaben zu lassen, wurden falsche Anschuldigungen gegen ihn vorgebracht. Da er es ablehnte, sich vor einer von Arianern besetzten Synode zu diesen Anschuldigungen zu äußern, verbannte ihn der Kaiser.

Während der 17 Jahre, die er in der Verbannung in Rom, Gallien, Kleinasien und in der ägyptischen Wüste verbrin-gen sollte, schrieb Athanasius ohne Unterlass. Vier römische Kaiser schick-ten ihn in die Verbannung.

365 konnte er schließlich nach Alexandria zurückkehren. Er ver-brachte die ihm verbleibenden Jahre bis zu seinem Tod am 2. Mai 373 mit dem Schreiben. Die Mühen dieses unerschüt-terlichen Glaubensverteidigers wur-den 381 belohnt, als das zweite Konzil in Konstantinopel stattfand. Gregor von Nyssa legte dort ein orthodoxes Bekenntnis vor, das dem von Nicäa ent-sprach. Der unermüdliche Athanasius hatte die arianische Häresie ausgehöhlt, und als im Jahr 550 das Ostgotenreich fiel, bedeutete es den Untergang der ari-anischen Glaubensrichtung.

Athanasius wurde in San Zaccaria in Venedig beigesetzt.

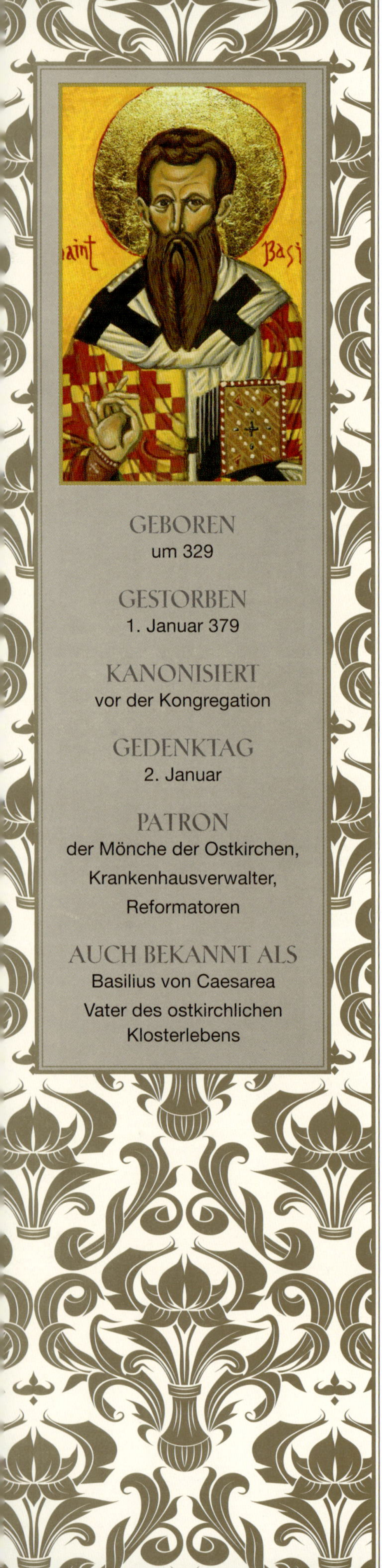

GEBOREN
um 329

GESTORBEN
1. Januar 379

KANONISIERT
vor der Kongregation

GEDENKTAG
2. Januar

PATRON
der Mönche der Ostkirchen,
Krankenhausverwalter,
Reformatoren

AUCH BEKANNT ALS
Basilius von Caesarea
Vater des ostkirchlichen
Klosterlebens

BASILIUS
der Große

Basilius von Caesarea wurde in eine wahrhaftige Dynastie von Heiligen hineingeboren und stand mit Männern wie Athanasius dem Großen, Hilarius von Poitiers und Gregor von Nazianz in Verbindung. Seine herausragende Position beruht auf der Tatsache, dass man ihn als bedeutenden Kopf der „drei Kappadokier" beurteilte – zu denen außer ihm sein Bruder Gregor von Nyssa und sein Freund Gregor von Nazianz gehörten – und dass er in allen Gebieten brillierte, denen er sich zuwandte.

EINE FAMILIE VON HEILIGEN

Außer Basilius und seinem Bruder Gregor von Nyssa wurden auch Basilius' Vater, seine Großmutter und seine Schwester heiliggesprochen. Basilius wurde zunächst von der Großmutter aufgezogen und genoss anschließend eine hervorragende Ausbildung in Caesarea, Konstantinopel und Athen, drei der reichsten Städte des Römischen Reiches mit langjähriger pädagogischer Tradition. In Caesarea begegnete er Gregor von Nazianz. In Athen wurden die beiden Freunde, und trotz eines später eintretenden Zerwürfnisses schrieb Gregor blumige Lobreden auf Basilius.

Basilius hätte sich vielleicht nach dem Leben in den großen Metropolen, wo er beträchtliche Erfolge verzeichnen konnte, von der Kirche abgewandt, wenn nicht seine Schwester Makrina mit gutem Beispiel vorangegangen wäre. Sie hatte eine Art Protokloster auf dem

Dieses Gemälde aus dem 18. Jahrhundert zeigt Basilius, der eine Messe in Anwesenheit des arianischen Kaisers Valens (vorne rechts) zelebriert.

Die drei heiligen Hierarchen

Basilius der Große nimmt einen bedeutenden Rang ein unter den Heiligen. Die orthodoxe Ostkirche und die katholischen Ostkirchen haben Basilius, Gregor von Nazianz und Johannes Chrysostomos die Bezeichnung „drei heilige Hierarchen" verliehen. Überdies zählt Basilius gemeinsam mit Gregor von Nazianz und Gregor von Nyssa zu den „drei Kappadokiern". In der orthodoxen Ostkirche und der römisch-katholischen Kirche wird Basilius als Kirchenlehrer angesehen. Er wird auch als „Offenbarer himmlischer Mysterien" bezeichnet.

Familienbesitz in Pontus in Kleinasien errichtet.

Dadurch angeregt, besuchte Basilius unter anderem in Ägypten und Mesopotamien Klöster, um schließlich nach Pontus zurückzukehren und sein eigenes Kloster zu gründen. Es war die erste klösterliche Gemeinschaft in Kleinasien, und Basilius erarbeitete ein viel gerühmtes straffes Regelwerk, nach dem die Mönche leben und Gott ehren sollten. Diese Leistung trug ihm auch den Beinamen „Vater des ostkirchlichen Klosterlebens" ein.

EIN VORBILD AN TUGEND

Mit Anfang dreißig wurde Basilius in den Streit um den Arianismus verwickelt, der die Kirche zu entzweien drohte. Nach Athanasius dem Großen war Basilius einer der vehementesten Kämpfer gegen die erstarkenden arianischen Häretiker in Caesarea. Zusammen mit Athanasius in Ägypten und Hilarius von Poitiers in Gallien bildete er eine Art Dreieck der Orthodoxie, das am Ende siegreich sein sollte – wenn auch nicht mehr zu Lebzeiten der drei Kirchenlehrer.

Nachdem er ein Kloster begründet und sein orthodoxes Terrain im Kampf gegen den Arianismus abgesteckt hatte,

begab sich Basilius in episkopale und administrative Wirkungsbereiche.

Er trat ein Amt unter dem 362 gewählten Bischof Eusebius von Caesarea an und erwies sich bald als so effizient, dass er dem Bischof die Stirn bot. Die beiden Männer arrangierten sich, und das einflussreiche Bistum von Caesarea kam 370 unter die Ägide von Basilius, der als Nachfolger des Eusebius zum Erzbischof wurde. Während seiner neunjährigen Amtszeit machte er die Kirche von Caesarea zu einem Vorbild christlicher Lebensweise.

Eine frühe Karte von Kleinasien. Basilius der Große, auch bekannt als Basilius von Caesarea, war Erzbischof von Caesarea in Kappadokien in Kleinasien, der heutigen Türkei.

HILARIUS
von Poitiers

GEBOREN
um 315

GESTORBEN
368

KANONISIERT
vor der Kongregation

GEDENKTAG
13. Januar

PATRON
von Poitiers,
La Rochelle;
der schwächlichen Kinder;
bei Schlangenbiss

Hilarius war bereits ein Gelehrter, als er sich dem Studium der Bibel widmete. Er hatte klassische Rhetorik und Philosophie studiert, war zunächst Anhänger der neuplatonischen Philosophie und spät zum Christentum konvertiert. Als Christ wandte er die erlernten Fähigkeiten an, um seine Mitbürger in Poitiers zu bekehren und die Gemeinde zu leiten. Er wurde 350 zum Bischof von Poitiers gewählt, obwohl er selbst erst einige Jahre zuvor konvertiert war. Zu der Zeit hatte sich der Arianismus im Osten zu einer immer stärkeren Bewegung entwickelt und drohte nun auch, sich im Westen auszubreiten. Die Arianer hatten in Kaiser Constantius II. einen mächtigen Anhänger, an den sich Hilarius als Kämpfer gegen die Häresie persönlich wandte.

Doch hier versagte seine Rhetorik. Der Kaiser verbannte den Bischof nach Phrygien in Kleinasien. Im Kernland des Arianismus plädierte Hilarius so überzeugend für die katholische Doktrin, dass die örtlichen arianischen Bischöfe den Kaiser ersuchten, ihn nach Hause zurückzuschicken. Hilarius erlebte die endgültige Anerkennung der rechtgläubigen Lehre auf dem zweiten ökumenischen Konzil in Konstantinopel 381 nicht mehr, aber ihm gebührt sicherlich Anerkennung dafür, dass er der Verbreitung des Arianismus in Gallien Einhalt geboten hat.

Unermesslich aber ist die Forderung, unfasslich das Wagnis, dass über die von Gott gesetzte Grenze hinaus von Gott gesprochen werden soll.

❋

HEILIGER HILARIUS VON POITIERS

MONIKA

Die heilige Monika ist in erster Linie als Mutter des heiligen Augustinus bekannt. Sie verdankt ihre Verehrung als Schutzpatronin der Mütter ihrem langen und geduldigen Leiden wegen ihres jüngsten Sohnes. Sie wurde in einem christlichen Elternhaus geboren und heiratete den Heiden Patricius, mit dem sie jedoch eine unglückliche Ehe führte. Mit unerschütterlicher Beharrlichkeit versuchte sie, ihren Ehemann zum christlichen Glauben zu bekehren, doch erst in seinem letzten Lebensjahr, 370, ließ dieser sich taufen.

Neben Augustinus gebar Monika noch zwei weitere Kinder, die sich früh zum christlichen Glauben bekannten. Doch Augustinus, der jüngste Sohn, stellte seine Mutter auf eine harte Geduldsprobe. Nachdem sie jahrelang vergeblich versucht hatte, ihn vom christlichen Glauben zu überzeugen, betete sie inständig für seine Bekehrung und folgte ihm schließlich nach Mailand, wo Augustinus sich taufen ließ. Danach sagte sie zu ihm: „All meine Hoffnungen sind erfüllt worden." 17 Jahre hatte sie für die Bekehrung ihres Sohnes gebetet. Monika starb in Ostia in Italien auf der Rückreise in ihre Heimat Numidien (heute Algerien). Dort wurde sie begraben und geriet zunächst in Vergessenheit, bis im 13. Jahrhundert ihre Verehrung einsetzte.

Monika hörte nie auf, für ihren Sohn Augustinus zu fasten und zu beten; sie folgte ihm nach Europa. Ihr unerschütterlicher Glaube bewog auch ihren Ehemann und ihre Schwiegermutter, zum Christentum zu konvertieren.

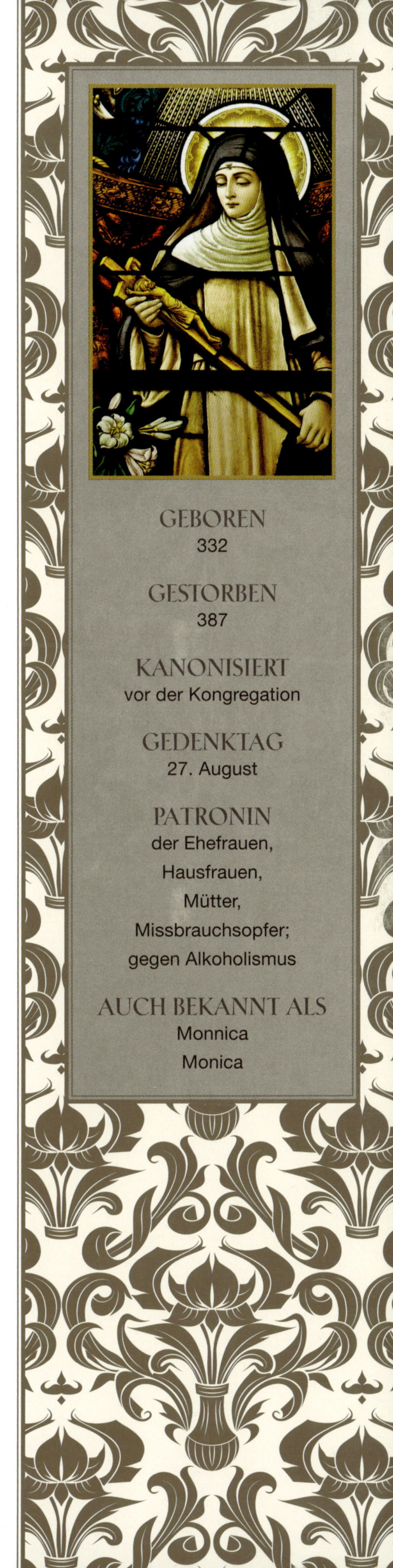

GEBOREN
332

GESTORBEN
387

KANONISIERT
vor der Kongregation

GEDENKTAG
27. August

PATRONIN
der Ehefrauen,
Hausfrauen,
Mütter,
Missbrauchsopfer;
gegen Alkoholismus

AUCH BEKANNT ALS
Monnica
Monica

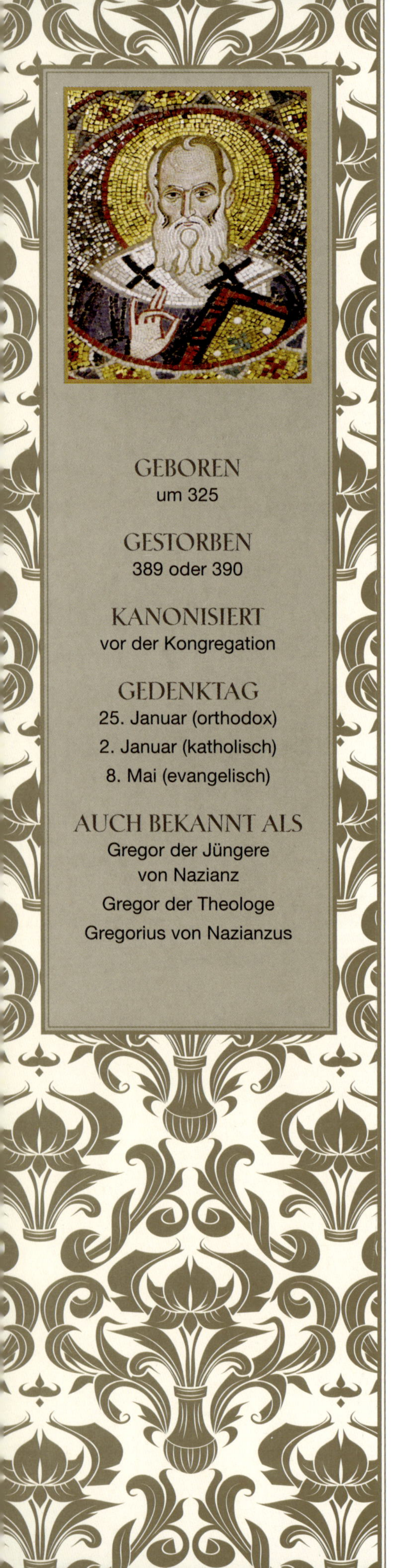

GEBOREN
um 325

GESTORBEN
389 oder 390

KANONISIERT
vor der Kongregation

GEDENKTAG
25. Januar (orthodox)
2. Januar (katholisch)
8. Mai (evangelisch)

AUCH BEKANNT ALS
Gregor der Jüngere
von Nazianz
Gregor der Theologe
Gregorius von Nazianzus

GREGOR
von Nazianz

In Gregors Familie gab es, wie in der seines Freundes Basilius des Großen, mehrere heiliggesprochene Mitglieder, so Gregors Vater, seine Mutter und Schwester. Wie Basilius durchlief auch Gregor eine ausgezeichnete Ausbildung in einigen der besten Schulen des Römischen Reiches. Zudem war er ein hervorragender Redner. Anders als sein Freund jedoch trat Gregor nur sehr zögerlich und gegen seinen Willen in den Priesterstand. Die glücklichste Zeit seines Lebens waren vermutlich jene Jahre, die er mit Basilius in dessen Ordensgemeinschaft in Pontus verbrachte, sowie seine letzten sechs Lebensjahre, die er in vollkommener Zurückgezogenheit dem Schreiben widmete.

Seine Lebensumstände ließen ein Leben in klösterlicher Kontemplation nicht zu. Er wurde immer wieder in Ämter gewählt, nach denen er nicht gestrebt hatte. Sein Vater, den er bei dessen Führung des Bischofsamtes unterstützte, drängte ihn in das Priesteramt. Basilius bewog ihn, Bischof von Sasima zu werden, und von Kaiser Theodosius I., einem überzeugten Katholiken, wurde er dazu bestimmt, als Patriarch von Konstantinopel den Kampf gegen

Die drei kappadokischen Kirchenväter Basilius der Große, sein Bruder Gregor von Nyssa und Gregor von Nazianz, auch die „drei Kappadokier" genannt.

die Arianer anzuführen. Gregor mag seine Ämter nur zögerlich angetreten sein, doch ohne jeden Zweifel haben seine vielen Reden zur Verteidigung der rechtgläubigen Lehre die vom Kaiser gewünschte vernichtende Wirkung auf die häretische Bewegung gehabt.

AMBROSIUS

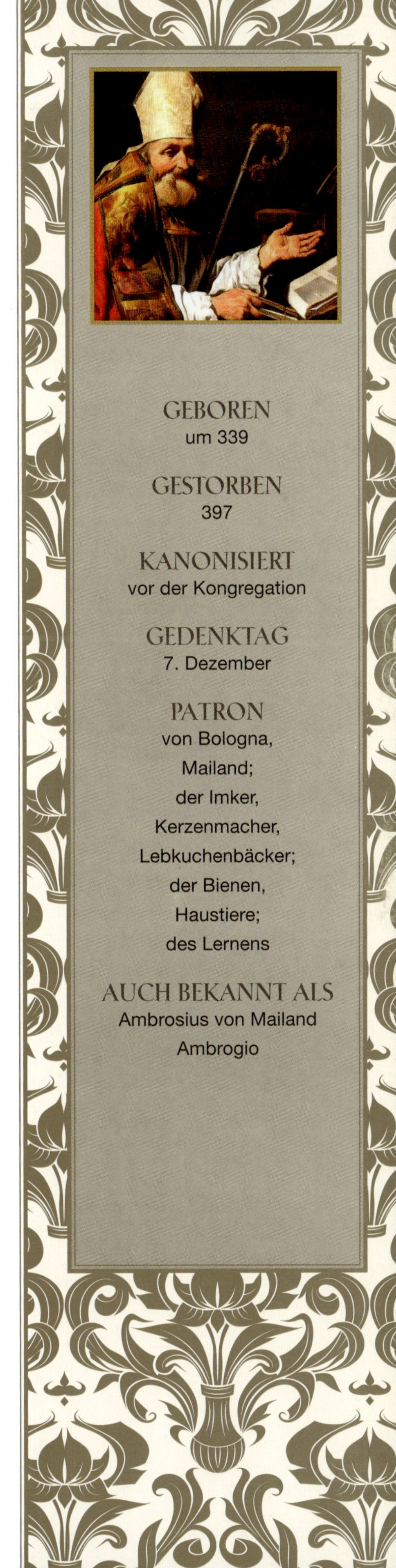

Ambrosius wird für sein politisches Wirken beinahe genauso verehrt wie für seine klare Theologie. In seiner Wirkungsstätte Mailand trat er entschieden der arianischen Häresie entgegen. Er überwand

Im Leben ist es nie zu

spät, um zu lernen.

HEILIGER AMBROSIUS

die Konflikte mit dem unbesonnen handelnden, aber sich schließlich der Kirchenbuße unterwerfenden Kaiser Theodosius I. und der einflussreichen Justina, Mutter des Kaisers Valentinian II., und Anhängerin des Arianismus.

Als Präfekt der Provinz Aemilia-Liguria in Oberitalien begab sich Ambrosius 374, nach dem Tode des arianischen Bischofs Auxentius, in die Kathedrale von Mailand, um zum Frieden zwischen den Katholiken und Arianern aufzurufen. Der Überlieferung nach soll sein Appell dazu geführt haben, dass er selbst zum Bischof gewählt wurde, obwohl er noch nicht getauft war, dies jedoch bald nachholte.

Ambrosius war vom 7. Dezember 374 bis zu seinem Tode Bischof von Mailand. Kompetent und fest im Glauben überwand er politische Intrigen und stellte sich Häresien entgegen. Er gilt als bedeutender Führer der frühen Kirche und einer der herausragenden Theologen.

Der heilige Ambrosius und Kaiser Theodosius

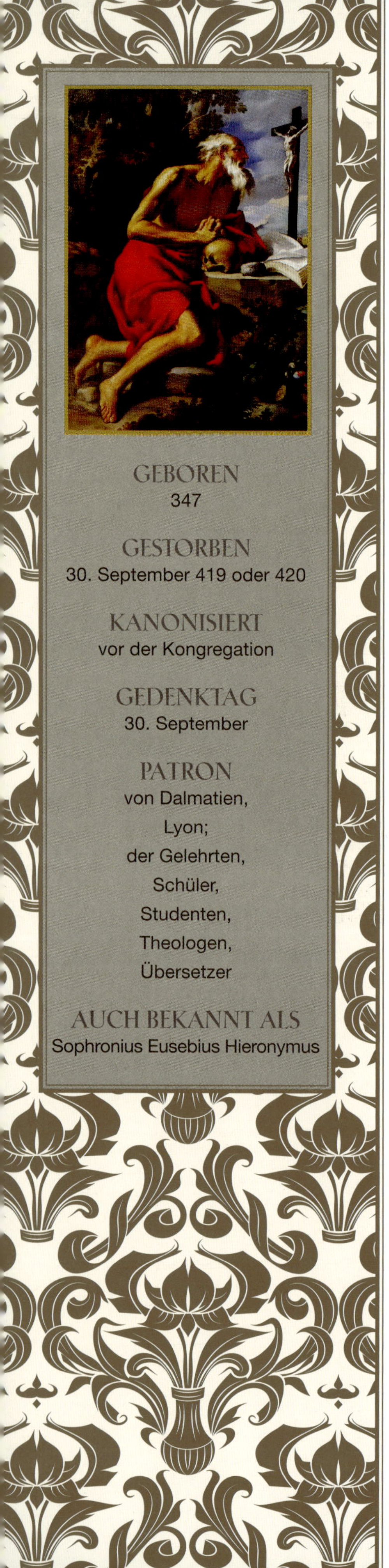

GEBOREN
347

GESTORBEN
30. September 419 oder 420

KANONISIERT
vor der Kongregation

GEDENKTAG
30. September

PATRON
von Dalmatien,
Lyon;
der Gelehrten,
Schüler,
Studenten,
Theologen,
Übersetzer

AUCH BEKANNT ALS
Sophronius Eusebius Hieronymus

HIERONYMUS

Hieronymus war schon zu Lebzeiten eine umstrittene Persönlichkeit und wird auch heute noch kontrovers betrachtet, doch gehört er zu den berühmtesten und einflussreichsten Kirchenlehrern.

Er wurde in Stridon in Dalmatien geboren, lernte Griechisch und Latein und studierte die heidnischen Klassiker in Rom. Nach seinem Studium in Rom reiste er durch Italien und Gallien nach Trier, wo er sich der Theologie zuwandte. Hieronymus' Hingabe an die biblische Exegese und die christliche Doktrin waren jedoch noch nicht vollkommen ausgereift, als er 374 nach Antiochia kam. Der Überlieferung nach träumte er dort, Gott selbst habe ihn gerufen, um ihn für seine Liebe zur heidnischen Literatur und Philosophie zu richten. Er erhielt für seine Vergehen Schläge, weinte um Gnade und schwor, dass er nie wieder Gefallen an solchen „weltlichen Büchern" finden werde. Nach dem Erwachen führte er fortan ein asketisches Leben.

Nach seinem Studium in Rom zog sich Hieronymus in die Wüste von Chalkis südwestlich von Antiochia zurück, um als Eremit zu leben. Auch dort widmete er sich dem Schreiben.

HIERONYMUS IN DER WÜSTE

Hieronymus lebte mehrere Jahre als Eremit in der Wüste. Er litt schwer in seinem Kampf mit Versuchungen. In einem Brief an die heilige Julia Eustochium schrieb er: „In meinem kalten Körper und meinem ausgedörrten Fleisch, das schon vor dem Tode tot schien, konnte doch Wollust leben; und obwohl ich jegliche Ausbrüche unterdrückte, wollte sie immer wieder aufsteigen. Als ich mich der Macht dieses Feindes ausgeliefert sah, warf ich mich im Geiste Jesus Christus zu Füßen, benetzte sie mit meinen Tränen, und zähmte mein Fleisch mit wochenlangem Fasten."

Die Vulgata

Die von Hieronymus angefertigte lateinische Übersetzung der Bibel, *Vulgata* genannt, wurde für die katholische Kirche in den darauffolgenden 1550 Jahren die verbindliche Bibelübersetzung. Teilweise direkt aus dem Hebräischen und Chaldäischen übersetzt, löste sie frühere lateinische Übersetzungen aus dem Griechischen ab – trotz der vielen Sprachen, die im Europa des Mittelalters vorherrschten, und der sprachlichen Weiterentwicklung des Lateinischen.

Hieronymus kehrte aus der Wüste als inbrünstiger Anhänger der katholischen Kirche zurück. Er hatte seine Sprachkenntnisse nun um das Hebräische erweitert und reiste nach Konstantinopel, um seine Studien als Schüler von Gregor von Nazianz wieder aufzunehmen.

DIE SPÄTEREN JAHRE

382 verließ Hieronymus Konstantinopel und kehrte nach Rom zurück. Hier blieb er drei Jahre und begann, die Bibel zu übersetzen. Rom jedoch erwies sich für ihn als unfreundliches Pflaster, vor allem nach dem Tod von Papst Damasus I. im Jahr 383. Hieronymus bedachte Menschen und Glaubensvorstellungen, die er als irrig ansah, mit Polemik und Hohn. Das trug ihm viele Feinde ein,

Sei in Frieden mit deiner eigenen Seele, dann werden Himmel und Erde in Frieden mit dir sein.

HEILIGER HIERONYMUS

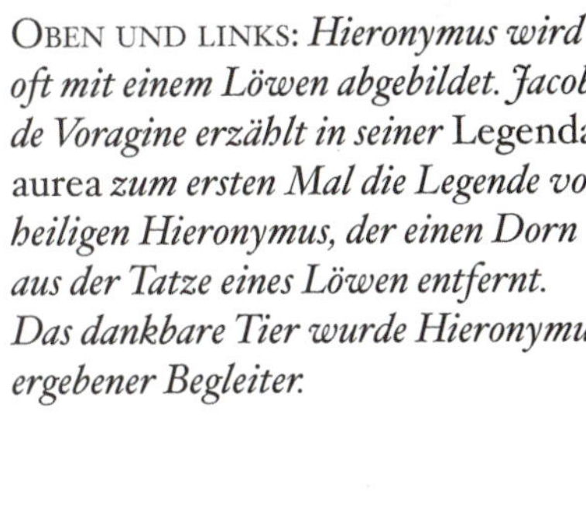

OBEN UND LINKS: *Hieronymus wird oft mit einem Löwen abgebildet. Jacobus de Voragine erzählt in seiner* Legenda aurea *zum ersten Mal die Legende vom heiligen Hieronymus, der einen Dorn aus der Tatze eines Löwen entfernt. Das dankbare Tier wurde Hieronymus' ergebener Begleiter.*

auch der neue Papst konnte ihn nicht leiden. So ging Hieronymus nach Bethlehem und errichtete mit der heiligen Paula Klostergemeinschaften für Nonnen wie Mönche sowie verschiedene wohltätige Einrichtungen. Er veröffentlichte weiterhin dogmatische Streitschriften. Hieronymus starb 420.

AUGUSTINUS
von Hippo

Augustinus von Hippo bleibt eine der fesselndsten Figuren der katholischen Kirche, ein anerkannter Philosoph, nicht nur des christlichen Altertums, sondern der westlichen Zivilisation überhaupt.

Augustinus wurde als Sohn eines heidnischen Vaters geboren, der erst spät auf unermüdliches Drängen seiner Frau, der heiligen Monika, konvertierte. Seine ersten 30 Lebensjahre verbrachte Augustinus, seinen eigenen Worten nach, in „entflammter Leidenschaft für die Vergnügungen der Hölle bis zum Überdruss". Er war lüstern, eitel, schadenfroh und lebte unverheiratet mit einer Frau, die ihm einen Sohn gebar.

Doch studierte er in dieser zügellosen Jugendzeit Latein, Griechisch und Rhetorik; seine Begabung als Philosoph und Autor wurde bald offenbar. Mehr als neun Jahre verteidigte er vehement seinen manichäischen Glauben, der zu seiner Zeit im Römischen Reich sehr verbreitet war.

DIE GARTENSZENE
Nach und nach jedoch wich Augustinus' Begeisterung für den Manichäismus. Dennoch hielt er die Bibel für widersprüchlich und sinnlos und wandte sich dem Neoplatonismus und der Philosophie des Skeptizismus zu, bevor er sich schließlich doch dem Studium der Heiligen Schrift widmete.

> *Er, der uns ohne unser Zutun geschaffen hat, wird uns nicht ohne unsere Zustimmung retten.*
>
> HEILIGER AUGUSTINUS VON HIPPO

Ein bedeutender Wendepunkt war für ihn die Einladung des Bischofs Ambrosius von Mailand, um dessen Predigten zu hören. Augustinus kam 384 nach Mailand, wo er Rhetorik lehrte. Seiner eigenen Schilderung zufolge erlebte er im August 386 in Mailand eine Offenbarung. Er befand sich an jenem Tag in großer Bedrängnis, fühlte sich außerstande, ein reines und sündenfreies Leben zu führen, und brach unter einem Feigenbaum im Garten seines Hauses zusammen. Plötzlich hörte

er eine Kinderstimme, die sang: „Nimm es und lies, nimm es und lies." Er erinnerte sich, dass auch Antonius der Große einem Satz aus dem Matthäus-Evangelium gefolgt war, nahm die Bibel zur Hand und las den ersten Absatz, den er sah: „Lasst uns anständig wandeln wie am Tage; nicht in Schwelgereien und Trinkgelagen, nicht in Unzucht und Ausschweifungen, nicht in Streit und Neid; sondern ziehet den Herrn Jesus Christus an, und treibet nicht Vorsorge für das Fleisch zur Erfüllung seiner Lüste" (Römer 13,13–13,14).

DER LEHRER DER GNADE

Augustinus wurde ein bedeutender Kirchenlehrer. In seinen Auseinandersetzungen mit dem Donatismus klärte Augustinus die Streitfrage der Kleriker, die ihrem Glauben unter der Verfolgung durch Kaiser Diokletian abgeschworen hatten, doch unter Konstantin I. in ihre Ämter zurückgekehrt waren. Die Anhänger des Donatismus waren der Meinung, dass alle von diesen Abtrünnigen gespendeten Sakramente ungültig seien. Augustinus brachte dagegen die These vor, nicht der Charakter und die Lebensführung des individuellen Priesters verleihe den Sakramenten Gültigkeit, sondern das Amt des Priesters als formeller Spender der Gnade Gottes. In Streitgesprächen mit den Anhängern des Pelagianismus vertrat Augustinus die Position, dass die Erlösung letztendlich durch die Gnade Gottes erreicht werde, nicht durch den freien Willen des Menschen. Das beeinflusst noch heute die Philosophie der katholischen Kirche zum Verhältnis von freiem Willen und göttlicher Gnade.

Augustinus zögerte lange, bevor er sich zum christlichen Glauben bekannte, wurde aber dann zum führenden Gelehrten der alten Kirche.

JOHANNES
Chrysostomos

GEBOREN
um 360

GESTORBEN
14. September 407

KANONISIERT
vor der Kongregation

GEDENKTAG
13. September (Westkirche)
13. November (Ostkirche)

PATRON
von Konstantinopel;
der Prediger,
Redner,
der Erziehung;
gegen Epilepsie

AUCH BEKANNT ALS
Johannes von Antiochia

Im Jahre 553 verlieh Papst Vigilius Johannes den Beinamen Chrysostomos, was „Goldmund" bedeutet. Obwohl er am Ende seines Lebens von feindlichen Parteien in Konstantinopel verfolgt wurde, haben seine virtuose Rednerkunst und seine Schriften, darunter *Über die Priesterschaft*, dem heiligen Johannes Chrysostomos einen Platz unter den angesehensten Kirchenlehrern gesichert.

Johannes verbrachte zwei Jahre als Einsiedler; seine Gesundheit litt stark darunter. Er kehrte nach Antiochia zurück, wo er dem Bistum als Lektor und Priester diente. Er war einer der hervorragendsten Prediger der christlichen Kirche und wurde 398 zum Patriarchen von Konstantinopel ernannt.

Diese Beförderung stürzte Johannes jedoch in zahlreiche Probleme. Obwohl er beim Volk und bei den Armen weiterhin sehr beliebt war, trugen ihm seine Bemühungen, die unfrommen Kleriker zu bekehren, und seine Kritik am Kaiserhof viele Feindschaften ein, vor allem die der Kaiserin Eudoxia.

Er wurde zweimal verbannt. Die Strapazen der zweiten Verbannung überlebte er nicht: Johannes starb in Komana Pontika, einer Stadt in Kleinasien. Trotz der vielen Entbehrungen in seinem Leben hinterließ er ein erstaunliches theologisches Vermächtnis.

Nachdem Johannes aus dem ersten Exil zurückgekehrt war, errichteten die Bewohner von Konstantinopel eine silberne Statue der Kaiserin Eudoxia nahe der Kirche der heiligen Weisheit.. Johannes protestierte gegen die zügellosen Feiern, die das Ereignis begleiteten. Die Kaiserin ließ ihn verbannen.

CYRILL
von Alexandria

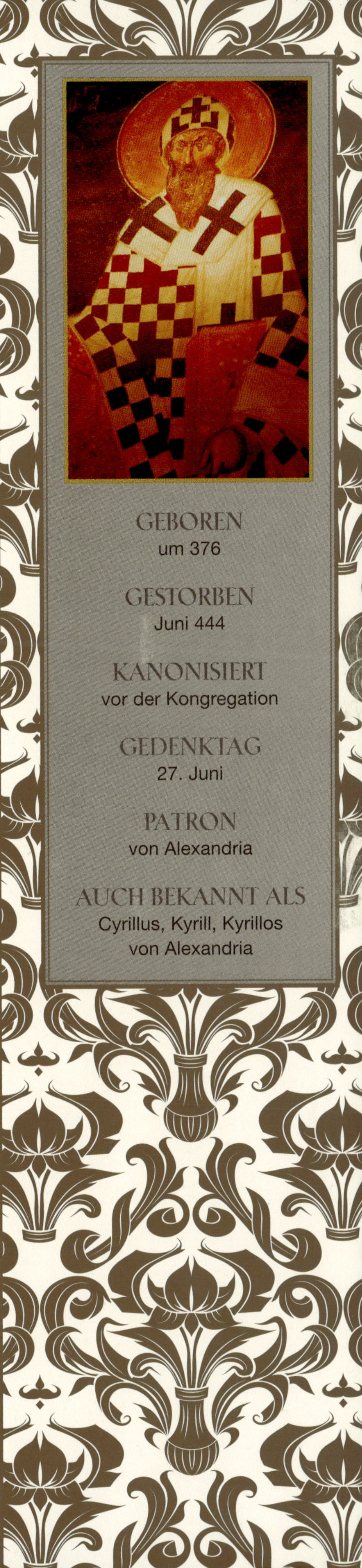

Cyrill von Alexandria, der Patriarch von Alexandria, ist einer der eher umstrittenen Theologen der frühen Kirche. Berühmt ist seine Opposition gegen den von Nestorius, Patriarch von Konstantinopel, begründeten Nestorianismus. Die theologische Auseinandersetzung ging um das Wesen Christi und die Frage, inwieweit er Mensch, inwieweit Gott sei. Die Nestorianer betonten die menschliche Wesenheit Christi und wollten daher Maria nicht als „Theotokos" (Gottesgebärerin) bezeichnen, sondern traten für den Titel „Christusgebärerin" ein. Rom war auf Cyrills Seite, doch Nestorius war ein mächtiger Gegner. Wahrscheinlich wurde ihre Rivalität durch episkopale Politik geschürt. Vor 381 hatte der Erzbischof von Alexandria im Osten eine Vorrangstellung, doch seitdem dominierte Konstantinopel. Es wurden Konzile einberufen und Briefe zwischen Rom, Konstantinopel und Alexandria ausgetauscht. Schließlich hatten sich beide Patriarchen gegenseitig exkommuniziert; beide wurden verhaftet. Letztendlich wurde Cyrill rehabilitiert und wieder in sein Amt gehoben. Er bleibt jedoch umstritten, vor allem wegen der Unterdrückung der Novatianer, wegen seines Verhaltens in der Auseinandersetzung mit den Nestorianern und der Vertreibung der Juden aus Alexandria. Cyrill, der in der Tradition von Athanasius schrieb, hinterließ wertvolle theologische Schriften.

Cyrill schrieb Abhandlungen über das Wesen Christi und der Heiligen Dreifaltigkeit.

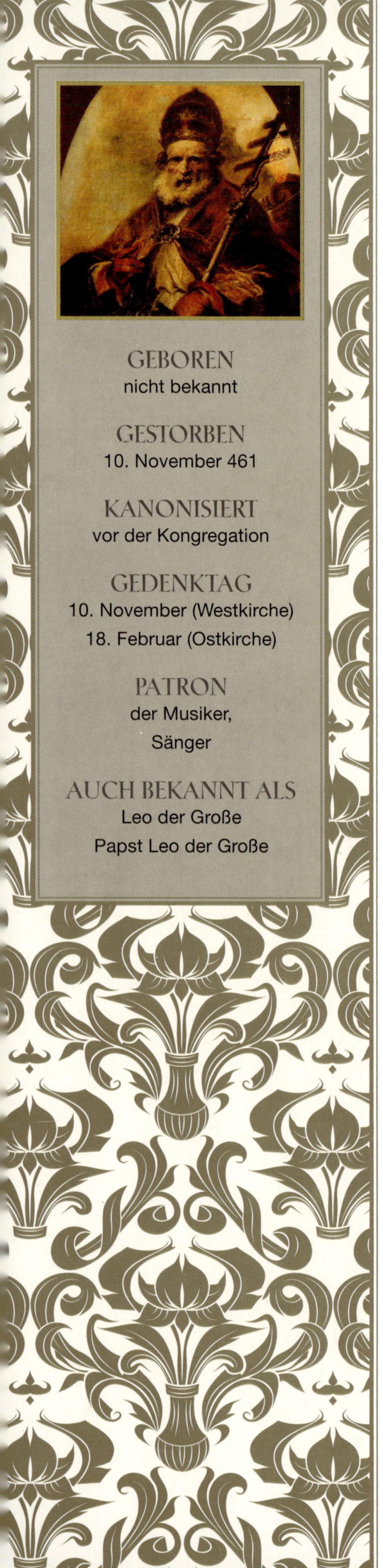

GEBOREN
nicht bekannt

GESTORBEN
10. November 461

KANONISIERT
vor der Kongregation

GEDENKTAG
10. November (Westkirche)
18. Februar (Ostkirche)

PATRON
der Musiker,
Sänger

AUCH BEKANNT ALS
Leo der Große
Papst Leo der Große

Papst LEO I.

Papst Leo I. bewies sich als fähiger Amtsinhaber, scharfsichtiger Theologe und hervorragender Diplomat in einer der für die Kirche schwierigsten und entscheidendsten Epochen. Die Patriarchen der Ostkirche wurden von theologischen Disputen und Häresien zerrissen, das Weströmische Reich war im Niedergang begriffen, die Stabilität der katholischen Kirche ernsthaft gefährdet. Nachdem er 440 zum Papst gewählt worden war, begann er die Kirchenpraktiken zu reformieren und zu standardisieren und stärkte die Vorrangstellung des Bischofs von Rom in der gesamten Kirche. Den Häresien trat er mit Entschiedenheit, doch um Schlichtung bemüht entgegen. Er formulierte einige fundamentale theologische Lehrsätze mit großer Klarheit.

Daneben ist Leo I. aber vor allem wegen seines Zusammentreffens mit dem Hunnenkönig Attila im Jahr 452 berühmt. Attila war in Italien eingefallen. Leo traf sich mit dem Hunnenherrscher und überredete ihn erstaunlicherweise zum Rückzug aus Italien. Als 455 Vandalen aus Afrika Rom angriffen und die Stadt plünderten, konnte Leo sie davon abhalten, zu morden und Rom in Brand zu setzen.

Papst Leo I. (Dritter von links) reitet dem Hunnenkönig Attila entgegen.

GREGOR
von Tours

Gregor von Tours wurde in Clermont-Ferrand geboren und wuchs bei seinem Onkel, dem Bischof der Stadt, auf. Er wurde christlich erzogen, empfand sich jedoch nicht besonders zu einer kirchlichen Laufbahn berufen, bis er fast an einer schweren Krankheit gestorben wäre. 573 wurde er Bischof von Tours; es war eine Zeit, die vom Streit der Frankenkönige aus dem Geschlecht der Merowinger überschattet war.

Gregor trat nicht als Theologe hervor, bewies sich aber als fähiger Hirte, der trotz unruhiger Zeiten für seine Herde sorgte. Während seiner Amtszeit als Bischof erlebte er vier merowingische Könige, darunter Childebert II., der sich um die Herstellung eines inneren Friedens bemühte.

Gregor von Tours ist als Historiker bekannt geworden. Er verschrieb sich der Hagiografie und beschäftigte sich insbesondere mit dem heiligen Martin von Tours, dessen Grab viele Pilger in die Stadt zog. Er verfasste auch Viten der Kirchenväter und Märtyrer, insbesondere aus seinem Geburtsland Gallien, doch sein Hauptwerk waren die zehn Bände der *Historia Francorum* (Geschichte der Franken). Diese Geschichtsbücher beginnen bei der Erschaffung der Welt und enden in Gregors eigener Zeit. Die Bücher sind eine wertvolle Quelle frühmittelalterlicher Geschichte.

> *So sagt mir, wann war der Vater ohne Weisheit? Wann war Er ohne Licht, ohne Leben, ohne Wahrheit, ohne Gerechtigkeit?*

HEILIGER GREGOR VON TOURS

GEBOREN
538 oder 539

GESTORBEN
17. November 593 oder 594

KANONISIERT
vor der Kongregation

GEDENKTAG
17. November

AUCH BEKANNT ALS
Grégoire de Tours

ISIDOR
von Sevilla

GEBOREN
um 560

GESTORBEN
4. April 636

KANONISIERT
1595

GEDENKTAG
4. April

PATRON
von Spanien;
der Gelehrten,
Studenten

AUCH BEKANNT ALS
Isidoro de Sevilla

Isidor folgte um 600 seinem Bruder Leander als Nachfolger im Amt des Erzbischofs von Sevilla, das unter westgotischer Herrschaft stand. Isidor verschrieb sich der Wissenschaft und Bildung, und es ging ihm darum, das antike Wissen für seine Zeitgenossen zu bewahren. 633 überzeugte er auf dem vierten Nationalkonzil von Toledo die anwesenden Bischöfe, ein Edikt zu erlassen, demzufolge in allen Diözesen Domschulen eingerichtet werden sollten.

Isidors umfangreichste und bekannteste Leistung sind die *Etymologiae*, eine Sammlung des gesamten Wissens seiner Zeit und die Standard-Enzyklopädie für mehr als 1000 Jahre. In insgesamt 20 Bänden behandelt sie eine enorme Vielfalt von Themengebieten, darunter Medizin, Rechtswesen, Architektur, Theologie und Landwirtschaft. Zur Erstellung seiner Enzyklopädie, die eine wichtige Brücke zwischen der klassisch-antiken Kultur und dem Mittelalter darstellt, griff Isidor auf Werke von über 150 Autoren zurück.

Bisweilen wird Isidor als der letzte große lateinische Kirchenvater bezeichnet; jedenfalls war er einer der einflussreichsten. Da die Kirche im Laufe des Mittelalters immer mehr die Aufgabe der Ausbildung und Erziehung übernahm, ist Isidors frühes Engagement in dieser Hinsicht umso bemerkenswerter. Er verfasste neben der Enzyklopädie noch einige weitere Werke, stärkte die Rolle der Klöster und löschte den Arianismus in Spanien aus, dessen Wurzeln sich in früheren Jahrhunderten unter den Gotenstämmen ausgebreitet hatten.

Eine Statue Isidors vor der Biblioteca Nacional de España in Madrid

BEDA
Venerabilis

Beda, 672 oder 673 geboren, lebte an der zu seiner Zeit äußersten Grenze der Christenheit. Während die keltischen Völker in Britannien – besonders in Irland und Wales – bereits 200 Jahre zuvor zum Christentum konvertiert waren, hatten die angelsächsischen Völker Englands und Northumbriens erst spät zum christlichen Glauben gefunden. Bedas Kommentierung, Exegese und Übersetzung von Teilen der Bibel waren für seine Landsleute aus Northumbrien von großer Bedeutung.

Ab dem 9. Jahrhundert bezeichneten andere englische Kirchenmänner Beda, den herausragenden Gelehrten, als „Venerabilis", „den Ehrwürdigen". Heute gilt seine *Historia Ecclesiastica Gentis Anglorum* (Kirchengeschichte des englischen Volkes) als sein berühmtestes Werk.

Bedas *Historia* beginnt mit der römischen Besetzung Britanniens und beschreibt die lange, mitunter von Gewalt gekennzeichnete Geschichte der Konversion der angelsächsischen Königreiche zum Christentum. Seine Erzählung ist der einzige Einblick dieser Art in die angelsächsische Geschichte vor dem 8. Jahrhundert.

Der älteste Teil der Kirche Saint Paul in Jarrow ist der einzig erhaltene Bereich des Klosters, in dem Beda lebte und arbeitete.

Beda hatte das Glück, in den Klöstern in Wearmouth, das eine der besten Bibliotheken besaß, und in Jarrow zu leben. Beda war mit den Werken vieler klassischer Autoren vertraut, konnte Griechisch lesen, wahrscheinlich auch etwas Hebräisch, und beherrschte Latein. Als Erwachsener schrieb er unermüdlich. Sein Antrieb galt dem Erwerb und der Weitergabe von Wissen. So erstaunt es nicht, dass er bis zuletzt seinem Anspruch gehorchte: Noch an seinem Todestag arbeitete er an der Übersetzung des Johannesevangeliums.

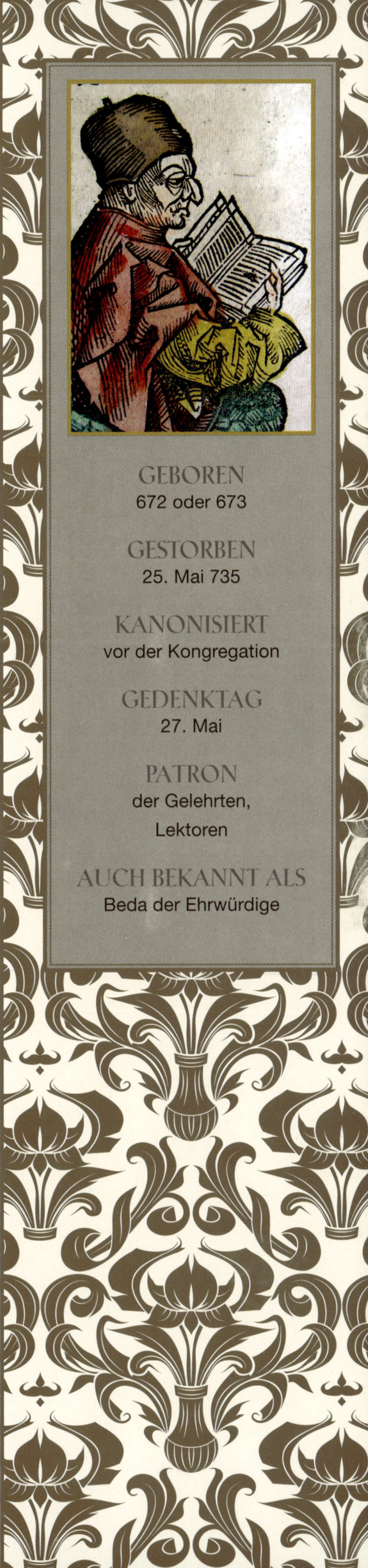

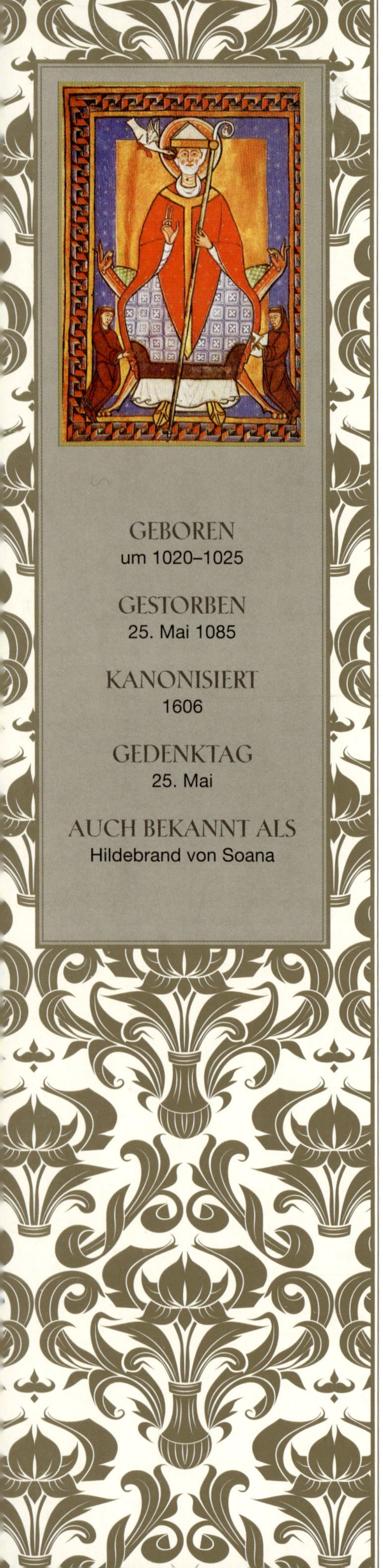

GEBOREN
um 1020–1025

GESTORBEN
25. Mai 1085

KANONISIERT
1606

GEDENKTAG
25. Mai

AUCH BEKANNT ALS
Hildebrand von Soana

Papst GREGOR VII.

Die gesamte Kirchenreformbewegung des 11. Jahrhunderts wird nach Papst Gregor VII. die Gregorianische Reform genannt. Er war der erfolgreichste und energischste unter den Reformpäpsten. Als Sohn eines Bauern oder Tischlers geboren, stieg er zu einem der mächtigsten Männer Europas auf. Der lockere Umgang mit den klösterlichen Regeln, das gesunkene moralische Niveau innerhalb des Klerus und die exzessive Einmischung weltlicher Machtinhaber führten zu einer sehr umstrittenen, aber dringend nötigen Kirchenreform. Zwischen 1049 und 1099 führte jeder Papst in Folge Reformen durch, doch Gregor VII. spielte dabei die führende Rolle. Noch be-

vor er zum Papst gewählt wurde, hatte Gregor – damals noch mit seinem Taufnamen Hildebrand – den kirchlichen Reformprozess eingeleitet. 1050 wurde er mit der Leitung des Klosters San Paolo fuori le mura betraut: Das alte Kloster war im Verfall begriffen, die Mönche empfingen weiblichen Besuch, das Vieh streifte in den verlassenen Hallen frei umher.

OBEN: *Aus dem Investiturstreit zwischen Papst und König ging Papst Gregor VII. als Sieger hervor. 1076 reiste König Heinrich IV. nach Norditalien, um mit dem Papst Frieden zu schließen. Um Abbitte zu leisten, zog er ein Büßerhemd an und stand mitten im Winter barfuß im Schnee am Tor der Burg von Canossa.*

LINKS: *Die Ruinen der Burg von Canossa. Heinrichs dramatischer Bußgang ging als „Gang nach Canossa" in die Geschichte ein.*

Der Investiturstreit

Neben anderen Reformen schaffte Gregor auch die Praxis der Laieninvestitur ab, nach der eine weltliche Autorität Bischöfe oder Äbte ernennen konnte. Das Dekret wurde 1075 verabschiedet und erregte die Aufmerksamkeit des deutschen Königs Heinrich IV., der sich konstant mit rebellischen Fürsten konfrontiert sah. Heinrich IV. hatte großen Rückhalt unter den Äbten, Bischöfen und anderen hochrangigen Kirchenmännern, die ihr Amt von der Krone erhalten hatten und mehr als ein Drittel von Heinrichs Herrschaftsgebiet kontrollierten.

Die Investiturzeremonie besaß neben symbolischer auch große politische und wirtschaftliche Bedeutung. Beigelegt wurde der Streit erst 1122 durch das Wormser Konkordat, in dem sich Kaiser Heinrich V. und Papst Calixtus II. auf den Kompromiss einigten, dass der Kaiser auf das Recht der Investitur verzichtete, aber das Recht behielt, den gewählten Bischof oder Abt durch das kaiserliche Zepter mit den Hoheitsrechten ihres Amtes zu belehnen.

PAPST UND KÖNIG

Als Papst erlegte Gregor der ganzen Kirche Reformen auf, um ihre spirituelle Reinheit wiederherzustellen und die Vormachtstellung Roms zu etablieren. Zu diesem Zweck trennte Gregor die Macht weltlicher Herrscher von der Kirche (Gregor selbst war der letzte Papst, dessen Wahl die Zustimmung eines Kaisers erfuhr), reformierte die Regeln der Papstwahl und erließ strenge Dekrete gegen verheiratete Kleriker, die Simonie und die Veräußerung von Kirchenbesitz.

Ich liebte die Gerechtigkeit, ich hasste das Böse, so musste ich in der Verbannung sterben.

HEILIGER PAPST GREGOR VII.

Wachsstatue des aufgebahrten Gregor VII. in der Kathedrale von Salerno. Nachdem Gregor Heinrich IV. zum zweiten Male gebannt hatte, ließ Heinrich seinerseits den Papst absetzen. Gregor verbrachte seine letzten Tage in Salerno.

Zu seinen ärgsten Feinden zählte Heinrich IV. Erzürnt über Gregors Politik, forderte Heinrich den Papst zur Abdankung auf. Papst Gregor VII. exkommunizierte daraufhin Heinrich und belegte ihn mit dem Bann. Nach Heinrichs Bußgang nach Canossa währte der Frieden zwischen beiden nicht lange: Nach erneutem Bann ließ Heinrich einen neuen Papst wählen, den Gegenpapst Clemens III., belagerte wenig später Rom und ließ sich von Clemens zum Kaiser krönen. Papst Gregor ging ins Exil nach Salerno.

GEBOREN
1033

GESTORBEN
21. April 1109

KANONISIERT
vor der Kongregation

GEDENKTAG
21. April

AUCH BEKANNT ALS
Anselm von Bec
Anselm von Aosta

ANSELM
von Canterbury

Anselm wurde im italienischen Aosta geboren. 1060 trat er dem Benediktinerorden im Kloster von Le Bec bei. Bereits drei Jahre später übernahm er das Amt des Priors und wurde 1078 Abt.

1087 wurde Wilhelm (William) Rufus König von England. 1089 starb der Erzbischof von Canterbury, Lanfranc, der vormals Anselms Mentor gewesen war. König Wilhelm weigerte sich vier Jahre, einen Nachfolger zu benennen, beraubte das Bistum seiner Einkünfte und stürzte den englischen Klerus in eine Krise.

Letztendlich erhob der König Anselm 1093 widerwillig zum Erzbischof. Zwischen beiden Männern kam es zum Streit über die Einmischung des Königs in Kirchenangelegenheiten, insbesondere über die Frage der Investitur. Auch unter Wilhelms Nachfolger, seinem Bruder Heinrich I., setzte sich der Konflikt fort. Nach zwei Aufenthalten im Exil und vielen Reisen nach Rom entschied Anselm schließlich 1107 den Streit für sich. Die ihm verbleibenden Lebensjahre verbrachte er mit dem Schreiben.

Anselm fühlte sich mehr zur Philosophie hingezogen als zur Politik. Er ist berühmt für sein theologisches Werk, von dem er einen großen Teil schon verfasst hatte, bevor er Erzbischof wurde. Thomas von Aquin und die späteren Philosophen Hegel, Kant und Descartes setzten sich mit seiner berühmten Argumentation für den ontologischen Gottesbeweis auseinander.

Anselm von Canterbury (links) trifft Königin Matilda. Über die offizielle Verbindung hinaus waren die beiden befreundet, Anselm war der geistliche Beistand der Königin. Während seines Exils verteidigte Matilda seine Sache gegenüber ihrem Mann, Heinrich I. Viele ihrer Briefe an den Erzbischof sind noch erhalten.

Antonius
von Padua

Antonius von Padua starb mit nur 36 Jahren, wurde bereits ein Jahr später heiliggesprochen und bald darauf zu einem der meistverehrten katholischen Heiligen. Antonius wurde in Lissabon geboren und trat mit 15 Jahren in eine religiöse Gemeinschaft ein. Er widmete sich der Kirche so intensiv, dass er mit 17 Jahren in ein entfernteres Kloster nach Coimbra ging, um die Ablenkung durch Freunde und Familie zu vermeiden.

Als im Jahr 1220 die Gebeine der ersten Franziskaner-Märtyrer in Coimbra bestattet wurden, entflammte in Antonius der Wunsch, in ihre Fußstapfen zu treten. Er begab sich auf die Reise nach Marokko, um die dortigen Muslime zu bekehren, doch eine Erkrankung zwang ihn zur Rückreise, und durch einen Schiffbruch gelangte er nach Italien. Er war dort ein Unbekannter, bis er eines Tages an einer Versammlung von Dominikanern und Franziskanern in Forlì teilnahm, auf der man den jungen Mönch bat, eine Predigt zu halten.

Er erwies sich als begabter Prediger. Seine Erläuterungen der Mysterien veranlassten den heiligen Franz von Assisi dazu, Antonius 1224 zum Lektor

In der Kunst wird Antonius von Padua oft dargestellt mit dem Christuskind auf einem Buch und bisweilen auch mit einer Lilie in der Hand.

der Theologie zu ernennen. In dieser Funktion dozierte er in Bologna, Montpellier und Toulouse, doch er predigte auch weiter. Viele Wunder sollen seine Predigten begleitet haben, und als 30 Jahre nach seinem Tod der heilige Bonaventura sein Grab zur Überführung der Gebeine öffnen ließ, war die Zunge des Heiligen noch völlig unversehrt.

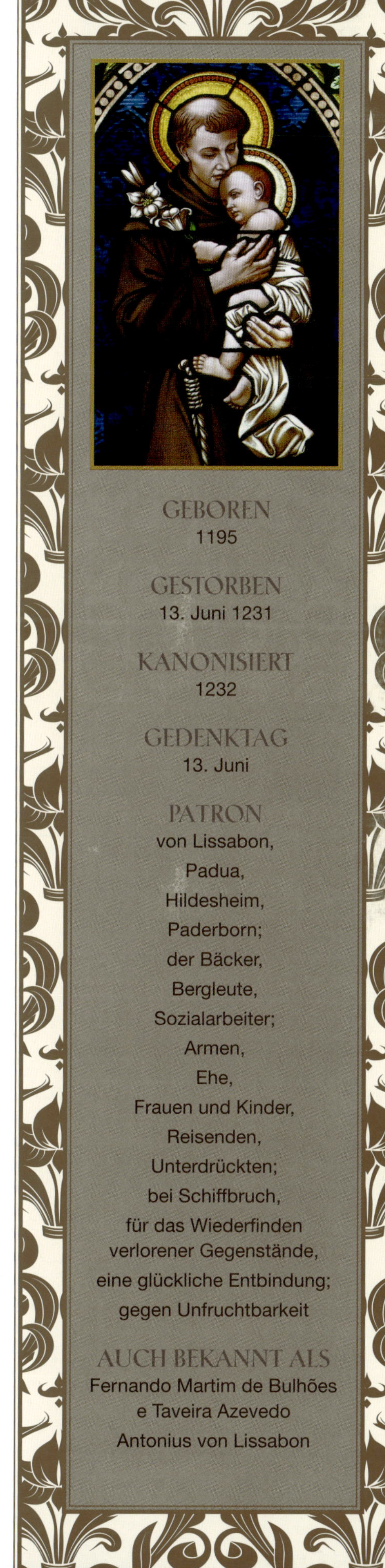

KURZ ERLÄUTERT:
Heiligsprechung

Albrecht Dürer, Landauer Altar (Allerheiligenbild), *1511*

Die früheste Heiligenverehrung galt den Märtyrern. Die frühen Christen pilgerten zu ihren Gräbern, wo sie Berichte über das Sterben der Märtyrer vorlasen. Im 4. Jahrhundert hatten einzelne Kirchen Martyrologien zusammengestellt, und Kirchengemeinden begannen auch, Christen zu verehren, die keine Märtyrer waren, sondern von ihrem Glauben in besonderer Weise Zeugnis abgelegt hatten. Es gab jedoch kein formelles bzw. einheitliches Heiligsprechungsverfahren, was bis heute in den orthodoxen Kirchen der Fall ist. Im Westen setzten im frühen Mittelalter die Bestrebungen ein, verstorbene Christen vom Papst heiliggesprochen zu wissen. Mit den Reformen, die eine Vereinheitlichung der Kirchenpraktiken mit sich brachten, wurde ab dem 12. Jahrhundert

Die ersten Heiligen

Spätestens seit dem 2. Jahrhundert verehrten die Christen Heilige; zu Beginn des 3. Jahrhunderts begingen sie das Fest der Heiligen Petrus und Paulus am 29. Juni. In den Himmel Aufgefahrene als Fürsprecher für die Menschen auf der Erde zu verehren, war auch schon in der jüdischen Tradition zu biblischen Zeiten bekannt. So wie die Christen es später tun sollten, errichteten schon die Juden Schreine für die Auserwählten, verehrten sie an deren Grabstätten, und sowohl Juden als auch Christen gedachten besonders ihrer Märtyrer.

Die Heiligen Petrus und Paulus

Der Weg in die Heiligkeit

Die römisch-katholische Kirche folgt der „Kongregation für die Selig- und Heiligsprechungsprozesse" in der seit 1983 gültigen Form. Das Heiligsprechungsverfahren ist unter anderem in folgende Stufen gegliedert:

· Nach vorbereitenden Untersuchungen beantragt der Bischof einer Diözese beim Heiligen Stuhl die Aufnahme des Verfahrens; wird es eröffnet, gilt die auserwählte Person als **Diener Gottes**.
· Sind genügend Informationen über das Leben und Wirken des Gottesdieners zusammengestellt, erhält der Papst eine Empfehlung zur Proklamation der **heldenhaften Tugend** des Dieners Gottes. Die Person wird nun als **„ehrwürdiger Diener Gottes"** bezeichnet.
· **Seligsprechung:** Die Kirche erklärt den Ehrwürdigen für „des Glaubens würdig". Es wird ein Festtag zugewiesen, dessen Begehung jedoch eingeschränkt ist, und es darf keine Kirche zu Ehren des Seligen gebaut werden.
· **Heiligsprechung:** Es müssen sich mindestens zwei Wunder nach dem Tode des Seliggesprochenen ereignet haben, damit er heiliggesprochen werden kann. Die Heiligsprechung obliegt allein dem Papst. Der Festtag eines Heiligen darf überall innerhalb der Kirche begangen werden.

Sixtus V. setzte während seiner kurzen Amtszeit als Papst (1585–1590) mehrere Kirchenreformen durch, unter anderem auch eine Änderung des Kanonisationsprozesses.

Papst Benedikt XIV. schrieb das Opus de servorum Dei beatificatione et beatorum canonizatione, *ein bedeutendes Werk in der Systematisierung der Heiligsprechung.*

auch der Prozess der Kanonisierung immer klarer strukturiert und geriet zunehmend unter die Gerichtsbarkeit des Papstes.

DIE RITENKONGREGATION

Im Jahr 1588 setzte Papst Sixtus V. die „Heilige Ritenkongregation" ein, um Kanonisierungsprozesse durchzuführen. Ab diesem Zeitpunkt bedurfte eine Heiligsprechung einer akribischen Untersuchung der Würdigkeit der Person und Nachweise für die dem Kandidaten zugeschriebenen Wunder. Als Papst Benedikt XIV. in den 1730er-Jahren sein Werk zur Heiligsprechung in der römisch-katholischen Kirche verfasste, wurde bereits zwischen Ehrwürdigen, Seligen und Heiligen unterschieden.

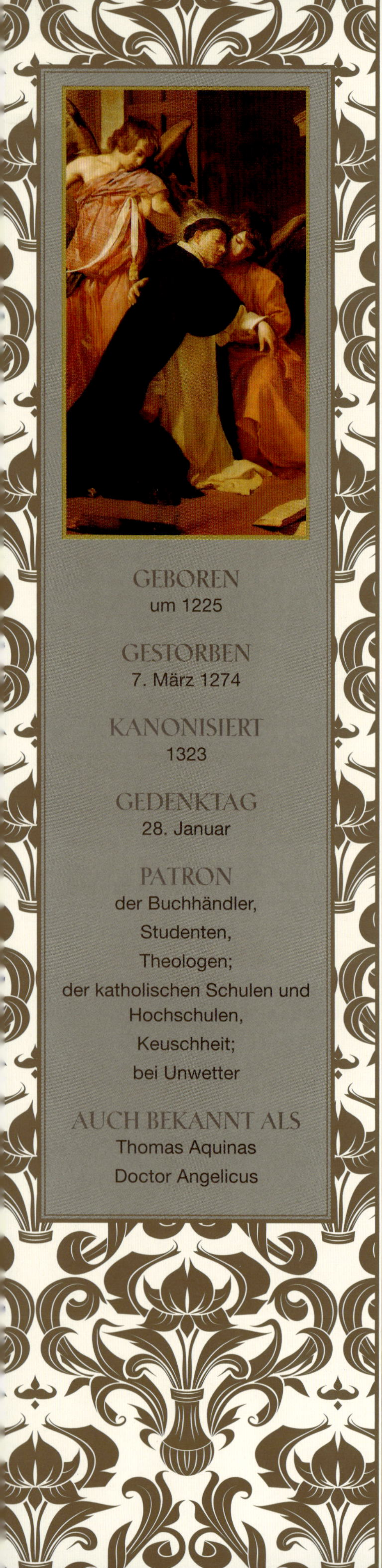

THOMAS
von Aquin

Thomas von Aquin war einer der größten Denker der westlichen Zivilisation und gilt auch heute noch als weltweit anerkannter Philosoph. Sein bedeutendstes Werk, *Summa theologica*, ist eine umfassende Abhandlung über die christliche Theologie und zeichnet sich durch ihre präzise Gedankenfolge und Logik aus. Die fünf existierenden Bände machten ihn zu einem der wichtigsten Dogmatiker der katholischen Kirche und sind ein Meilenstein in der Geschichte der westlichen Philosophie.

DER STUMME OCHSE

Thomas wurde um 1225 in Aquino als Sohn adeliger Eltern geboren. Seinem Wunsch, in den Dominikanerorden eintreten zu dürfen, begegneten sie mit Widerstand. Bereits in jungen Jahren schätzte Thomas den Stellenwert, den der Orden dem Studium und der Pädagogik zukommen ließ. Später studierte er in Paris und Köln bei Albertus Magnus. Letzterer sagte voraus, dass man sich über den körperlich ausladenden, aber stillen Thomas ruhig als „stummen Ochsen" lustig machen könne, doch eines Tages werde „dieser Ochse solch ein Gebrüll anstimmen, dass es in der ganzen Welt zu hören" sein würde. Seine Laufbahn als Gelehrter und Lehrer

Thomas bezwingt einen Häretiker mit der Macht seiner Worte. Aus dem stillen Studenten wurde eine der einflussreichsten und rationalsten Stimmen der katholischen Kirche.

führte Thomas von Aquin von Paris und Köln durch ganz Mittelitalien. Er schrieb ohne Unterlass und mit geradezu übernatürlicher Schnelligkeit; er publizierte außer seinen großen Werken viele brillante Abhandlungen und Kommentare. Eine seiner berühmtesten

Arbeiten, *Summa contra gentiles*, vollendete er 1264 nach fünf Jahren. Sie wendet sich mit aristotelisch geprägtem Gedankengut an Juden, Muslime, Häretiker und Heiden und stellt einen Triumph des scholastischen Denkens dar.

EIN RATIONALER GLAUBE

Die Scholastik verbreitete sich im 13. Jahrhundert im Westen und war weitestgehend als eine Antwort auf die Wiedereinführung klassischer Philosophen wie Aristoteles zu verstehen, deren Schriften auf Arabisch erhal-

Ein Dreifaches ist dem

Menschen notwendig

zum Heile: Zu wissen,

was er glauben, zu wissen,

wonach er verlangen, und

zu wissen, was er tun soll.

HEILIGER THOMAS VON AQUIN

ten waren, zu denen die lateinischen Gelehrten über viele Jahrhunderte aber keinen Zugang hatten. Die Scholastiker wollten das Rationale in den christlichen Glauben integrieren. Thomas argumentierte, dass das Wissen alle Aspekte des Katholizismus untermauern könne,

doch der Glaube als göttliche Revelation vorrangig sei. Er ging methodisch vor und führte seine Argumentation mit solcher Weisheit, dass Philosophen und Theologen sich noch heute auf seine *Summa theologica* beziehen. In diesem Werk breitete er seine Argumentation dafür aus, das Christentum vollkommen rational zu betrachten, und legte seine „fünf Wege" dar – fünf Argumente, um die Gegenwart Gottes aus der weltlichen Erfahrung zu begründen (Gottesbeweis).

Die Apotheose des heiligen Thomas von Aquin *von Francisco de Zurbarán stellt Thomas umgeben von Aposteln, Propheten, Päpsten und anderen Kirchenführern dar, so als verkörperte er geradezu die Orthodoxie.*

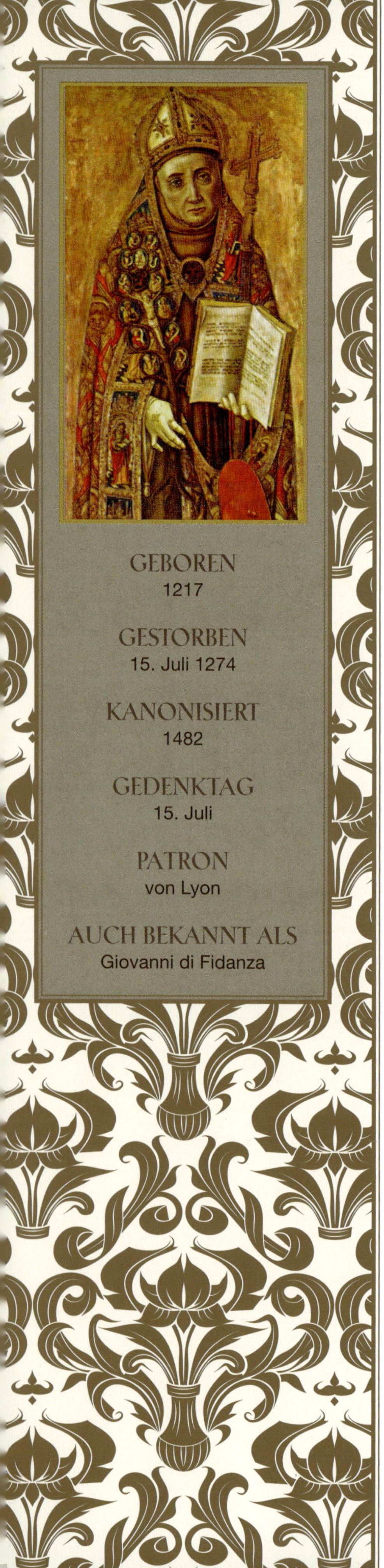

BONAVENTURA

Bonaventura ist einer der 35 Heiligen, die in die Reihe der Kirchenlehrer gehören. Er wird im gleichen Atemzug mit anderen großen Denkern des 13. Jahrhunderts wie Thomas von Aquin und Roger Bacon genannt. 1243 oder 1244 trat er kurz nach seinem Magisterabschluss, mit dem er sein Studium der sieben freien Künste an der Universität von Paris beendete, in den Franziskanerorden ein. 1254 wurde ihm der Magistertitel in Theologie verliehen. Während der nächsten drei Jahre unterrichtete er Theologie und veröffentlichte seine eigenen Arbeiten, doch seine akademische Laufbahn sollte nicht lange währen: 1257 wurde er, unmittelbar nach Erreichen des Mindestalters von 40 Jahren, zum Ordensgeneral der Franziskaner gewählt. Nun musste er sowohl administrativen als auch akademischen Pflichten nachkommen und bewies, dass er außer einem überragenden Intellekt auch diplomatische Fähigkeiten besaß.

Bonaventura geleitete seine Franziskanermönche, damals in zwei feindliche Lager gespalten, durch die Wirren in der Mitte des 13. Jahrhunderts. Zu seinen Hauptwerken zählt *Itinerarium mentis in Deum* (Reisebericht des Geistes zu Gott), in dem er auf die Christusvision des heiligen Franziskus und deren mystische Bedeutung eingeht. Bonaventura verfasste auch die Biografie des heiligen Franz von Assisi.

Der plötzliche Tod Bonaventuras während der Beratung Papst Gregors X. auf dem zweiten Konzil in Lyon ließ seinen Sekretär einen Giftmord vermuten, das wurde jedoch nie bestätigt.

ALBERTUS *Magnus*

Albertus Magnus war einer der bedeutendsten Wissenschaftler und Philosophen seiner Zeit. Er verfügte über ein umfangreiches, vielseitiges Wissen, das ihm den Ehrentitel „Doctor universalis" eintrug. Auch naturwissenschaftlichen Experimenten widmete er sich. So soll er sich einmal an einem Seil von einer Klippe herabgelassen haben, um die Nistgewohnheiten von Adlern zu untersuchen.

Albertus war einer der Vorreiter, die sich dafür einsetzten, Aristoteles und andere griechische Philosophen wieder in den mittelalterlichen Wissens- und Lehrkanon zu integrieren. Westliche Gelehrte hatten die in arabischer Sprache erhaltenen Werke der griechischen Philosophen wiederentdeckt. Die Werke zogen die Aufmerksamkeit der katholischen Theologen auf sich, und Albertus war einer der Ersten, der sich in sie vertiefte.

Albertus wurde in Lauingen an der Donau geboren. Um 1223 trat er dem Dominikanerorden bei. Nach Ende seines Studiums lehrte er in Paris und Köln. Sechs Jahre nach dem Tod seines berühmten Schülers Thomas von Aquin starb Albertus Magnus in Köln.

> *Das Ziel der Naturwissenschaft ist, die Aussagen der anderen nicht einfach zu akzeptieren, sondern zu untersuchen, welche Ursachen in der Natur am Werk sind.*
>
> HEILIGER ALBERTUS MAGNUS

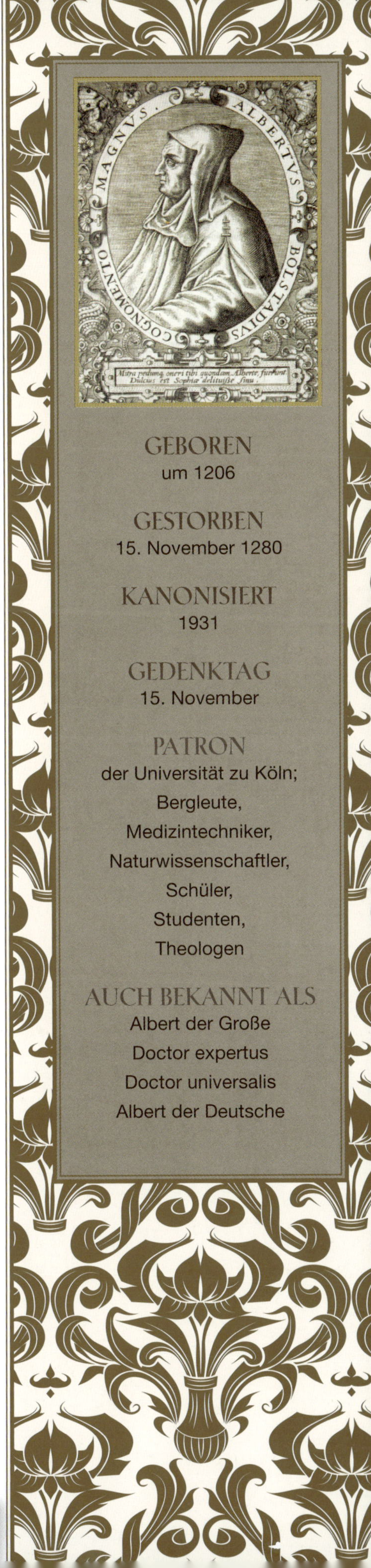

GEBOREN
um 1206

GESTORBEN
15. November 1280

KANONISIERT
1931

GEDENKTAG
15. November

PATRON
der Universität zu Köln;
Bergleute,
Medizintechniker,
Naturwissenschaftler,
Schüler,
Studenten,
Theologen

AUCH BEKANNT ALS
Albert der Große
Doctor expertus
Doctor universalis
Albert der Deutsche

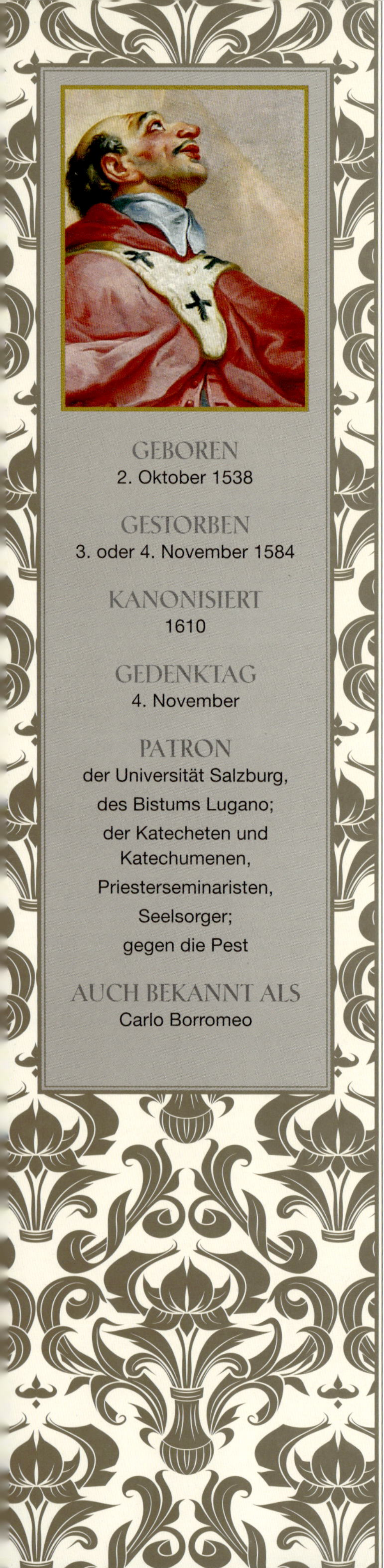

GEBOREN
2. Oktober 1538

GESTORBEN
3. oder 4. November 1584

KANONISIERT
1610

GEDENKTAG
4. November

PATRON
der Universität Salzburg,
des Bistums Lugano;
der Katecheten und
Katechumenen,
Priesterseminaristen,
Seelsorger;
gegen die Pest

AUCH BEKANNT ALS
Carlo Borromeo

KARL
Borromäus

Für einen Kardinal, der als großer Reformer in Zeiten des Ämtermissbrauchs bekannt ist, war Karls Herkunft ziemlich ungewöhnlich. Sein Vater war ein Adliger, seine Mutter eine Medici, Karl ein Neffe des Papstes. Seine privilegierte Kindheit und seine vorteilhaften Verbindungen hätten ihn leicht zu jener sündhaften Lebensführung leiten können, die Martin Luther 1517 zu seiner protestantischen Reformation antrieb. Doch Karl wurde eine führende Persönlichkeit der katholischen Kirche. Ihm ging es vor allem um die Frage der Moral und die Wiederherstellung der Reinheit der Kirche. Er gründete Priesterseminare, berief Konzile und Synoden ein und widmete seine Bemühungen der Versorgung der Armen und der Pflege der Kranken, so während der Pestepidemie von 1576.

Karls größte Errungenschaft liegt vielleicht darin, dass er Papst Pius IV. dazu bewog, das Konzil von Trient wieder einzuberufen. Auf Karls Drängen trat das Konzil zwischen 1559 und 1563 neunmal zusammen. Die kirchengeschichtliche Bedeutung des Konzils liegt in der Kodifizierung der Reformbemühungen der Kirche, der Einigung auf eine detaillierte katholische Doktrin und der Ablehnung des Protestantismus. Die Wirkung des Konzils auf die kirchliche Disziplin war so weitreichend, dass bis 1868 kein weiteres ökumenisches Konzil einberufen werden sollte.

Aloisius von Gonzaga

1580 traf Karl Borromäus den jungen Aristokraten Aloisius von Gonzaga, der die heilige Kommunion noch nicht empfangen hatte. Der Kardinal erteilte sie Aloisius, der später gegen den Willen seiner Familie einem Jesuitenorden beitrat. Seine Familie hatte ihn für ein Soldatenleben erzogen und enterbte ihn, als er sich für die Religion entschied. Auch Aloisius wurde, wie sein Mentor, heiliggesprochen.

ROBERT
Bellarmin

Geboren 1542 in Monte-pulciano, wurde Robert Bellarmin 1570 der erste Jesuitenprofessor an der Universität Löwen. Er hatte am Jesuitenkolleg seiner Heimatstadt und der Universität Padua studiert, war adliger Herkunft, Großneffe von Papst Marcellus II. und bekleidete in seiner Laufbahn hochrangige kirchliche Ämter.

Sein berühmtestes Werk, die *Disputationes de Controversiis Christianae Fidei adversus hujus temporis Haereticos*, verfasste er während seiner Tätigkeit am Römischen Kolleg. Papst Sixtus V., entrüstet über die Restriktionen der päpstlichen Autorität, die Robert in seinem Werk vorschlug, wollte die Abhandlung verbieten lassen. Robert behielt seine Position bei, und sein Ruhm als Theologe und Prediger breitete sich weiter aus. Papst Clemens VIII. ernannte Robert 1597 zum päpstlichen Berater und machte ihn zwei Jahre später zum Kardinal. Robert Bellarmin diente unter drei weiteren Päpsten, widmete sich weiter dem Schreiben, wobei er in geradezu heiliger Enthaltsamkeit lebte. Einige seiner Werke werden noch heute geschätzt.

> *Da der Tod nichts weiter als das Ende des Lebens ist, ist es sicher, dass alle, die bis zum Ende gut leben, auch gut sterben.*
>
> HEILIGER ROBERT BELLARMIN

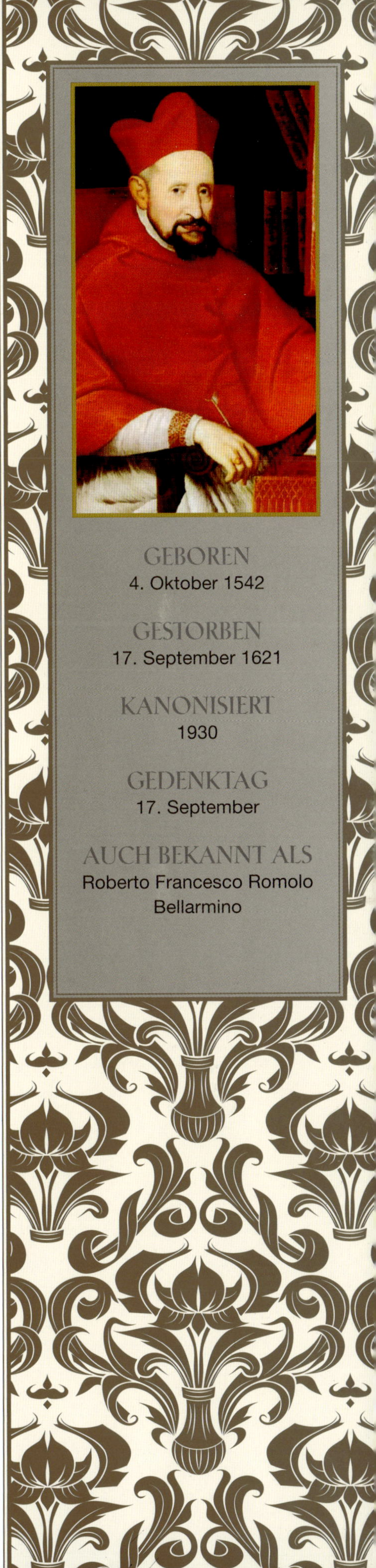

Schloss Arenberg, Teil der Katholischen Universität Löwen in Belgien. Die alte Universität von Löwen wurde 1425 von Papst Martin V. gegründet und besteht heute aus zwei Teilen, der flämischen Katholieke Universiteit Leuven in Löwen und der französischsprachigen Université catholique de Louvain in Louvain-la-Neuve.

FRANZ
von Sales

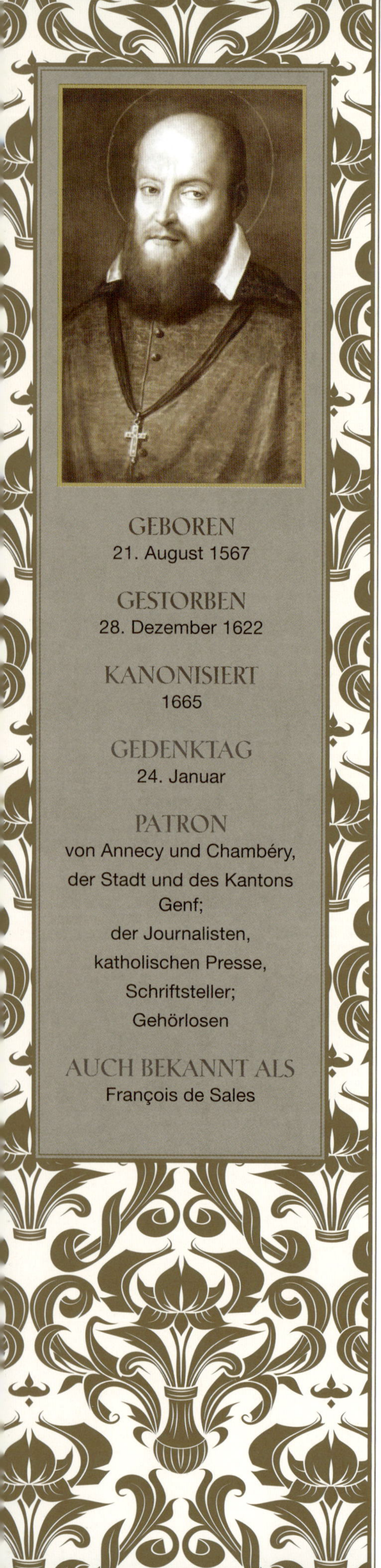

GEBOREN
21. August 1567

GESTORBEN
28. Dezember 1622

KANONISIERT
1665

GEDENKTAG
24. Januar

PATRON
von Annecy und Chambéry,
der Stadt und des Kantons
Genf;
der Journalisten,
katholischen Presse,
Schriftsteller;
Gehörlosen

AUCH BEKANNT ALS
François de Sales

Franz von Sales war ein außergewöhnlicher Mann, der ein privilegiertes Dasein aufgab, um ein Leben der Prüfungen und des Dienens zu führen. Er kam als ältester Sohn einer Adelsfamilie aus Savoyen zu einer Zeit auf die Welt, als die seit einem

1923 ernannte Papst Pius XI. Franz von Sales zum Patron der Schriftsteller und Journalisten, da er Flugblätter genutzt hatte, um die Calvinisten zum katholischen Glauben zu bekehren.

Jahrhundert in Europa tobenden Religionskriege auf ihrem Höhepunkt waren. Seine Herkunft schien ihn für ein bequemes Leben zu prädestinieren: Sein Vater hätte ihn gern in einem höheren Regierungsamt gesehen, schickte ihn auf gute Schulen und arrangierte eine Hochzeit mit einer Erbin aus aristokratischem Haus.

Franz jedoch besuchte neben seinem Jurastudium auch Theologiekurse; er fühlte sich zu anderem berufen. Er legte ein Keuschheitsgelübde ab, löste seine Verlobung und erzürnte seinen Vater, als er die Berufung in den Senat Savoyens ablehnte. Der Bischof von Genf konnte Franz' Eltern beruhigen, indem er ihren Sohn zum Domprobst von Genf ernannte – ein Kirchenamt von ansehnlichem Rang.

Franz von Sales stürzte sich in seine neuen Aufgaben. Genf war eine calvinistische Hochburg – Johannes Calvin hatte hier gelebt, gepredigt und war hier gestorben –, die ganze Region war seit vielen Jahren den Katholiken feindlich gesinnt. Der Calvinismus hatte eine solche Oberhand gewonnen, dass der Bischof von Genf fliehen musste und sich von Annecy aus um das Bistum Genf kümmerte. Franz von Sales reiste dennoch unermüdlich durch calvinistische Gebiete und predigte so erfolgreich, dass viele Calvinisten konvertierten.

EIN BRILLANTER PREDIGER

Gegen Franz' Wunsch beförderte ihn der Bischof zum Koadjutor und sandte ihn 1599 nach Rom. Dort traf er auf Papst Clemens VIII., der prophezeite, welche Wirkung Franz auf die haben werde, die ihn predigen hörten. Von Rom reiste Franz weiter nach Paris, wo er König Heinrich IV. und dessen Sekretär, Kardinal de Bérulle, begegnete. Er kehrte mehrfach nach Frankreich zurück, wo er mit seinen brillanten Reden große Massen anzog. 1622 starb er auf einer Reise nach Lyon, wobei er ausrief: „Gottes Wille wird geschehen! Jesus, mein Gott und mein alles!"

Neben seinen administrativen Arbeiten galt Franz' von Sales Interesse dem Schreiben. Er erwies sich als ein produktiver Schriftsteller, verteilte Pamphlete an Protestanten, schrieb Abhandlungen zu Fragen der katholischen Theologie. Ebenso veröffentlichte er zahlreiche seiner Predigten und Briefe. Sein Hauptthema war jedoch die Liebe Gottes. Viele seiner Schriften sind auch heute noch populär.

Franz von Sales war ein mitreißender Redner, der ein außergewöhnliches Gespür für seine Zuhörerschaft hatte. Trotz seiner privilegierten Herkunft war für ihn der Umgang mit ärmeren Gemeindemitgliedern selbstverständlich.

Calvinismus

Johannes Calvin, 1509 geboren, war eine der bedeutendsten Gestalten in der Reformationsgeschichte. Mit einer brillanten Logik argumentierte er gegen die katholische Kirche, die er als korrupt verurteilte. Sein vielleicht größter Erfolg war, dass Genf 1535 vollständig zum Calvinismus übergetreten war. 1552 erklärte der Rat von Genf Calvins *Institutio* zur „heiligen Doktrin" und versuchte, auch mit Gewalt, jegliche Spur des Katholizismus innerhalb der Stadtmauern auszulöschen.

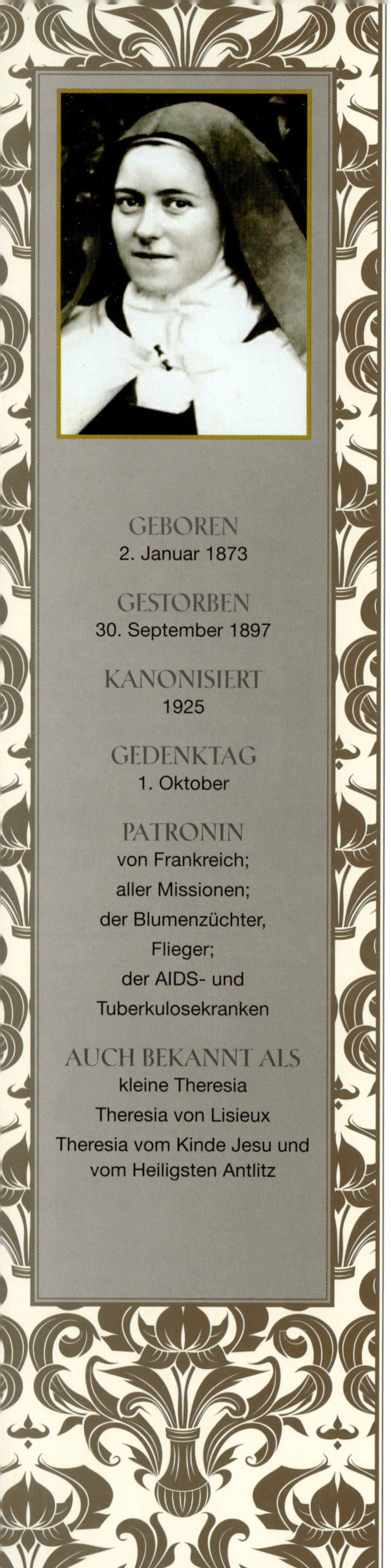

GEBOREN
2. Januar 1873

GESTORBEN
30. September 1897

KANONISIERT
1925

GEDENKTAG
1. Oktober

PATRONIN
von Frankreich;
aller Missionen;
der Blumenzüchter,
Flieger;
der AIDS- und
Tuberkulosekranken

AUCH BEKANNT ALS
kleine Theresia
Theresia von Lisieux
Theresia vom Kinde Jesu und
vom Heiligsten Antlitz

THERESE
von Lisieux

Therese von Lisieux wurde in Alençon geboren. Schon als Kind zeigte sie eine ungewöhnliche Neigung zu religiöser Frömmigkeit; mit neun Jahren versuchte sie, ihrer Schwester Pauline in das Karmelitinnenkloster von Lisieux zu folgen. Im Alter von zehn Jahren erkrankte sie schwer und hatte eine Vision von Ma-

Ohne Liebe sind auch die größten Taten nichts wert.

HEILIGE THERESE VON LISIEUX

ria, der Muttergottes, die sie wundersam heilte.

Therese verstärkte daher ihre Bemühungen um den Klosterbeitritt umso mehr. Doch zögerte man, ein so junges Mädchen aufzunehmen, und bestand darauf, dass sie bis zur Vollendung des 21. Lebensjahres warten müsse. Therese jedoch war so entschlossen, dass sie eine Bitte bei Papst Leo XIII. einreichte, der ihr anlässlich ihrer Reise nach Rom eine Audienz gewährte. Sie war zu dem Zeitpunkt 15 Jahre alt. Doch erst nach Zustimmung des Bischofs von Bayeux wurde sie 1888 schließlich in das Kloster aufgenommen.

Die Basilika Sainte-Thérèse in Lisieux zieht jährlich mehr als zwei Millionen Besucher in die Normandie und ist nach Lourdes der zweitgrößte Wallfahrtsort Frankreichs.

„DER KLEINE WEG"

Auf Geheiß der Priorin, ihrer älteren Schwester Pauline, begann Therese 1895 ihre Autobiografie zu schreiben. Auch während ihrer Krankheit schrieb sie weiter, ihr Ruhm und ihre Popularität beruhen weitestgehend auf dieser Arbeit.

Die in ihrer *Histoire d'une âme* (Geschichte einer Seele) beschriebenen Vorstellungen von Gott und der tiefe Einblick in ein spirituelles Leben erregten bei Erscheinen des Buches große Aufmerksamkeit. Im Kontrast zu der von ritualisierter Strenge geprägten klösterlichen Norm des 19. Jahrhunderts nannte Therese ihre religiöse Praxis „den kleinen Weg" der Liebe, der von dem Gedanken der Hingabe an Gott mit der Liebe und dem Vertrauen eines Kindes erfüllt war.

Therese und ihre vier Schwestern wurden Nonnen. Ihre ältesten Schwestern Marie und Pauline waren bereits im Karmel von Lisieux, als Therese beitrat. Céline folgte ihnen nach dem Tod des Vaters. Die fünfte Schwester, Léonie, trat in den Orden der Visitandinnen in Caen ein.

Obwohl sie keine höhere Ausbildung genossen hatte, erhob Papst Johannes Paul II. sie in den Rang einer Kirchenlehrerin, da er die Klarheit und Tiefe ihres spirituellen Verstehens erkannte. Sie ist eine von nur drei Frauen, denen diese Ehre zuteilwurde. Schon Papst Pius X., dessen Pontifikat von 1903 bis 1914 währte, hatte sie „die größte Heilige der Moderne" genannt. Ihre Heiligkeit war so offensichtlich, dass Papst Pius XI. die im kanonischen Recht vorgeschriebene 50-Jahre-Frist nicht einhielt und Therese 1925, nur 28 Jahre nach ihrem Tod, heiligsprach.

HEILIGE DER BIBEL

❧

Die hier beschriebenen Heiligen erscheinen in der Bibel, einige von ihnen haben Teile der Heiligen Schrift verfasst. Die kanonische Form der Bibel wurde zu Beginn des 5. Jahrhunderts von den Kirchenvätern festgelegt; sie enthält Schriften, die als unter göttlicher Inspiration verfasst legitimiert sind. Welche Texte in die Bibel Aufnahme finden sollten und welche nicht, ist in der Geschichte des Christentums mehr als einmal diskutiert worden. Auch nachdem die Auswahl der Schriften beschlossen war, vertraten die Autoritäten der Kirche in der Geschichte unterschiedliche Auffassungen über die Reihenfolge, in der die Texte erscheinen sollten.

Dessen ungeachtet war die Wahrhaftigkeit der vier Evangelien der Heiligen Matthäus, Markus, Lukas und Johannes bereits zur Zeit des heiligen Irenäus allgemein anerkannt, und kurz darauf kamen die Apostelgeschichte und die Paulusbriefe zu der autoritativen Liste des Schriftkanons hinzu. Unter den hier beschriebenen biblischen Persönlichkeiten sind einige der einflussreichsten und am meisten verehrten Heiligen des Christentums.

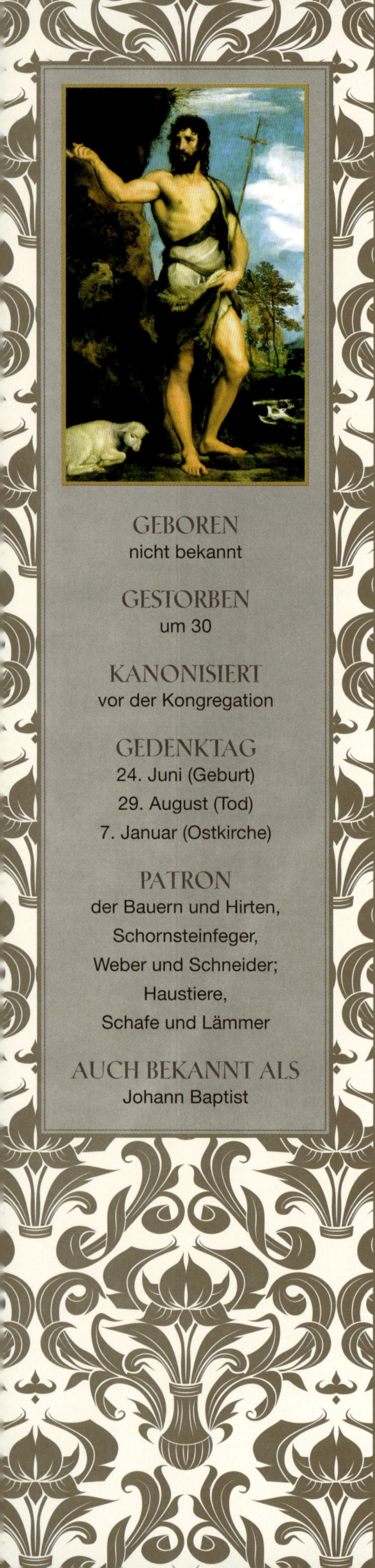

GEBOREN
nicht bekannt

GESTORBEN
um 30

KANONISIERT
vor der Kongregation

GEDENKTAG
24. Juni (Geburt)
29. August (Tod)
7. Januar (Ostkirche)

PATRON
der Bauern und Hirten,
Schornsteinfeger,
Weber und Schneider;
Haustiere,
Schafe und Lämmer

AUCH BEKANNT ALS
Johann Baptist

JOHANNES
der Täufer

Der Vater Johannes des Täufers war Zacharias, ein Priester des Tempels von Jerusalem, und seine Mutter Elisabeth eine Verwandte von Maria. Er wurde im Mutterleib von der Erbsünde reingewaschen. Seine Geschichte wird in allen vier Evangelien erzählt, das Lukasevangelium enthält die ausführlichste Fassung.

Trotz vieler Gebete hatten Zacharias und Elisabeth die Hoffnung auf Kinder aufgegeben, denn Elisabeth war unfruchtbar. Eines Tages ging Zacharias in den Tempel; dort traf er den Erzengel Gabriel. Zacharias war voller Ehrfurcht, doch er bezweifelte die Ankündigung, dass seine Frau ein Kind gebären würde. Der Erzengel war erzürnt über diesen Zweifel

Elisabeth

Sowohl im Westen als auch im Osten werden Elisabeth und Zacharias als Heilige verehrt; die Ostkirchen verehren Zacharias als Märtyrer, der auf das Geheiß des Königs Herodes ermordet wurde. Nur im Lukasevangelium steht etwas über das Paar geschrieben. Elisabeths Erwähnung endet bei der Beschneidung und Namensgebung Johannes' (Lukas 1,59–63), sie hatte gegen den Willen ihrer Familie auf diesem Namen für ihren Sohn bestanden. Als Zacharias dem zustimmte, verschwand seine Stummheit, mit der ihn der Erzengel Gabriel für seinen Unglauben gestraft hatte.

Elisabeth wurde nicht nur zur Heiligen als Mutter von Johannes dem Täufer, sondern auch, weil sie als eine der Ersten wusste, dass Maria die Mutter Jesu werden würde.

Obwohl Johannes in der entlegenen Wildnis von Judäa wirkte, kamen viele Anhänger zu ihm.

In der Kunst wird Johannes oft in Szenen aus dem Leben Jesu Christi dargestellt. Selbst in Bildern, die sie als Kinder zeigen, ist die Figur des Johannes häufig mit dem Kamelhaarumhang eines Eremiten zu sehen, weitere Attribute sind der Kreuzstab und das Lamm.

und strafte Zacharias mit Stummheit. Doch die Prophezeiung wurde wahr: Elisabeth gebar ihren Sohn Johannes. Während ihrer Schwangerschaft stattete Maria ihr einen Besuch ab, denn auch sie hatte eine Prophezeiung des Erzengels erhalten und war guter Hoffnung.

DIE TAUFE DURCH DAS FEUER

Die Bibel erzählt nichts über Johannes' Kindheit. Er lebte viele Jahre in der Wüste, ernährte sich von Heuschrecken und Honig, nur mit einem Umhang aus Kamelhaar und einem Gürtel bekleidet. Mit etwa 27 Jahren kehrte er aus der Wüste zurück und predigte im Jordanland; er drängte die Menschen, die Taufe zu empfangen. Johannes prophezeite auch das Kommen des Messias und sagte: „Ich zwar taufe euch mit Wasser; es kommt aber einer, der stärker ist als ich, dessen ich nicht würdig bin, ihm den Riemen seiner Sandalen zu lösen; er wird euch mit Heiligem Geiste und Feuer taufen." (Lukas 3,16). Jesus jedoch bestand darauf, dass Johannes ihn im Jordan taufen möge. Dies war der Beginn des Wirkens Jesu.

DER TOD DES PROPHETEN

Johannes rügte Herodes, den Herrscher Galiläas, für sein inzestuöses Verhalten. Er wurde dafür ins Gefängnis geworfen. Herodes selbst hätte es dabei belassen, denn er fürchtete den Zorn des Volkes, das Johannes als Propheten verehrte. Herodias jedoch, Herodes' Frau und Nichte, hegte einen Groll gegen Johannes, und ließ ihre Tochter Salome für Herodes tanzen. Herodes war von ihrem Tanz so angetan, dass er ihr keinen Wunsch abschlagen konnte, und so bat Salome, man möge ihrer Mutter des Täufers Kopf auf einem Tablett servieren. Jesus selbst trauerte zusammen mit seinen Anhängern um Johannes.

Johannes tauft Jesus im Jordan.

Salome mit dem Haupt Johannes'

MARIA

Maria kommt eine einmalige Position zu, ihr wird mit besonderer Verehrung vor allen anderen biblischen Heiligen gedacht. Trotz ihrer Bedeutung für die christliche Theologie ist Marias Biografie weitestgehend unbekannt bis auf kurze Erwähnungen in den Evangelien und verstreuten apokryphen Quellen.

Marias Aufnahme in den Himmel

Gesegnet bist du unter den Frauen, und gesegnet ist die Frucht deines Leibes.

HEILIGE ELISABETH, MUTTER JOHANNES' DES TÄUFERS

Ihre wichtigste Rolle in der Bibel dreht sich um die Geburt Jesu. Sie wird auch bei anderen bedeutenden Momenten im Leben ihres Sohnes erwähnt, beispielsweise bei der ersten Wundertat Jesu (Johannes 2,1–5) und seiner Kreuzigung (Johannes 19,25–27). Wir wissen nichts über ihr späteres Leben und ihren Tod, nur dass der heilige Johannes sie nach dem Tod Jesu zu sich nahm. Sie soll entweder in Ephesus oder Jerusalem gestorben sein.

DIE MARIENVEREHRUNG

In den ersten Jahrhunderten nach Christi besaß Maria keinen besonderen

Wunderbare Erscheinungen

Durch die Jahrhunderte gab es viele Menschen, die bekannten, Visionen der Heiligen Jungfrau Maria gehabt zu haben. Davon hat der Vatikan nur einige wenige für glaubhaft befunden. Anerkannte Marienerscheinungen gab es 1531 bei Mexiko-Stadt (Unsere Liebe Frau von Guadalupe); zwischen 1664 und 1718 in Saint-Étienne-le-Laus (Notre-Dame de Laus); 1830 im Kloster Rue du Bac, Paris (Notre-Dame de la Médaille miraculeuse); 1846 in La Salette, Frankreich; 1858 in Lourdes, 1917 in Fátima, Portugal; 1933 und 1934 in Beauraing, Belgien; 1933 in Banneux, Belgien, und 1973 in Yuzawadai in der Nähe von Akita, Japan.

Insgesamt sechsmal erschien Maria 1917 dem Mädchen Lucía de Jesus dos Santos und ihren Cousins Jacinta und Francisco Marto in Fátima, Portugal.

In der Kunst wird Maria oft mit ihrem Sohn Jesus dargestellt, entweder als junge liebende Mutter eines kleinen Kindes (oben) oder als um ihren Sohn Trauernde, wie in Michelangelos Pietà (unten).

Status unter den Heiligen. Einige kirchliche Autoritäten und später auch weltliche Herrscher, wie der römische Kaiser Konstantin, versuchten, ihren Kult zu verleugnen. Andere frühe Kirchenväter, unter ihnen Justin der Märtyrer und Irenäus, lobpreisten Maria als Gegenstück zu Eva und wogen ihre Jungfräulichkeit und Unterwerfung an Gottes Willen gegen Evas Fleischeslust und Ungehorsam auf.

Der Marienkult, der sich im Mittelalter ausbreitete, wurde gestärkt durch Entwicklungen in der Theologie. So war ihr bereits auf dem ökumenischen Konzil von Ephesus 451 der Name „Theotokos" (Gottesgebärerin) verliehen worden, ihre Himmelfahrt wurde verlautbart – ihre leibliche Auffahrt in den Himmel wird im 6. Jahrhundert zum ersten Mal erwähnt –, und ihre unbefleckte Empfängnis zu einem Dogma, das formell jedoch in der katholischen Kirche erst 1854 verankert wurde. Das Dogma von Marias unbefleckter Empfängnis besagt, dass sie als einziger Mensch von der Erbsünde verschont wurde, dank der Gnade Gottes zum Zeitpunkt ihrer Empfängnis.

Im späten Mittelalter war die besondere Stellung Marias fest verankert, und in den folgenden Jahrhunderten wurde sie hochverehrt. Der Marienkult erlangte im 20. Jahrhundert noch größere Ausmaße; das Zweite Vatikanische Konzil untersuchte zahlreiche Marienerscheinungen und beschäftigte sich mit Marias Stellung in der kirchlichen Doktrin.

KURZ ERLÄUTERT:

Erzengel

Engel gibt es im Christentum, im Judentum und im Islam. Alle drei Religionen erkennen Engel als geistige Wesen an, die als Mittler zwischen Gott und den Menschen agieren. Das Wort „Engel" stammt vom griechischen *angelos* (Bote) ab; auch in der Bibel tauchen die Engel hauptsächlich als Boten auf. Erzengel sind Engel hohen Ranges. Obwohl sie leibliche Form annehmen können, sind sie keine menschlichen Wesen; ihre Verehrung bedarf daher keiner Heiligsprechung.

Mariä Verkündigung. In der Bibel ist der Erzengel Gabriel Gottes Bote. Viele halten Gabriel auch für den namenlosen Engel, der zu Josef sprach und die Geburt Jesu den Hirten ankündigte.

WER SIND DIE ERZENGEL?

Je nach Religion und Denomination variiert die Anzahl der Erzengel von einem einzigen bis zu Zehntausenden. Die römisch-katholische Kirche kennt nur drei: Gabriel, Raphael und Michael. In der christlichen Überlieferung des Alten Testaments erscheint Daniel der Erzengel Gabriel mit prophetischen Visionen, im Neuen Testament kündigt er die Geburt Johannes' des Täufers und Jesu an. Die Szene, in der Gabriel Maria die Nachricht überbringt, ist in der Kunst oft als Mariä Verkündigung dargestellt worden. Der Erzengel Raphael wird vor allem mit Heilung und Exorzismus verbunden, beides wird von seiner Rolle im Buch Tobit hergeleitet.

Der Erzengel Michael wird oft als Krieger mit Flügeln, Schwert und Schild dargestellt, der den Teufel bezwingt.

Gabriel wird auch für den namenlosen Engel gehalten, der Jesus im Garten Gethsemane beistand.

Michael, der wichtigste unter den Erzengeln, taucht mehrfach in der Bibel auf. In späteren Erzählungen über die Engel erscheint er mehr als einmal im Kampf mit Satan. Spätestens seit dem 2. Jahrhundert schreibt man ihm eine fürsprecherische Macht zu, die menschliche Seelen sogar aus der Hölle erlösen kann. Doch schon zu Zeiten Kaiser Konstantins haben die Christen Michael als Heiler verehrt. Er wird insbesondere mit heilenden Wassern in Verbindung gebracht und gilt als Schutzengel der katholischen Kirche. Die Westkirche begeht am 29. September den Michaelistag, der auch unter den Bezeichnungen „Fest der Heiligen Michael, Gabriel und Raphael", „Fest der Erzengel" oder „Fest des heiligen Erzengels Michael und aller Engel" bekannt ist.

Die Namen der Engel

Die orthodoxe Kirche verehrt neben Gabriel, Michael und Raphael noch weitere vier Erzengel: Barachiel, Jehudiel, Sealtiel und Uriel.

Der Erzengel Uriel

Thomas und die Engel

Thomas von Aquin verfasste eine Engellehre oder „Theorie über die Engel". Er folgte dabei Gregor dem Großen und einem anonymen Text aus dem 4. oder 5. Jahrhundert. Thomas' Theorie unterscheidet neun Chöre von Engeln, die in drei Rangfolgen unterteilt sind. Nach ihrer Nähe zu Gott sind diese absteigend angeordnet: Seraphim, Cherubim, Throne (1. Rangfolge); Herrschaften, Kräfte, Mächte (2. Rangfolge); Fürstentümer, Erzengel, Engel (3. Rangfolge). In seinen Erörterungen geht Thomas von christlichen Grundbegriffen wie Gnade, Schöpfung und – bei den gefallenen Engeln, die er im Detail erörtert – Versuchung aus. Wie für ihn charakteristisch, legt Thomas von Aquin seinen Betrachtungen über die Engel eine Logik zugrunde, in der er die Wahrheit göttlicher Offenbarung mit der Wahrheit der irdischen Welt verflechtet.

Der Erzengel Raphael mit Tobias. Werke der bildenden Kunst stellen Raphael oft mit Tobits Sohn, Tobias, dar.

GEBOREN
nicht bekannt

GESTORBEN
Anfang des 1. Jahrhunderts

KANONISIERT
vor der Kongregation

GEDENKTAG
19. März (als Gatte Marias)
1. Mai (als Joseph
der Arbeiter)

PATRON
der Arbeiter,
Ingenieure,
Zimmerleute;
der gesamten Kirche,
Eheleute und Familien,
Herbergssuchenden,
Sterbenden;
bei Verzweiflung und
Versuchung

AUCH BEKANNT ALS
Joseph der Arbeiter
Joseph der Zimmermann

JOSEPH
von Nazareth

Joseph war Marias Gatte und Nährvater Jesu, lebte als Zimmermann in Nazareth und stammte entfernt von König David ab. Nach traditioneller Auffassung befand er sich schon im vorgeschrittenen Alter, als er Maria ehelichte. Diese Sichtweise geht auf apokryphe Quellen zurück. In keinem der Evangelien findet sich eine Erwähnung Josephs nach der Jugendzeit Jesu, sodass man daraus schließen kann, dass er vor seinem Sohn starb.

Als Joseph von der Schwangerschaft Marias erfuhr, wollte er sie spontan verstecken, um einen Skandal zu vermeiden, doch ein Engel erschien ihm im Traum und kündigte ihm die wunderbare Geburt an. Deshalb heiratete

Darstellungen des Joseph sind uns vor allem vertraut durch die Bilder und Krippen. In Gemälden der Heiligen Familie wird er als Vater und Ehemann abgebildet, der Maria und Jesus mit Liebe und Ehrfurcht begleitete.

Joseph Maria – es ist nicht gesichert, ob vor oder nach der Geburt Jesu – und zog Jesus wie seinen Sohn auf. Er führte seine Familie nach Ägypten, um König Herodes zu entkommen, der nach der Geburt Jesu in Bethlehem den „König der Juden" (Matthäus 2,2) suchte.

Das östliche Christentum verehrte Joseph schon im 8. Jahrhundert, doch im Westen wuchs seine Popularität nur langsam. Thomas von Aquin, Teresa von Ávila und Franz von Assisi verehrten Joseph und trugen zu seinem Kult bei.

Joseph von Nazareth war ein einfacher Mann, dem Gott vertraute, dass er Großes tat.

HEILIGE JOSEMARÍA ESCRIVÁ

Maria
Magdalena

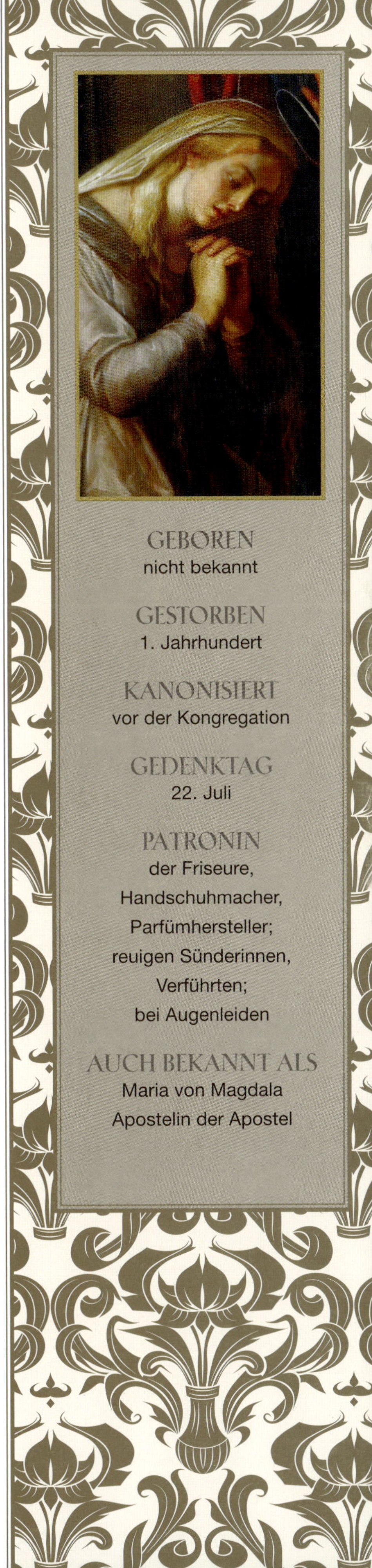

Maria Magdalena war Zeugin der Kreuzigung Jesu Christi, seiner Grablegung und Wiederauferstehung und ist eine seiner wichtigsten Jüngerinnen. Nur wenig ist über sie bekannt. Die römisch-katholische Überlieferung verschmolz drei Mariengestalten: Maria Magdalena am Grabe Jesu, Maria, die reuige Sünderin (Lukas 7,37), und Maria, die Schwester von Lazarus und Martha (Johannes 11,28–32). Die protestantische Überlieferung verband verschiedentlich zwei dieser Frauengestalten, während die östliche Tradition darauf beharrte, dass die drei als Einzelgestalten zu sehen sind – auch der Vatikan übernahm diese Position 1969.

Alle vier Evangelien beschreiben Maria Magdalena als Zeugin der Wiederauferstehung und wie sie den anderen Jüngern berichtet, was geschehen war. In der gnostischen Literatur wird sie oft erwähnt und genießt in vielen Ländern Verehrung. Einer östlichen Legende nach ging sie mit der Heiligen Jungfrau Maria und Johannes nach Ephesus, wo sie starb. Einer westlichen Legende zufolge predigte sie in Frankreich das Evangelium, bevor sie sich in eine Höhle zurückzog und bis zu ihrem Tod in Saint-Maximin in der Provence als Einsiedlerin lebte.

MAGDALENENHEIME

Im 6. Jahrhundert behauptete Papst Gregor I. zum ersten Mal, dass Maria Magdalena eine Prostituierte gewesen sei. Obwohl die Unterscheidung des Vatikans zwischen ihr und der bei Lukas beschriebenen Sünderin diese Behauptung zunichtemachte, sind die im 19. Jahrhundert meist von katholischen Orden gegründeten Heime für sogenannte gefallene Mädchen als „Magdalenenheime" bekannt geworden.

Die Evangelien erwähnen, dass Maria Magdalena an das Grab Jesu Christi zurückkehrte, um seinen Körper zu salben. Sie sah als Erste den wiederauferstandenen Christus.

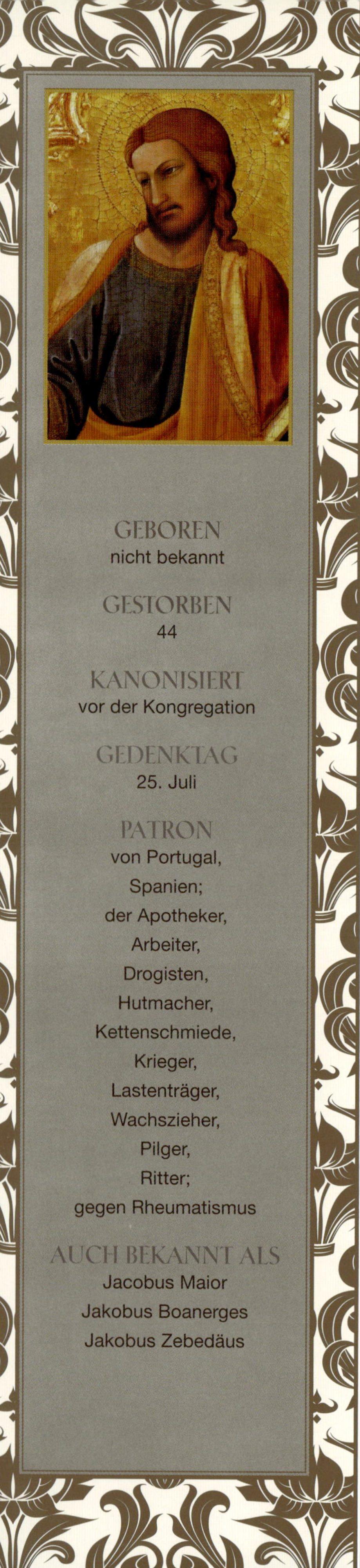

GEBOREN
nicht bekannt

GESTORBEN
44

KANONISIERT
vor der Kongregation

GEDENKTAG
25. Juli

PATRON
von Portugal,
Spanien;
der Apotheker,
Arbeiter,
Drogisten,
Hutmacher,
Kettenschmiede,
Krieger,
Lastenträger,
Wachszieher,
Pilger,
Ritter;
gegen Rheumatismus

AUCH BEKANNT ALS
Jacobus Maior
Jakobus Boanerges
Jakobus Zebedäus

JAKOBUS
der Ältere

Jakobus und sein Bruder Johannes wurden wegen ihres ungestümen Temperaments von Jesus „Boanerges" (Donnersöhne) genannt (Markus 3,17). Um ihn von dem zweiten Apostel desselben Namens, dem jüngeren Jakobus, zu unterscheiden, wurde er „Jakobus der Ältere" genannt.

Jakobus der Ältere war einer der vier Apostel, die eine besondere Stellung unter den Jüngern besaßen: Er, Johannes und Petrus waren als einzige Apostel bei drei bedeutenden Ereignissen im Leben Jesu zugegen: Bei der Heilung der Tochter des Jairus, bei Jesu Verklärung auf dem Berg Tabor und bei der Todesangst des Heilands im Garten Gethsemane. Unter der Christenverfolgung des Königs Herodes Agrippa I. wurde Jakobus im Jahr 44 hingerichtet. So wurde er zum ersten Apostel, der das Leiden Christi teilte. Es gilt als sicher, dass Jakobus in Jerusalem starb. Nach einer mittelalterlichen Legende predigte der Apostel vor seinem Tod zwei Jahre in Spanien, und sein Leichnam gelangte in einem von Engeln geleiteten Schiff an den Ort Iria Flavia und schließlich nach Compostela. Das Jakobusgrab in Santiago de Compostela in Spanien

Der Legende nach hielten sich Jakobus und seine Schüler am Ufer des Ebro auf, in der Nähe des heutigen Saragossa, als ihnen die Jungfrau Maria auf einer Marmorsäule erschien. Sie bat Jakobus, eine Kirche an derselben Stelle zu errichten. Maria entschwand, doch die Marmorsäule blieb stehen.

wurde zu einem Wallfahrtsort und eine der berühmtesten mittelalterlichen Pilgerstätten.

ANDREAS

Andreas wird oft als eine der führenden Apostelgestalten angesehen. Er lebte wie sein Bruder Simon (Petrus) als Fischer in Kapernaum, am Nordufer des Sees Genezareth. Andreas ist besonders in Schottland und Russland ein sehr populärer Heiliger, obwohl nur wenig über sein Leben bekannt ist.

Die Bibel erzählt, dass Andreas sich Johannes dem Täufer angeschlossen hatte, bevor er Apostel wurde und mit Jesus und den anderen Jüngern durch das Land reiste. Er floh jedoch aus Galiläa, um der Verfolgung durch König Herodes Agrippa I. (41–44) zu entkommen, doch bleibt seine Geschichte nebulös.

Einer Legende zufolge ging er nach Griechenland, wo er auf einem Gabelkreuz in X-Form den Martertod starb; einer anderen Legende nach reiste er nach Kiew und predigte vor den slawischen Völkern. Sein Bezug zu Schottland geht auf die Überlieferung zurück, nach der der heilige Regulus Teile der Gebeine des Apostels im 4. Jahrhundert in einer Kirche in Fife beisetzte.

Einer Legende zufolge soll Andreas auf ein Kreuz in X-Form gebunden worden sein und zwei Tage gelitten haben, bevor er starb. Seit dem 10. Jahrhundert ist diese Kreuzform als Andreaskreuz bekannt.

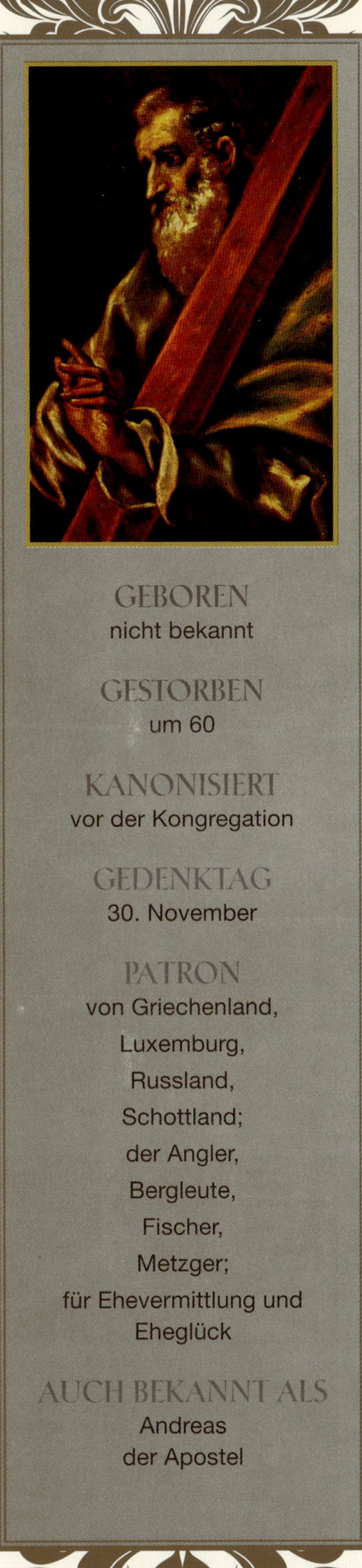

GEBOREN
nicht bekannt

GESTORBEN
um 60

KANONISIERT
vor der Kongregation

GEDENKTAG
30. November

PATRON
von Griechenland,
Luxemburg,
Russland,
Schottland;
der Angler,
Bergleute,
Fischer,
Metzger;
für Ehevermittlung und
Eheglück

AUCH BEKANNT ALS
Andreas
der Apostel

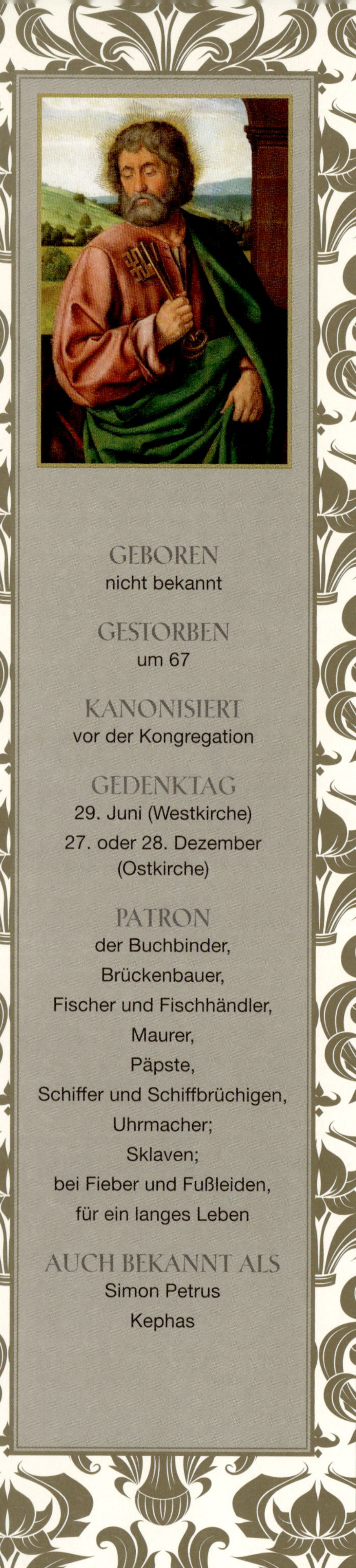

GEBOREN
nicht bekannt

GESTORBEN
um 67

KANONISIERT
vor der Kongregation

GEDENKTAG
29. Juni (Westkirche)
27. oder 28. Dezember
(Ostkirche)

PATRON
der Buchbinder,
Brückenbauer,
Fischer und Fischhändler,
Maurer,
Päpste,
Schiffer und Schiffbrüchigen,
Uhrmacher;
Sklaven;
bei Fieber und Fußleiden,
für ein langes Leben

AUCH BEKANNT ALS
Simon Petrus
Kephas

PETRUS

Petrus wurde als Fischer namens Simon geboren. Den Namen „Petrus" erhielt er von Jesus, der über seine Bedeutung („der Fels") sagte: „Und ich sage dir: du bist Petrus; und auf diesen Felsen will ich meine Kirche bauen, und die Pforten der Unterwelt werden sie nicht überwältigen" (Matthäus 16,18).

Petrus wurde zum Ersten unter den Jüngern Christi, er vollzog das erste Wunder nach der Auffahrt Christi in den Himmel. In der Kunst ist er oft mit den Himmelsschlüsseln dargestellt, die Jesus allein ihm anvertraut hatte. Mit Paulus zusammen gründete Petrus die Kirche in Rom und wurde der erste Papst. Sein Grab wird unter dem Petersdom vermutet.

Der Petersdom im Vatikan. Die monumentale Papstbasilika gilt in der römisch-katholischen Tradition als Grabeskirche ihres Namensgebers.

Das erste Wunder

Das Neue Testament beschreibt das erste, von einem Apostel vollbrachte Wunder nach der Auffahrt Christi in den Himmel. Petrus ging mit Johannes in den Tempel nach Jerusalem, um zu beten. Dort traf Petrus auf einen Lahmen, der um Almosen bettelte. Petrus hatte nichts, was er ihm geben konnte, befahl dem Lahmen aber, aufzustehen und zu gehen. Zu seinem Erstaunen sah sich der Mann von seiner Lähmung geheilt. Petrus war überzeugt, dass dieses Wunder ein Beweis für die Macht und die Heiligkeit Jesu Christi war. Er zog aus, um die Menschen zu bekehren, und vollbrachte noch weitere Wundertaten.

Nur bei einer der vielen Schriften, die ihm zugeschrieben werden, ist seine Verfasserschaft gesichert, und obwohl es an Informationen über sein Leben mangelt, war und ist er einer der Heiligen, deren Verehrung äußerst große Verbreitung im Christentum fand. Gegen Ende des Mittelalters waren ihm mehr als 1000 Kirchen in Europa geweiht, etwa 200 weitere Petrus und Paulus gemeinsam.

DER ERSTE DER JÜNGER JESU

Simon und sein Bruder Andreas fischten am See Genezareth, als Jesus ihnen begegnete. „Kommet mir nach", sprach er, „und ich werde euch zu Menschenfischern machen" (Matthäus 4,19). Kurze Zeit später, als sie beide zu Aposteln des Herrn geworden waren und mit ihm reisten, fragte Jesus seine Begleiter, wer er ihrer Meinung nach sei. Simon antwortete: „Du bist der Messias, der Sohn des lebendigen Gottes" (Matthäus 16,16). Das konnte er nur durch göttliche Eingebung wissen, und so segnete Jesus ihn und nannte ihn „Petrus, der Fels".

Doch auch Petrus kannte Schwäche, denn, wie Jesus es prophezeit hatte, leugnete Petrus nach der Gefangennahme Jesu in Jerusalem, dass er Jesus kannte, und „weinte bitterlich", als er seinen Betrug

Pietro Peruginos Fresko Christus übergibt Petrus die Schlüssel zum Himmelreich

erkannte. Doch nach Jesu Tod und Wiederauferstehung erschien Jesus Christus dem Petrus und mehreren anderen Jüngern am See Genezareth, und er empfahl seine Herde – die Kirche – in Petrus' Obhut.

Petrus' Wege danach bleiben unklar, doch er reiste durch Israel, gründete möglicherweise die Kirche in Antiochia und begab sich nach Rom. Er predigte, hielt die Juden an, sich zum Christentum zu bekennen, und war der Erste, der

Allen vier Evangelien zufolge sagte Jesus während des letzten Abendmahles voraus, dass Petrus ihn vor dem nächsten Hahnenschrei dreimal verleugnen werde.

> *Und ich werde dir die Schlüssel des Reiches der Himmel geben.*
>
> MATTHÄUS 16,19

auch den ersten Nichtjuden bekehrte. Wegen seines verbotenen Glaubens wurde er von König Herodes Agrippa I. ins Gefängnis geworfen, aber von einem Engel wieder befreit (Apostelgeschichte 12,3–11). Er starb als Märtyrer am Kreuz während der Christenverfolgung durch Kaiser Nero in Rom.

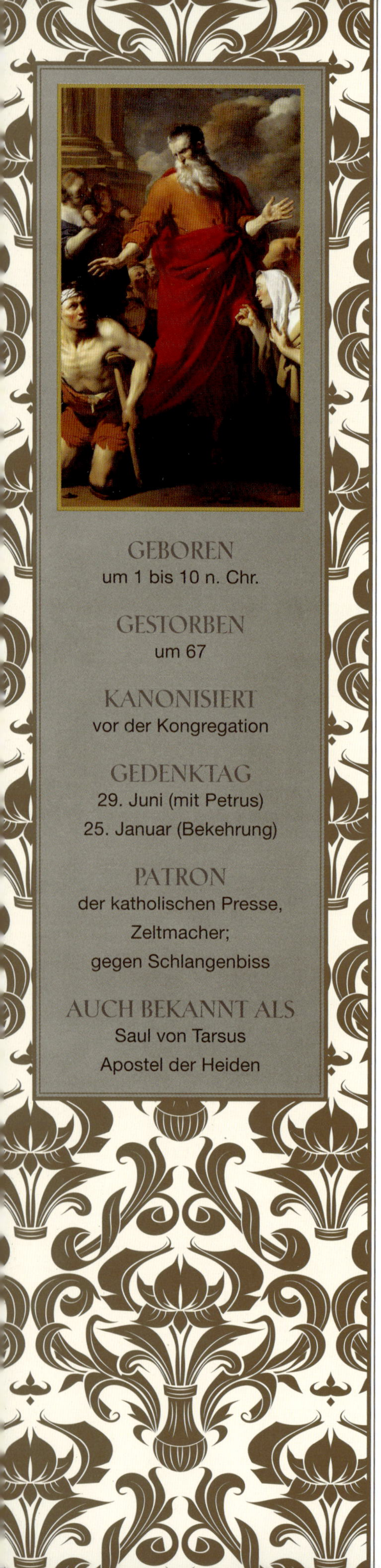

PAULUS

Nach Petrus ist Paulus der wohl einflussreichste biblische Heilige. Er wurde als Jude in Tarsus geboren, sein hebräischer Name war Saul. Als junger Mann beteiligte er sich an der Christenverfolgung und ebenfalls an der Steinigung des heiligen Stephanus (Apostelgeschichte 7,58; 22,20). Etwa um 35 n. Chr. hatte Paulus auf seiner Reise nach Damaskus eine Vision, die vielleicht zur spektakulärsten Bekehrung im Christentum führte. Ein leuchtendes Licht vom Himmel erschien ihm, und die Stimme Christi sprach zu ihm; nur er konnte sie hören.

Das Ereignis ließ Paulus erblinden. In Damaskus begegnete er dem Christen Hananias, der ihn heilte und taufte. Danach widmete sich Paulus der Lehre Christi. In Briefen und Abhandlungen legte er den Grundstein für die christliche Theologie, auch in der Frage des Verhältnisses zwischen Altem und Neuem Testament. Er ist jedoch hauptsächlich wegen seiner Missionarsarbeit berühmt, die ihn auf drei lange Reisen durch das Römische Reich führte. Er wird auch „Heidenapostel" genannt, da er sich bemühte, auch Nichtjuden zu bekehren. Sein Wirken für den christlichen Glauben brachte ihn vielfach in Schwierigkeiten. Er wurde mehrfach verhaftet und ins Gefängnis geworfen, hörte aber nie auf zu predigen und seine Briefe zu schreiben, von denen sich viele im Neuen Testament finden. Er starb schließlich unter Kaiser Neros Christenverfolgung in Rom.

Paulus reiste unermüdlich auf drei großen Missionsreisen. In der Karte ist die Route seiner zweiten Reise verzeichnet.

MATTHÄUS

Wenig ist über den Apostel und Evangelisten Matthäus bekannt. Bevor er Jesus Christus folgte, war er wahrscheinlich Steuereintreiber und Zollbeamter. Jesus gab dem bekehrten römischen Verwaltungsbeamten den Namen „Matthäus".

Sich widersprechende Berichte machen das Leben des Matthäus für die Historiker nur schwer greifbar: Er wurde in Galiläa oder Syrien geboren, arbeitete in Kapernaum – wo sein Beruf ihm die Schmähungen seiner jüdischen Glaubensbrüder eintrug – und starb entweder in Kolchis (östlich des Schwarzen Meeres), Jerusalem, Tarrium oder Tarsuana (heutiger Iran). Es besteht weitgehend Übereinstimmung, dass er wahrscheinlich als Märtyrer starb. Man nimmt an, dass er in „Äthiopien" missionierte, damit ist jedoch nicht der heutige afrikanische Staat gemeint, sondern ein großes, nicht genau definiertes Gebiet in Transkaukasien. Die Gebeine des Apostels tauchten im 11. Jahrhundert auf. Angeblich waren sie von Äthiopien in die Bretagne gelangt, ein normannischer Adliger überführte sie um 1080 nach Salerno in Italien.

> *Wo dein Schatz ist,*
>
> *da wird auch*
>
> *dein Herz sein.*

EVANGELIUM NACH MATTHÄUS (6,21)

Matthäus gilt der Überlieferung nach als Autor des ersten Buches im Neuen Testament. Er war wahrscheinlich Steuereintreiber, bevor er einer der frühesten Jünger Jesu wurde.

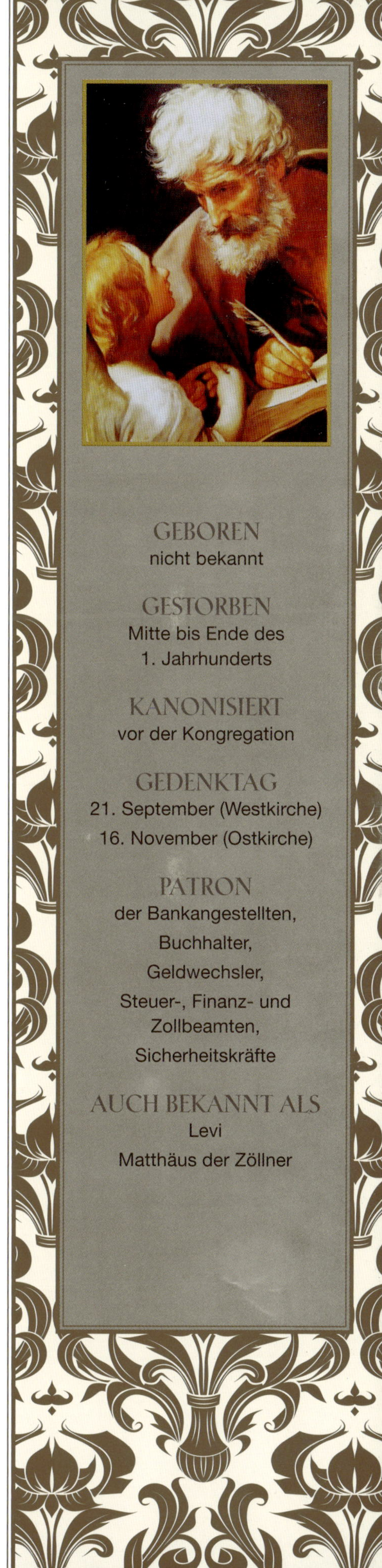

GEBOREN
nicht bekannt

GESTORBEN
Mitte bis Ende des
1. Jahrhunderts

KANONISIERT
vor der Kongregation

GEDENKTAG
21. September (Westkirche)
16. November (Ostkirche)

PATRON
der Bankangestellten,
Buchhalter,
Geldwechsler,
Steuer-, Finanz- und
Zollbeamten,
Sicherheitskräfte

AUCH BEKANNT ALS
Levi
Matthäus der Zöllner

MARKUS

Markus ist der Verfasser eines der vier Evangelien, das wahrscheinlich vor dem Evangelium des Matthäus entstand. Markus mag Jesus nie persönlich begegnet sein, doch seinem Evangelium kommt große Bedeutung zu, da er für Petrus, der ihn als „Sohn" bezeichnete, als Dolmetscher gearbeitet haben soll.

Die Ostkirche setzt Markus den Evangelisten nicht mit jenem Johannes Markus gleich, der in der Apostelgeschichte als Sohn der Maria Markus beschrieben ist, der Petrus Schutz bot, welcher König Herodes Agrippa I. entkommen war. Nach westlicher Tradition jedoch handelt es sich um ein und dieselbe Person, demnach wäre Markus Cousin des heiligen Barnabas. Markus ging mit Barnabas und Paulus um 45 n. Chr. auf eine Missionsreise, kehrte jedoch früher zurück, da es zu einem Streit mit Paulus gekommen sein soll. Erst um etwa 60 wurde dieser beigelegt, und kurz darauf entsprach Markus Paulus' Bitte, ihm nach Rom zu folgen. Wahrscheinlich war er dabei, als Paulus dort um 67 als Märtyrer starb. Vermutlich hat Markus zu dieser Zeit mit Petrus, der sich auch in Rom aufhielt, die Arbeit am Evangelium aufgenommen.

Einer Legende zufolge gründete Markus die Kirche von Alexandria, wo er auch als Märtyrer starb, vermutlich durch den Strick.

Meist wird Markus mit einem Löwen dargestellt. Das Löwensymbol geht zurück auf seine Beschreibung Johannes' des Täufers als „Stimme eines Rufenden in der Wüste" (Markus 1,3), was Künstler als brüllenden Löwen interpretierten.

THOMAS

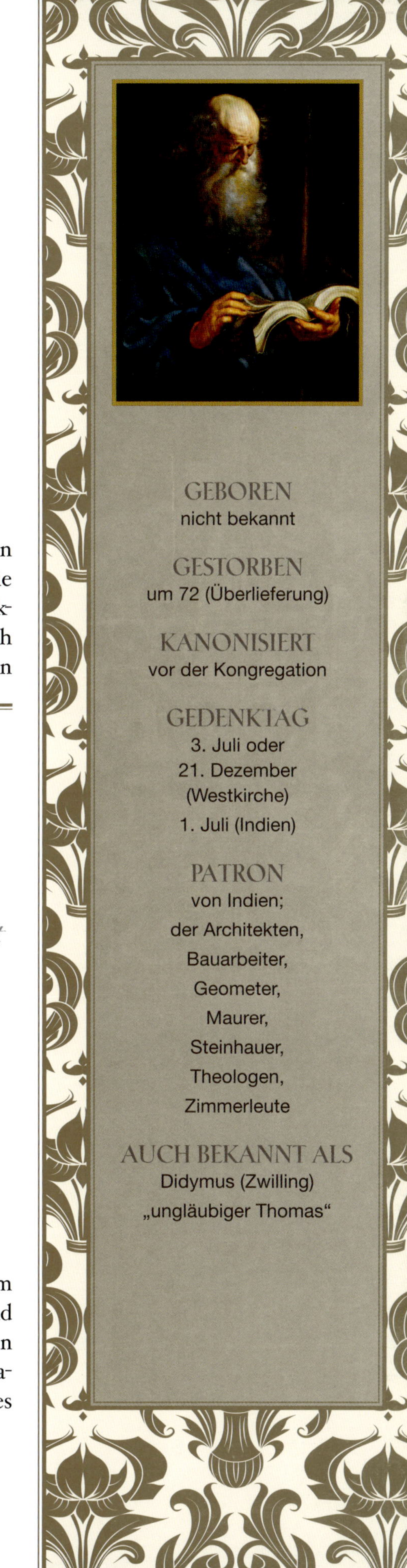

Es gibt nur wenig gesicherte Kenntnisse über Thomas, doch viele Legenden ranken sich um ihn. In den ersten drei Evangelien wird er lediglich als einer der zwölf Apostel erwähnt, über sein Leben und seine Person berichtet nur das Johannesevangelium. Die bekannteste Geschichte ist wohl die des „ungläubigen Thomas", der nicht glauben wollte, dass Christus wiederauferstanden war. Erst nachdem Jesus zu ihm kam und ihn seine Wunden anfassen ließ, glaubte er es.

Einer Legende zufolge hat Thomas nach Jesu Himmelfahrt das Evangelium in Indien verkündet. Die Christen von Malabar in Südindien halten daran fest, dass Thomas dort Menschen bekehrte, bevor ein zorniger König ihn bei Madras

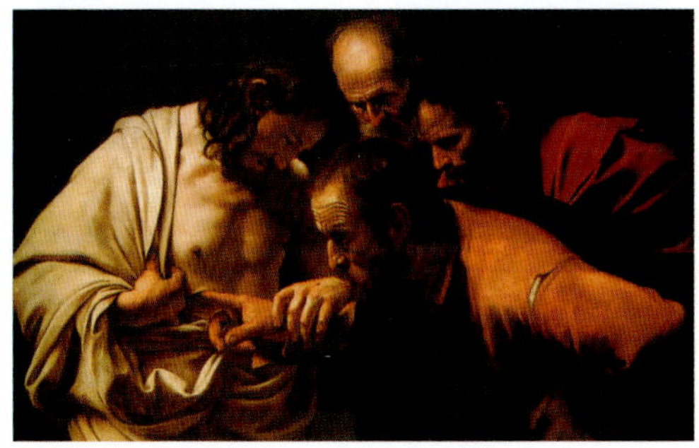

Dem Johannesevangelium nach bezweifelte Thomas, dass Jesus wiederauferstanden war, bis er in Jesu Wunden fassen konnte.

tötete. Er wurde von den Einwohnern in Mylapore bestattet, wo 1522 die Portugiesen seine Grabstätte entdeckten und einen Teil seiner Reliquien nach Ortona in Italien überführten. Anderen

---

Weil du mich gesehen hast, hast du geglaubt. Glückselig sind, die nicht gesehen und geglaubt haben!

Erzählungen zufolge wurden sie im 4. Jahrhundert nach Edessa gebracht und später nach Chios, bevor sie nach Italien gelangten. Auch in der St. Thomas Basilica von Mylapore sollen Reliquien des heiligen Thomas aufbewahrt werden.

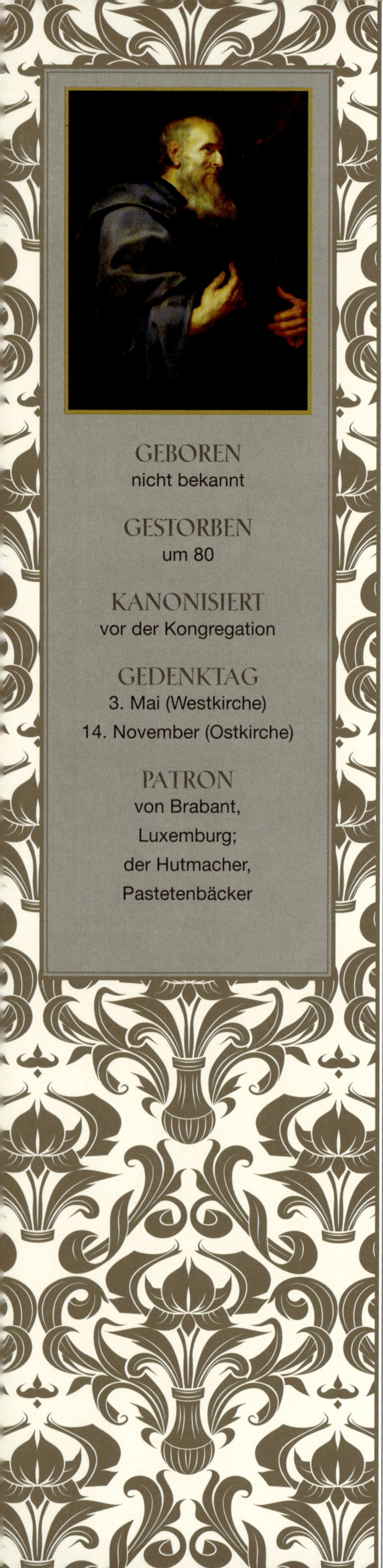

GEBOREN
nicht bekannt

GESTORBEN
um 80

KANONISIERT
vor der Kongregation

GEDENKTAG
3. Mai (Westkirche)
14. November (Ostkirche)

PATRON
von Brabant,
Luxemburg;
der Hutmacher,
Pastetenbäcker

PHILIPPUS

Philippus lebte in Bethsaida in Galiläa. Er gehörte zunächst dem Kreis der Jünger um Johannes den Täufer an und wurde von Jesus zu einem der ersten Apostel berufen. Später stellte er Jesus seinen Freund Nathanael vor, bei dem es sich wahrscheinlich um den Apostel Bartholomäus handelt.

Im Johannesevangelium ist Philippus erwähnt, so in der Geschichte um die wunderbare Speisung mit Brot und Fischen, die Jesus unter die große Menge verteilen ließ (Johannes 6,5–13). Aus diesem Grund wird Philippus oft mit Brotlaiben und Fischen dargestellt, aber auch mit einem Kreuz oder Buch.

Es gibt nur spärliche Informationen über Philippus. Über das Neue Testament hinaus ist nur Weniges glaubhaft. Eine Verwechslung zwischen Philippus dem Apostel und Philippus dem Diakon (Philippus von Hierapolis) sorgte selbst in den Legenden für Verwirrung. Einer Geschichte zufolge missionierte Philippus in Griechenland und Phrygien und starb den Märtyrertod am Kreuz.

Bartholomäus

Über das Leben des Apostels Bartholomäus gibt es wenig gesicherte Informationen. Wahrscheinlich wurde er in Kana geboren, trug das Christentum nach „Indien" – eine nicht präzise zu bestimmende Region im Osten, nicht gleichbedeutend mit dem heutigen Land – und Armenien. Albanopolis soll die Stätte seines Martyriums gewesen sein. Der Legende nach wurde er bei lebendigem Leib gehäutet und gekreuzigt, vielleicht auch enthauptet. Er ist der Schutzpatron der Gerber, Kürschner und verwandter Berufe.

SIMON UND JUDAS

Über die Apostel Simon und Judas ist fast nichts bekannt. Judas Thaddäus war ein Fischer aus Galiläa und Bruder des Apostels Jakobus des Jüngeren. Er gilt als Autor des Judasbriefes, der gläubige Christen vor häretischen Einflüssen

Herr, wie ist es,

dass du dich uns offenbar

machen willst, und nicht

der Welt?

❋

warnt – seine Adressaten waren wahrscheinlich vor allem konvertierte Juden. Über Simon gibt es noch weniger Informationen. Den einzigen näheren Hinweis auf seine Person liefert sein Beiname (Zelotes, „der Eiferer"), der vermuten lässt, dass er vor seiner Berufung zum Apostel ein Zelot war.

Eine Quelle erzählt eine Legende der beiden Heiligen, derzufolge sie gemeinsam in Persien das Evangelium predigten. Nach zahlreichen Wundertaten, bei denen sie Dämonen aus den heidnischen Göttern geweihten Statuen trieben, kam es zu einem Aufstand, und beide starben als Märtyrer: Judas Thaddäus wurde entweder erstochen oder mit einer Keule erschlagen, Simon wurde zersägt. Die früheste Quelle für diese Legende ist das 6. Jahrhundert, doch der Kult mag älter sein.

Die Heiligen mit ihren traditionellen Attributen: Simon Zelotes mit der Säge, Judas Thaddäus, wie hier, mit einer Lanze oder Keule.

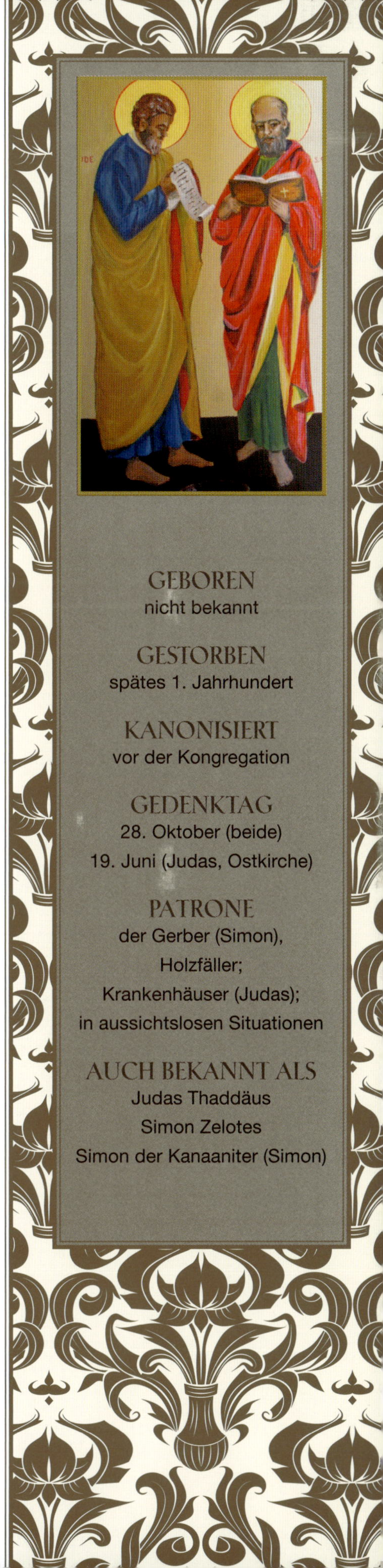

GEBOREN
nicht bekannt

GESTORBEN
spätes 1. Jahrhundert

KANONISIERT
vor der Kongregation

GEDENKTAG
28. Oktober (beide)
19. Juni (Judas, Ostkirche)

PATRONE
der Gerber (Simon),
Holzfäller;
Krankenhäuser (Judas);
in aussichtslosen Situationen

AUCH BEKANNT ALS
Judas Thaddäus
Simon Zelotes
Simon der Kanaaniter (Simon)

LUKAS

Lukas war ein griechisch sprechender Arzt aus Antiochia, wuchs in einer heidnischen Familie auf und konvertierte kurz nach Jesu Tod zum Christentum (wahrscheinlich um 30 n. Chr.). Jesus ist er zwar nie begegnet, doch reiste er mit Paulus und kannte Markus und Petrus. Das nach ihm benannte Evangelium sowie die Apostelgeschichte sind die Zeugnisse seiner literarischen Vollendung. Er baute mehrere Gleichnisse in sein Evangelium ein, die in den anderen drei Evangelien nicht enthalten sind, so die Gleichnisse des barmherzigen Samariters, des verlorenen Sohnes und des armen Lazarus. Die Gelehrten haben einerseits die Gewichtung der Frauen hervorgehoben wie auch die offene Einstellung gegenüber Nichtjuden, die Lukas bekundet.

Lukas wird oft mit einem Stier als Symbol des Opfers, des Dienens und der Kraft dargestellt. Die christliche Tradition porträtiert ihn oft auch als Ikonenmaler, vor allem der Jungfrau Maria.

Lukas begleitete Paulus auf dessen zweiter Missionsreise, blieb jedoch für mehrere Jahre in Philippi, um dort zu predigen. Paulus traf ihn dort auf seiner dritten Reise, und beide kehrten gemeinsam nach Jerusalem zurück. Als Paulus nach seiner Entlassung aus dem Gefängnis in Caesarea nach Rom ging, begleitete ihn Lukas erneut. Nach dem Martyrium des Paulus gibt es nur noch vage Angaben zu Lukas' Leben. Vermutlich starb er in Bithynien oder in Böotien, nördlich von Korinth in Griechenland, im Alter von 74 oder 84 Jahren.

JOHANNES
der Evangelist

Johannes ist der Autor der drei Johannesbriefe und des vierten Evangeliums, war der Bruder Jakobus' des Älteren, der wie er von Jesus „Boanerges" (Donnersöhne) genannt wurde. Johannes war der jüngste der Apostel und besaß gleichwohl eine Sonderstellung unter ihnen. In seinem Evangelium bringt er einen wichtigen Punkt für die Theologie ein: dass Jesus der fleischgewordene Gott war. Johannes war ein Fischer, bevor Jesus ihn als „Menschenfischer" in den Kreis der Apostel berief (Matthäus 4,19). Nach Jesu Himmelfahrt predigte Johannes in Ephesus, Samarien und möglicherweise in Parthien. Der Legende nach soll er der einzige Apostel sein, der eines natürlichen Todes starb.

Er scheint Petrus nahegestanden zu haben, mit dem er gemeinsam reiste und predigte. Die beiden bereiteten das letzte Abendmahl im Auftrag Jesu vor und konnten der Gefangenschaft unter König Herodes Agrippa I. entkommen. Johannes kehrte mit den anderen Aposteln im Jahr 51 nach Jerusalem zurück, um das erste apostolische Konzil abzuhalten.

In seiner Verbannung auf der Insel Patmos soll er zu einem späteren Zeitpunkt die Offenbarung des Johannes (Apokalypse) verfasst haben.

Johannes der Evangelist soll auf der Insel Patmos Visionen der Offenbarung empfangen haben. Sein Evangelistensymbol ist der Adler, mit dem er häufig in christlichen Bildwerken zu sehen ist.

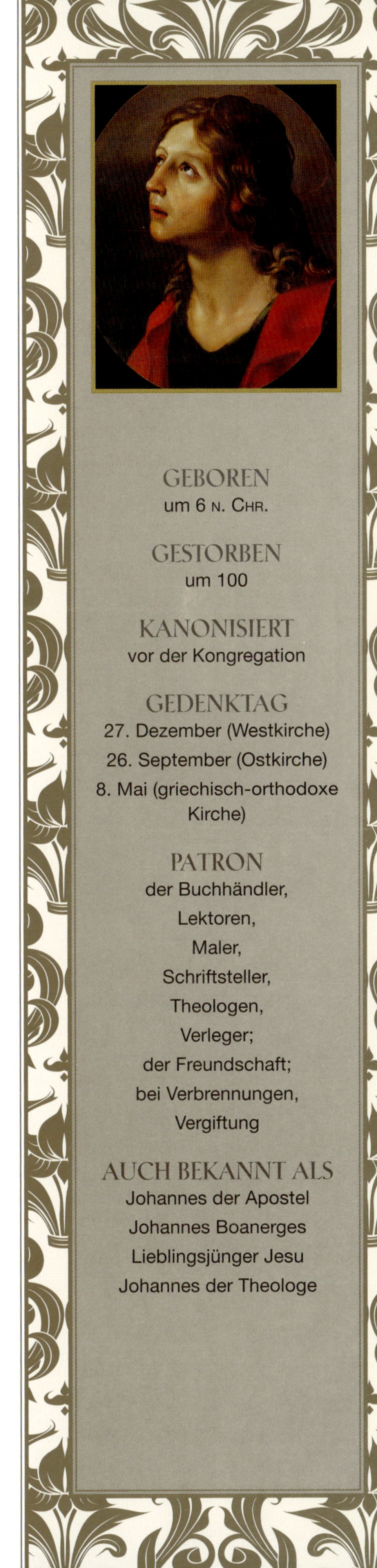

GEBOREN
um 6 N. CHR.

GESTORBEN
um 100

KANONISIERT
vor der Kongregation

GEDENKTAG
27. Dezember (Westkirche)
26. September (Ostkirche)
8. Mai (griechisch-orthodoxe Kirche)

PATRON
der Buchhändler,
Lektoren,
Maler,
Schriftsteller,
Theologen,
Verleger;
der Freundschaft;
bei Verbrennungen,
Vergiftung

AUCH BEKANNT ALS
Johannes der Apostel
Johannes Boanerges
Lieblingsjünger Jesu
Johannes der Theologe

HEILIGE MYSTIKER

❧

Die Mystik hat einige der berühmtesten und umstrittensten Heiligen hervorgebracht. Mystische Erfahrungen sind nur durch das eigene innere Erleben möglich, obwohl sich einige äußere Merkmale, wie etwa ein komatös scheinender Schlaf, beobachten lassen. Die teils fantastisch anmutenden Berichte über Ekstase, Trance, Visionen und Wunder können beängstigend sein und Misstrauen hervorrufen. Einige Heilige wurden auch der Häresie beschuldigt, wie Johanna von Orléans.

Mystiker scheinen Wunder anzuziehen; viele Mystiker wurden gesehen, als sie schwebten. Der heilige Joseph von Copertino wurde wegen der großen Zahl seiner Levitationen „fliegender Frater" genannt. Andere schienen einen Duft auszuströmen, auch noch im Tode. Doch die Mystiker sind in der Weise, wie sie das Göttliche persönlich erleben, einzigartige Gestalten. Vielleicht werden den Mystikern gerade aus diesem Grunde oft Zeichen göttlicher Gunst zuteil, wie das heilige Licht, das beim Tod der heiligen Franziska von Rom aus deren Antlitz schien, oder die Stigmata, die wohl ungewöhnlichsten Merkmale der christlichen Mystik.

GEBOREN
1098

GESTORBEN
1179

KANONISIERT
16. Jahrhundert
(informell)

GEDENKTAG
17. September

PATRONIN
der Naturwissenschaftler,
Sprachforscher

HILDEGARD
von Bingen

Hildegard von Bingen war eine Benediktinerin, die von Kindheit an Visionen hatte. Ab ihrem achten Lebensjahr wurde sie von der Nonne Jutta von Sponheim in einer dem Benediktinerkloster Disibodenberg angeschlossenen Frauenklause erzogen. Nach Juttas Tod übernahm Hildegard 1136 die Leitung der Frauenklause. 1150 siedelte sie über in das von ihr gegründete Kloster Rupertsberg bei Bingen, dessen Äbtissin sie wurde. Einige Jahre später gründete sie das Tochterkloster von Eibingen (bei Rüdesheim).

Erst im Alter von etwa 40 Jahren teilte Hildegard ihre Visionen mit. Papst Eugen III. erteilte ihr die Erlaubnis, diese zu veröffentlichen. Sie beschrieb ihre Visionen in ihrer Schrift *Scivias* (lat. *sci vias* = Wisse die Wege).

Hildegard von Bingen trat für die Gleichheit der Geschlechter ein und entwickelte ein differenziertes Frauenbild in ihren Werken, weshalb sie auch als frühe Feministin porträtiert wurde. Sie scheute sich nicht, ihre Ansichten zur Kirchenreform und Moral auch dem Papst, König Heinrich II. von England oder Kaiser Friedrich I. Barbarossa zu unterbreiten. Aus unbekannten Gründen scheiterte im 13. und 14. Jahrhundert

„Universeller Mensch", eine Miniatur aus dem Liber Divinorum Operum (Buch der göttlichen Werke), einem ihrer drei umfangreichen Visionswerke, in denen Hildegard ihre Visionen beschrieb und interpretierte.

ihr Heiligsprechungsverfahren, aber im Jahr 1584 wurde sie in das *Martyrologium Romanum* aufgenommen, das Verzeichnis aller Seligen und Heiligen der römischkatholischen Kirche.

GERTRUD
von Helfta

Gertrud, eine der bedeutendsten Mystikerinnen des Mittelalters, wurde nie formell heiliggesprochen, doch ihr Gedenktag wird offiziell nach dem *Martyrologium Romanum* begangen. Sie wird fälschlicherweise oft als Äbtissin beschrieben, was aus einer Verwechslung mit Gertrud von Hackeborn resultiert, der Äbtissin des Zisterzienserinnenklosters, in dem Gertrud von Helfta lebte.

Gertruds Verbindung zum Kloster Helfta in Thüringen begann, als sie mit fünf Jahren dort eintrat. Allen Berichten zufolge verbrachte sie ihr ganzes Leben

… und erweiche mein rechthaberisches Wesen, das die Zeit so verhärtet hat!

HEILIGE GERTRUD VON HELFTA

dort und starb mit etwa 46 Jahren. Ihre Hinwendung zur Mystik begann im Alter von 25 Jahren, als sie erstmals eine Vision Jesu Christi hatte.

In der Folgezeit vertiefte Gertrud ihre innere Beziehung zu Jesus Christus und hatte mehrere klare Visionen von Jesus und Maria. In einer Vision erhielt sie Ringe aus Jesu Hand, wie Katharina von Siena, in einer anderen sah sie Jesus, der einen Lichtpfeil aus seiner Seitenwunde in ihr Herz schoss, wie bei Teresa von Ávila. Teresa fühlte sich Gertrud besonders nahe und wählte sie als Mentorin. Franz von Sales empfahl, wie auch andere, ihre Schriften weiter, in denen sie ihre Visionen beschreibt und über geistliche Übungen und das religiöse Gemeinschaftsleben reflektiert.

Eine Legende bringt Gertrud die Große mit den Seelen im Fegefeuer in Verbindung; oft werden Gebete für diese Seelen an Gertrud gerichtet.

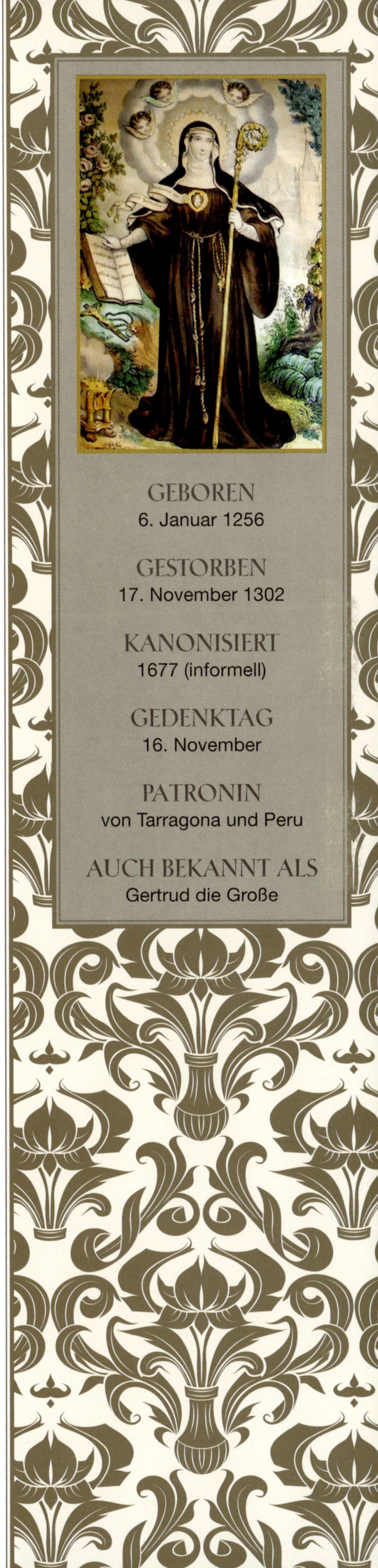

GEBOREN
6. Januar 1256

GESTORBEN
17. November 1302

KANONISIERT
1677 (informell)

GEDENKTAG
16. November

PATRONIN
von Tarragona und Peru

AUCH BEKANNT ALS
Gertrud die Große

GEBOREN
um 1296

GESTORBEN
14. November 1359

KANONISIERT
1368

GEDENKTAG
14. November

PATRON
von Thessaloniki

GREGORIOS
Palamas

Eine der herausragenden Figuren der orthodoxen Ostkirche ist Gregorios Palamas. Er wurde um 1316 Mönch und lebte in einem Kloster auf dem Berg Athos nach den Regeln des heiligen Basilius. Die Mönche praktizierten den Hesychasmus, eine Form der kontemplativen Gebetspraxis, in der sie das sogenannte Taborlicht erfuhren. Die Hesychasten glaubten, dass dieses Licht Gott selbst sei. Diese Tradition, deren erster Anhänger der heilige Symeon der Neue Theologe (949–1022) war, wurde im 14. Jahrhundert insbesondere von dem Philosophen Barlaam von Kalabrien, der in Konstantinopel wirkte, angegriffen.

In diesem Streit verteidigte Gregorios Palamas die Theologie des Hesychasmus, die unter dem Namen Palamismus bekannt wurde. Barlaam insistierte, dass Gott unerkennbar sei und das Licht, das die Mönche sahen, nicht von Gott ausgesendet worden sei; überdies lehnte er die Techniken der Hesychasten, etwa bestimmte Atemtechniken beim Gebet, ab.

Gregorios entwickelte die mystische Vorstellung, derzufolge Gott sowohl transzendent als auch immanent ist, und unterschied zwischen Gottes Wesen und seiner Energie – das eine nicht zu fassen und unnahbar, das andere aktiv und durch mystische Vereinigung offenbart. Auf drei Konzilen wurde die Frage erörtert und zu Gregorios' Gunsten entschieden. 1347 wurde Gregorios Bischof von Thessaloniki, wo er bis zu seinem Tod lebte.

Die Reliquien Gregorios Palamas' werden in der Metropolitankirche in Thessaloniki aufbewahrt.

BIRGITTA
von Schweden

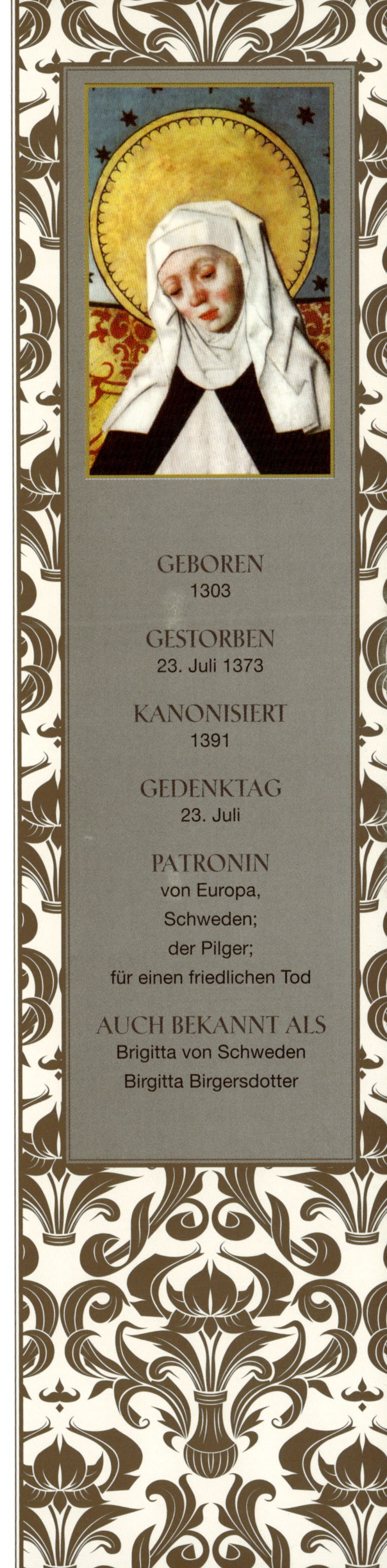

Birgitta, Tochter einer angesehenen Familie, wurde im Alter von 13 Jahren die Ehefrau von Ulf Gudmarsson. Der glücklichen Ehe entsprangen acht Kinder, darunter die Tochter Katharina, die später als Katharina von Schweden ebenfalls heiliggesprochen wurde. Birgitta und ihr Ehemann führten ab etwa 1340 ein Leben der Enthaltsamkeit. Ulf zog sich in ein Zisterzienserkloster zurück, in dem er 1344 starb.

Birgitta hatte seit 1335 Visionen und Träume. Nach dem Tod ihres Mannes begann sie, diese als Symptome dämonischer Angriffe zu fürchten, bis sie einem Kanoniker davon erzählte. Er hielt ihre mystischen Erfahrungen von göttlichem Ursprung. Die meisten ihrer Visionen veranlassten Birgitta, sich gegen Könige, Adlige und sogar gegen den Papst zu äußern. Einmal wurde Birgitta deswegen von einer wütenden Menge in Rom angegriffen. Sie misstrauten ihren Visionen, beschuldigten sie der Hexerei und drohten, sie zu verbrennen.

Birgittas Freimütigkeit hielt die Kirche nicht davon ab, ihre heilige Tugend anzuerkennen: Papst Bonifatius IX. sprach sie 18 Jahre nach ihrem Tod heilig. Sie wurde zu einer der populärsten

Diese 1530 im Birgittenkloster Syon Monastery in England angefertigte Buchmalerei stellt den auferstandenen Christus dar, der Birgitta seine Wunden zeigt und sie ermutigt, ihre Visionen zu Papier zu bringen.

Heiligen in Schweden und hinterließ ein Erbe in Form des Erlöserordens, auch Birgittenorden genannt und des Klosters in Vadstena. Birgitta selbst lebte seit 1349 in Rom, von wo aus sie Pilgerreisen unternahm.

GEBOREN
März 1347

GESTORBEN
29. April 1380

KANONISIERT
1461

GEDENKTAG
29. April

PATRONIN
von Europa,
Italien,
Rom;
der Krankenschwestern,
Sterbenden;
gegen Feuer

AUCH BEKANNT ALS
Caterina Benincasa

KATHARINA
von Siena

Katharina wurde in Siena als jüngstes Kind einer Färberfamilie geboren. In ihrem Geburtsjahr verbreitete sich zum ersten Mal die Pest; es war die Zeit der mächtiger werdenden italienischen Stadtstaaten; der Auseinandersetzungen der Kreuzfahrer und Sarazenen um die Vormacht in Palästina und auch des Großen

Obwohl Katharina bei ihrer Familie lebte, war es ihr als Terziarin erlaubt, die Dominikanertracht zu tragen. Doch zu Hause isolierte sie sich von ihrer Familie und lebte für das Gebet und die geistige Ekstase.

Katharina empfing die Wundmale Christi und aß kurz vor ihrem Tode kaum noch etwas. Sie sagte, dass sie in irdischer Speise keine Nahrung finden könne.

Schismas (Kirchenspaltung), die Epoche der Päpste und Gegenpäpste in Rom bzw. in Avignon.

Schon als kleines Mädchen fühlte Katharina sich auserwählt, ein gottgeweihtes Leben zu führen. Mit sechs Jahren hatte sie eine Vision von Jesus und mit nur sieben Jahren gelobte sie ewige Jungfräulichkeit. Sie führte ein

Leben in strenger Askese. Sie trat dem Orden der Dominikaner-Terziarinnen bei und lebte, soweit im Hause ihres Vaters möglich, ein Leben in vollkommener Zurückgezogenheit.

Das änderte sich 1366, als Katharina eine mystische Vision ihrer geistigen Vermählung mit Christus hatte: Christus nahm sie in Anwesenheit der Jungfrau Maria, des Propheten David und der Heiligen Johannes, Paulus und Dominikus zur spirituellen Braut und überreichte ihr einen Perlenring. Katharina trug diesen Ring ihr ganzes Leben lang, doch war er nur für sie sichtbar. 1375 empfing sie die Wundmale Christi, die sie bis zu ihrem Tod verbarg.

AUTORIN, DIPLOMATIN, KRANKENPFLEGERIN

Mit 23 Jahren fiel Katharina in eine mystische Trance, aus der sie die Inspiration für ihr berühmtestes Werk, *Il dialogo* (auch *Dialogus* genannt), schöpfte. Zwischen 1377 und 1378 diktierte sie es Schreibern. Es ist eine Unterhaltung zwischen Gott und ihr selbst über das geistliche Leben der Menschheit und beschreibt ihre Visionen von Himmel, Hölle und Fegefeuer. Mit dieser Trance begann ein neuer Abschnitt in Katharinas Leben, denn sie gehorchte einer göttlichen Eingebung, in die Welt hinauszugehen.

Sie widmete sich der Pflege der Lepra- und Pestkranken und sandte an päpstliche Legaten, Fürsten und mächtige Männer und Frauen in ganz Italien zahlreiche Briefe, in denen sie die nachlassende Moral beklagte. Sie versuchte, die Beziehungen zwischen den zerstrittenen Stadtstaaten zu verbessern. Papst Gregor XI. wurde dadurch auf sie aufmerksam und schickte sie als seine Gesandte in verschiedene Städte. Als

OBEN: Die mystische Vermählung der heiligen Katharina von Siena *von Giovanni di Paolo ist eine von zahlreichen künstlerischen Interpretationen ihrer Visionen.*

sein Nachfolger Urban VI. gewählt wurde, machte er Katharina zu seiner Beraterin. Sie kämpfte für Papst Gregors Aufruf zum Kreuzzug, für die Aussöhnung zwischen Avignon und Rom und für eine grundsätzliche Reform der Kirche, besonders im schlecht verwalteten Kirchenstaat. 1380 starb sie nach dreimonatigem Kampf gegen eine schwere Krankheit. Sie hinterließ eine Vielzahl mystischer Schriften von großer Bedeutung, für die sie 1970 zur Kirchenlehrerin ernannt wurde.

Katharina von Siena ist gemeinsam mit Franz von Assisi Schutzpatronin von Italien.

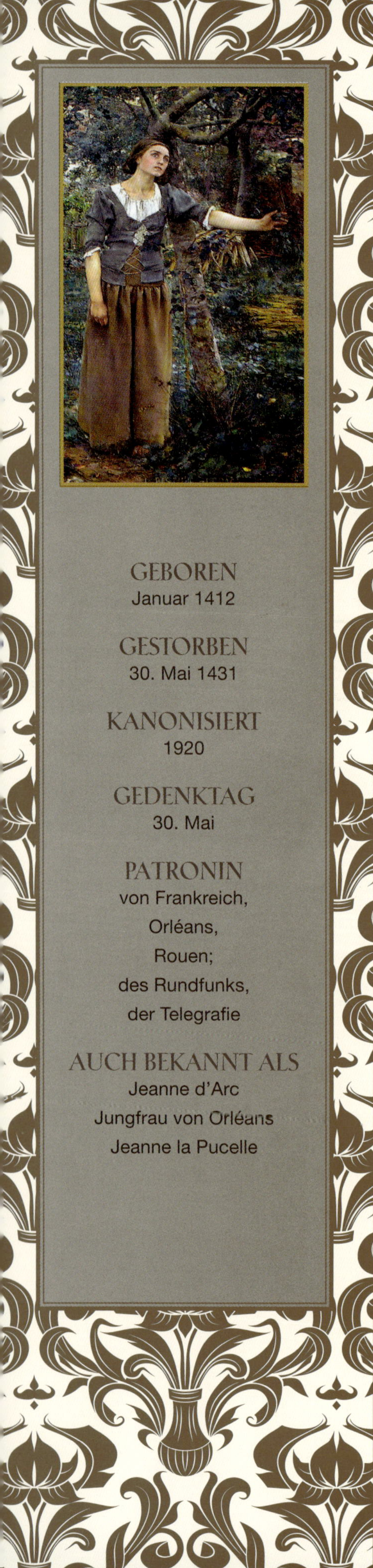

GEBOREN
Januar 1412

GESTORBEN
30. Mai 1431

KANONISIERT
1920

GEDENKTAG
30. Mai

PATRONIN
von Frankreich,
Orléans,
Rouen;
des Rundfunks,
der Telegrafie

AUCH BEKANNT ALS
Jeanne d'Arc
Jungfrau von Orléans
Jeanne la Pucelle

JOHANNA
von Orléans

ohanna von Orléans kam als Tochter eines Bauern in Domrémy (Lothringen) zur Welt. Bei ihrer Geburt währte der Krieg zwischen Frankreich und England um den französischen Thron bereits 75 Jahre. Als Johanna aufwuchs, sah die Lage düster aus für Frankreich: Städte wie Rouen, Reims, Orléans und Paris lagen bereits weit hinter den englischen Linien.

„JUNGFRAU AUS DEM EICHENWALD"

In Frankreich kursierten Gerüchte, dass eine Jungfrau aus Lothringen das Land retten würde. Die Quelle ist nicht belegt, doch es bewahrheitete sich. Johanna vernahm seit ihrem 13. Lebensjahr die Stimmen von Heiligen. Als sie die Niederlage der Fran-

Bronzestatue der Jeanne d'Arc in Paris

OBEN: *Johanna hatte häufig Visionen des Erzengels Michael und der Heiligen Katharina von Alexandria und Margareta von Antiochia. Einige Male erschienen ihr auch Visionen des Erzengels Gabriel.*

Das Schwert in der Kirche

Bevor Johanna von Chinon nach Orléans aufbrach, entdeckte sie in der Kirche von Sainte-Catherine-de-Fierbois ein Schwert. Sie brachte es den Kirchenprälaten, die den Rost „ohne Mühen" entfernten. Der Legende zufolge war es das Schwert von Karl Martell, des früheren Retters Frankreichs, der die Muslime 732 aus Poitiers vertrieben hatte.

OBEN: *Die Burgunder nahmen Johanna gefangen und übergaben sie den Engländern, die sie der Inquisition überließen.*

LINKS: *20 Jahre nach Johannas Tod auf dem Scheiterhaufen stimmte Papst Calixtus III. der Wiederaufnahme ihres Verfahrens zu. Der formelle Antrag folgte im November 1455. Das Berufungsgericht erklärte sie im Juli 1456 für unschuldig und nannte Johanna eine Märtyrerin.*

UNTEN: *Medaille der Johanna von Orléans. Sie gehört zu den Schutzpatronen Frankreichs.*

zosen in der Schlacht der Heringe (1429) prophezeite, wurde sie nach Chinon zu Dauphin, dem französischen Thronerben, gebracht.

DIE JUNGFRAU VON ORLEANS

Im April 1429 zog Johanna mit einer weißen Rüstung in den Krieg. Am 29. April traf sie in Orléans ein, wo sie nur auf wenig Gegenwehr stieß. Ihre Wirkung auf die Kampfmoral ihrer Heerestruppen war dramatisch: Am 8. Mai hatte sie die von den Engländern eroberten Festungen um Orléans zurückgewonnen, die Stadt war befreit. Johanna zog eilends weiter, um von ihrem Sieg zu profitieren, und drängte ihre Truppen weiter durch das Loiretal. Am 17. Juni 1429 erfüllte sich ihre göttliche Mission mit der Krönung des Dauphins zum König Karl VII. in der Kathedrale von Reims.

JOHANNA „VON DER LILIE"

Jedoch versagte der neu gekrönte König nur wenige Monate später Johanna die Unterstützung. Im April 1430 empfing sie eine Prophezeihung der Heiligen, dass sie verhaftet werden würde, was am 24. Mai geschah. Johanna wurde der Häresie, der Götzenanbetung und der Anrufung von Dämonen angeklagt und zum Tode auf dem Scheiterhaufen verurteilt. Am 30. Mai 1431 führte man die verurteilte Heldin der wütenden Menge vor. Johanna, erst 19 Jahre alt, bat um ein Kreuz, das ein mitleidiger Zuschauer aus zwei Stöckchen fertigte. Sie hielt ihren Blick auf das Kreuz gerichtet und rief den Namen Jesu Christi, als sie starb.

FRANZISKA
von Rom

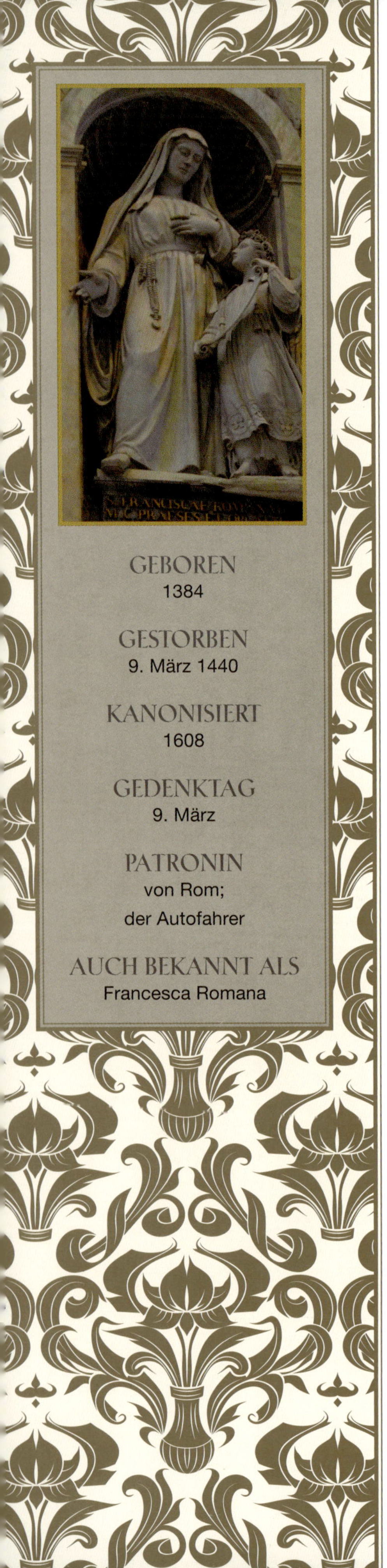

GEBOREN
1384

GESTORBEN
9. März 1440

KANONISIERT
1608

GEDENKTAG
9. März

PATRONIN
von Rom;
der Autofahrer

AUCH BEKANNT ALS
Francesca Romana

Franziska äußerte schon als Elfjährige den Wunsch, Nonne zu werden, wurde jedoch im Alter von 13 Jahren mit dem Adligen Lorenzo de Ponziani verheiratet. Mit der Familie von Lorenzos Bruder lebten sie in einem Palazzo. Franziska freundete sich mit ihrer Schwägerin Vanozza an, die ebenfalls eine fromme Frau war. Beide Frauen kümmerten sich um die verarmten Bürger Roms und pflegten die Kranken.

Franziska hatte eine Reihe mystischer Visionen und Ekstasen. Ihr erschienen die Jungfrau Maria, Jesus, die Heiligen

Die Vision der heiligen Franziska *von Orazio Gentileschi stellt die Heilige Jungfrau mit Kind dar, der Franziska begegnet.*

Der Engel hat seine

Aufgabe beendet; er winkt

mich herbei, ihm zu folgen.

HL. FRANZISKA VON ROM, AUF DEM STERBEBETT

Paulus, Benedikt, Maria Magdalena und sogar Gott selbst. Auch ihr Sohn Evangelista, der mit nur neun Jahren starb, erschien ihr als Engel. Doch war ihre wohl berühmteste Erscheinung ihr Schutzengel, der für sie immer sichtbar blieb. Er leitete sie 24 Jahre lang.

1425 gründete Franziska die den Benediktinern angeschlossene „Compagnia delle Oblate del Monastero Olivetano di Santa Maria Nuova". Die Frauen dieser Gemeinschaft wirkten als Laiinnen, wie Franziska, im Sinne der Karitas; erst 1433 wurde daraus ein regulärer Orden. Franziska vollbrachte mehrere Wunder und machte Prophezeiungen, so sagte sie ihren eigenen Todestag vorher.

JUAN DIEGO

Juan Diego, der bis zu seiner Taufe Cuauhtlatoatzin hieß, wuchs mit der aztekischen Religion auf, konvertierte jedoch zum Christentum und ließ sich 1525 taufen. Seine Frau und er waren fromme Christen; Juan Diego legte jeden Sonntag den weiten Weg bis zur Kirche in Tenochtitlán (heute Mexiko-Stadt) zurück. Auf diesem Weg am Fuße des Hügels Tepeyac hörte er im Dezember 1531 eine wunderschöne Stimme, die nach ihm rief.

Auf dem Hügel sah er eine Frau, vor der er sich tief verneigte. Juan Diego wusste, dass die Frau in traditioneller aztekischer Tracht die Jungfrau Maria war. Sie trug ihm auf, eine Kirche auf dem Tepeyac-Hügel zu errichten. Juan Diego übermittelte daraufhin seinen Auftrag an den Bischof von Tenochtitlán, der ihm jedoch keinen Glauben schenkte. Nach einer weiteren Marienvision wurde Juan Diego erneut beim Bischof vorstellig, der ihm abermals mit Ablehnung begegnete. Schließlich geschah ein Wunder: Bei ihrem dritten Erscheinen ließ die Jungfrau Maria auf dem Hügel Rosen blühen, die Juan Diego in seinem Umhang einsammelte und zum Bischof brachte.

Als er dem Bischof die Rosen zeigte, fiel dieser auf die Knie. Auf dem Umhang war das Bildnis der Maria zu sehen. Die Kirche wurde gebaut. Noch heute wird das Bildnis verehrt.

Juan Diegos Gewand mit dem Bild der Jungfrau von Guadalupe (oben) befindet sich in der Basilika Unserer Lieben Frau von Guadalupe.

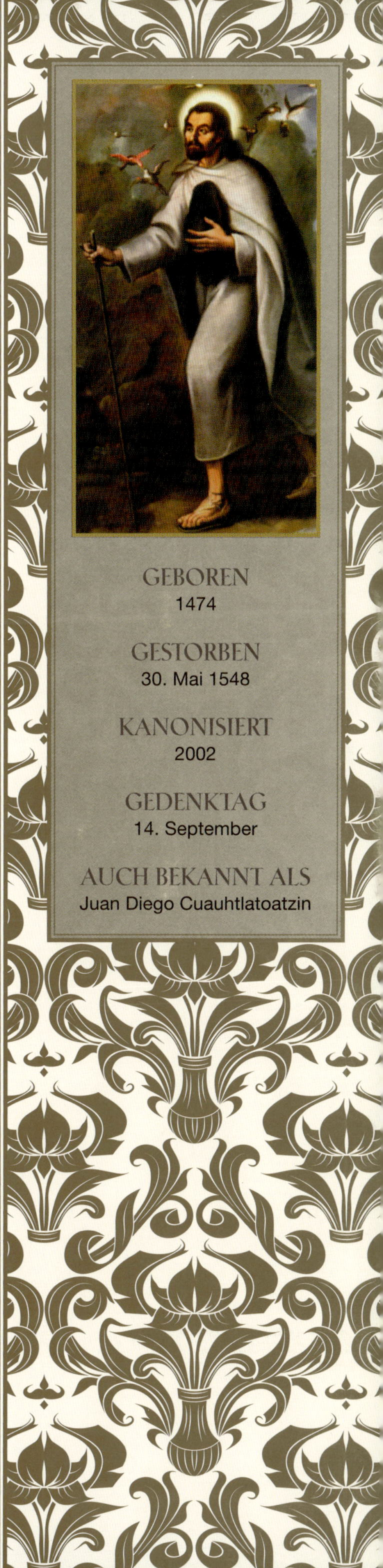

GEBOREN
1474

GESTORBEN
30. Mai 1548

KANONISIERT
2002

GEDENKTAG
14. September

AUCH BEKANNT ALS
Juan Diego Cuauhtlatoatzin

KATHARINA
von Genua

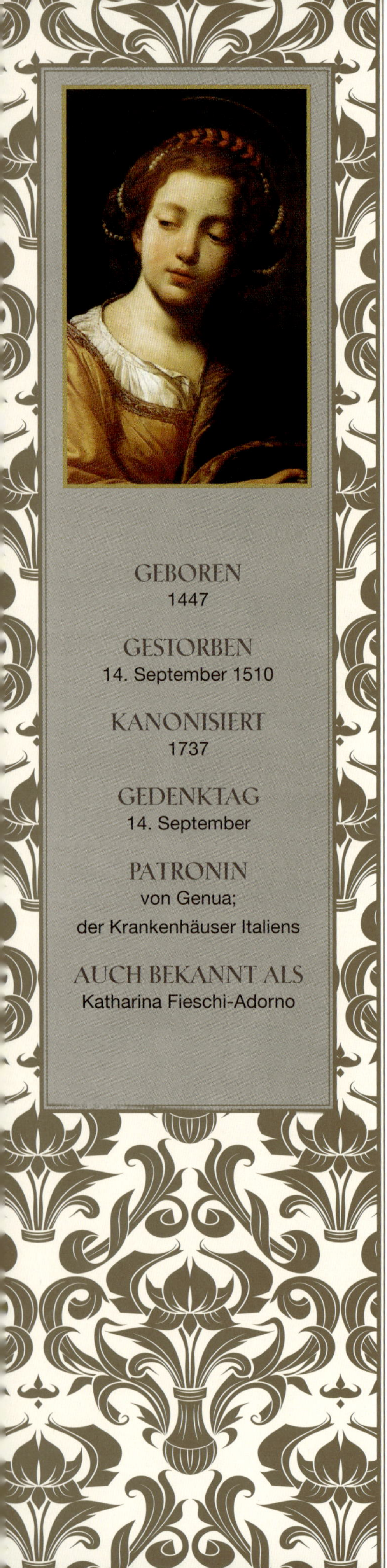

Katharinas Leben war durch Höhen und Tiefen gekennzeichnet. Geboren als Tochter der wohlhabenden Adelsfamilie Fieschi, heiratete sie einen Patriziersohn, den ihre Eltern für sie ausgesucht hatten. Nachdem ihr Ehemann sein Vermögen verloren hatte, wandte sich Katharina der Pflege der Armen und Kranken zu. Ihre außergewöhnlichen inneren Erfahrungen mögen einzigartig in den Annalen der Christenheit sein.

Als Kind wollte sie Nonne werden, doch sie fügte sich ihren Eltern und heiratete. Das treulose und beleidigende Verhalten ihres Ehemannes stürzte Katharina in Jahre tiefer Depression. Eines Tages erhellte ein göttliches Licht ihre Seele, und sie erlebte einen Zustand intensiver Ekstase. Fortan erfuhr sie in ihrem Leben immer wieder Zustände

Katharina schrieb ausgiebig über das Fegefeuer, das sie glaubte, auf Erden zu erleiden – es war das heilige Feuer, das sie in sich brennen spürte.

Wenn du bist, was du sein solltest, wirst du die ganze Welt erstaunen.

HL. KATHARINA VON GENUA

lang anhaltender Entrückung, in denen sie das reinigende heilige Feuer in ihrem Inneren wahrnahm. Sie hatte Visionen von Christus und glaubte, dass ein göttliches Feuer ihr Herz verzehre.

Katharina praktizierte Kasteiungen und war oft krank, pflegte aber dennoch Bedürftige und leitete auch das Krankenhaus von Genua. Sogar ihr Gatte ließ sich bekehren und starb als reuiger Franziskaner.

FELIX
von Cantalice

F elix war ein liebenswerter, bescheidener Mann. Er arbeitete als Schäfer in seinem Heimatdorf Cantalice. Er konnte weder lesen noch schreiben, hatte jedoch Gelegenheit zuzuhören, als ein Buch über die Wüsteneremiten vorgelesen wurde. Das eremitische Leben begeisterte ihn, und so beschloss er, dem Kapuzinerkloster in Cittaducale beizutreten. Das Zögern des Klostervorstehers entkräftete er mit seiner Ehrlichkeit und Hingabe.

Führe ein gutes Leben, bete den Rosenkranz.

Hl. Felix von Cantalice

1543 nahm er den Habit der Kapuziner, 1547 wurde er nach Rom entsandt. Felix maß sich selbst so geringe Bedeutung bei, dass er sich oft als den „Hintern der Kapuziner" bezeichnete. Er gewann die Menschen für sich mit seinem milden, aber stetigen Aufruf, ein heiligeres Leben zu führen. Besonders die Kinder scharten sich um ihn. Obwohl er Analphabet war, erfand er Verse und Lieder, die immer einen religiösen Zweck erfüllten.

Er sprach nur selten über seine mystischen Erfahrungen während des Nachtgebetes, doch seine Reaktionen – vom Weinen bis zu plötzlichem Jubel – deuteten Beobachter als Präsenz des Heiligen Geistes. Nur von einer seiner Visionen erzählte Felix einem Ordensbruder: Als alter Mann von über 70 Jahren bat er Maria inbrünstig, das Jesuskind halten zu dürfen, und sie willigte ein.

In der bildenden Kunst wird Felix oft mit dem Jesuskind im Arm dargestellt.

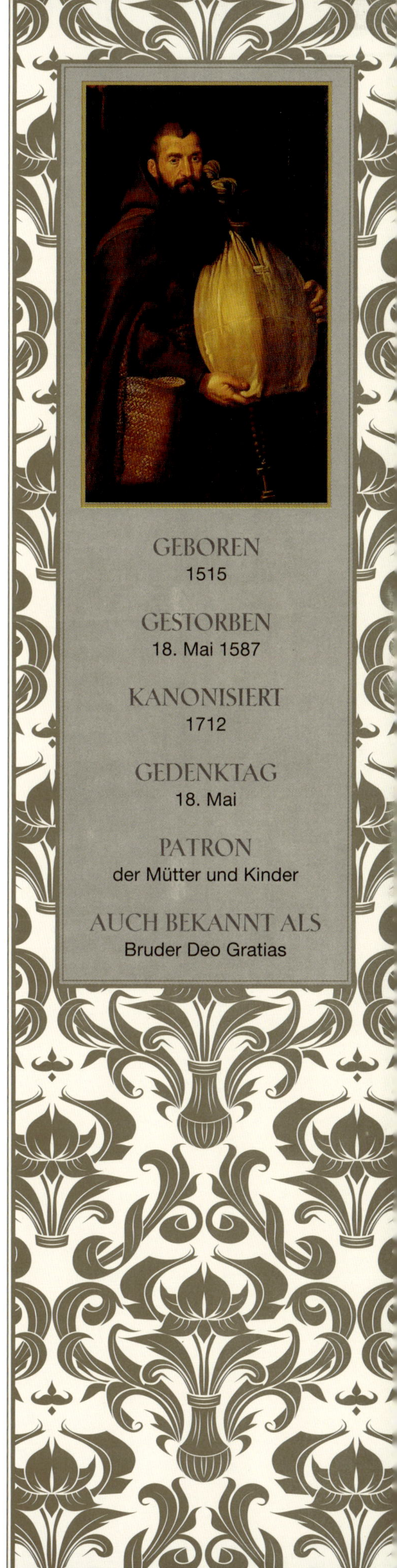

GEBOREN
1515

GESTORBEN
18. Mai 1587

KANONISIERT
1712

GEDENKTAG
18. Mai

PATRON
der Mütter und Kinder

AUCH BEKANNT ALS
Bruder Deo Gratias

KURZ ERLÄUTERT:
Wunder

Unter einem Wunder verstehen wir ein erstaunliches, unwahrscheinliches und positives Vorkommnis. Für die Christen bezeichnet der Begriff ein Ereignis, das den Naturgesetzen widerspricht, aber von Menschen beobachtet wurde. Wunder gehen immer direkt auf den Willen Gottes zurück; so sind auch die von Heiligen vollbrachten Wunder nicht das Resultat menschlicher Kraft, sondern geschehen durch göttliche Verfügung. Augustinus glaubte, Wunder könnten nach Jesu Tod nicht mehr geschehen, änderte seine Meinung jedoch mit dem Argument, dass Gottes Wille die Gesetze der Natur außer Kraft setzen könne. Die katholische Kirche verlangt den Nachweis von mindestens zwei Wundern zur Heiligsprechung jener, die keine Märtyrer sind.

> *Er gab dem Christentum sein wahres Gesicht als Religion der Hoffnung wieder.*
>
> PAPST BENEDIKT XVI. ÜBER PAPST JOHANNES PAUL II.

Statue von Papst Johannes Paul II. Nur sechs Jahre nach seinem Tod sprach Papst Benedikt XVI. seinen Amtsvorgänger selig, nachdem die Genesung einer französischen Nonne von der Parkinsonkrankheit als ein durch Johannes Paul vollbrachtes Wunder anerkannt war.

OBEN: *Die selige Teresa von Kalkutta. Papst Johannes Paul II. hatte Mutter Teresa im schnellsten Seligsprechungsprozess aller Zeiten seliggesprochen. Eine Inderin war nach Auflegen eines Medaillons mit dem Bild der Mutter Teresa von ihrem Unterleibstumor genesen. Papst Johannes Paul II. hatte diese Heilung offiziell als ein gültiges Wunder anerkannt, das durch Mutter Teresas Einwirken geschah.*

ARTEN VON WUNDERN

Es gibt unterschiedliche Wunder, doch einige treten immer wieder in den Viten der Heiligen auf. So waren viele unter ihnen mit den Stigmata gezeichnet – den fünf Wundmalen des gekreuzigten Jesus, die die Heiligen auf ihrem Körper empfingen. Einige Heilige, wie Juliana von Norwich und Katharina von Siena, empfingen auch die Wunden der Dornenkrone.

Dann gibt es Wunder, bei denen Heilige Tote wiederauferstehen lassen oder Kranke heilen. Auch gab es Heilige, die die Fähigkeit zu Prophezeiungen hatten oder denen mystische Erfahrungen widerfuhren. Andere Heilige, wie Padre Pio, waren mit der Gabe gesegnet, sich an zwei Stellen gleichzeitig befinden zu können. Joseph von Copertino und Gerhard Majella hatten die Fähigkeit zur Levitation. Wieder andere konnten fremde Sprachen sprechen, ohne sie gelernt zu haben. Johannes Bosco und Joseph von Copertino sind für Wunder in Verbindung mit Tieren bekannt. Es gibt Heilige, die überlebten, obwohl sie jahrelang beinahe nichts aßen, wie Katharina von Siena, und es gibt diejenigen, deren Körper noch lange nach ihrem Tode unversehrt waren, wie im Fall von Charbel Makhlouf.

Manche Heilige, wie Margarete von Cortona, besaßen die Gabe der Prophezeiung. Margarete kannte das Datum ihres Todes und hatte auch Visionen, in denen sie mit Jesus sprach, der sie „poverella" nannte, die „Arme". Margarete ließ ihr weltliches Leben hinter sich, trat in einen Franziskanerorden ein und lebte wie eine Büßerin. Sie gründete auch ein Hospital für Arme und Kranke in Cortona.

Zauberei und Wunder

Die Fähigkeit, zwischen Wundern – außergewöhnlichen und übernatürlichen, von Gott veranlassten Ereignissen, manchmal durch einen Menschen vermittelt – und Zauberei – außergewöhnlichen und übernatürlichen, von Menschen hervorgerufenen Ereignissen – unterscheiden zu können, besaß in der Geschichte des frühen Christentums große Bedeutung. Mittelalterliche Hagiografien schildern oft Kämpfe zwischen Heiligen und heidnischen Zauberpriestern: Der Heilige, beseelt von der göttlichen Kraft, bezwang immer den von dämonischen Kräften durchdrungenen Heiden. Ein klassisches Beispiel hierfür findet sich in dem apokryphen Text der Petrusgeschichte aus dem 2. Jahrhundert, in dem Simon Magus gegen den heiligen Petrus antritt. Im 12. Jahrhundert reifte die Assoziation von Zauberkraft und Dämonen, da sich der Glaube an beides verstärkte. In der Reformationszeit erhoben einige Protestanten den Vorwurf der Zauberei gegen die Katholiken. Zum Teil aus diesem Grunde lehnten viele protestantische Gemeinschaften die traditionellen katholischen Rituale ab.

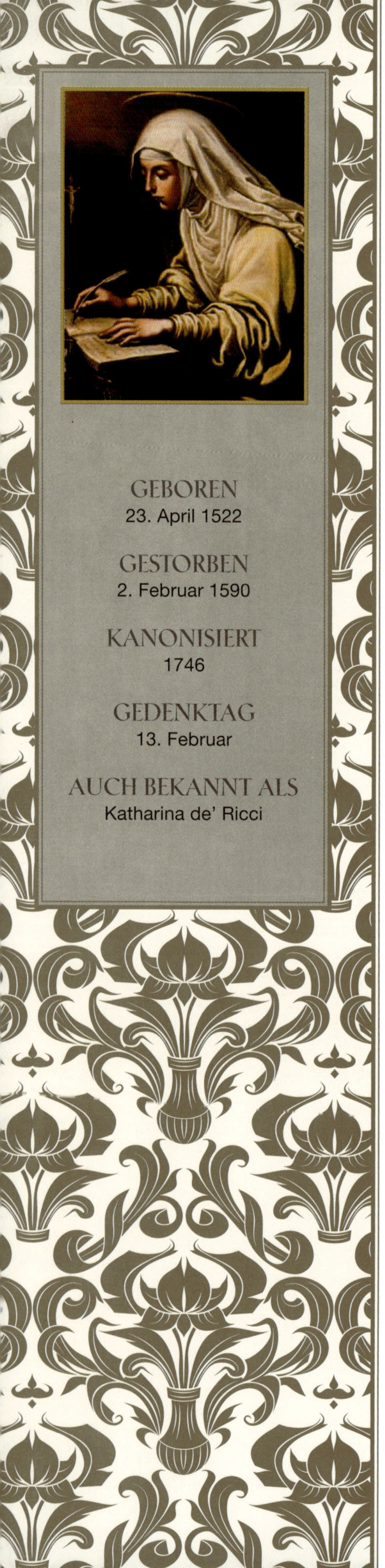

CATERINA
de Ricci

Alessandra Lucrezia Romola nahm den Namen Caterina an, als sie mit 14 Jahren Nonne im Dominikanerorden wurde. Sie war in Florenz als Tochter einer reichen Familie geboren worden, wandte sich schon als Kind der religiösen Kontemplation zu und hatte Visionen eines Schutzengels, der sie in der Andacht unterwies.

Als Nonne kasteite sie sich, fastete oft und trug eine eiserne Kette. Obwohl sie oft krank wurde, milderte sie ihre Askese nicht. Sie hatte mehrere mystische Erfahrungen; bekannt sind ihre 28 Stunden dauernden Ekstasen, die sich zwischen 1542 und 1554 wöchentlich donnerstagmittags wiederholte. Caterina war besonders vom Leiden Christi bewegt. Sie offenbarte die Wundmale Christi, die einige als blutende Wunden sahen, andere als gerötete und geschwollene Haut.

In einer Vision erhielt Caterina einen Ring von Christus, wie auch die heilige Katharina von Siena. Der Legende nach soll sie auch die Fähigkeit zur Bilokation besessen haben. Auch soll sie mit der heiligen Maria Magdalena von Pazzi und Philipp Neri, denen sie nie persönlich begegnete, Zwiesprache gehalten haben. Philipp Neri selbst bestätigte, dass er in einer Vision einmal eine lange Unterhaltung mit Caterina hatte.

Caterina de' Ricci hatte die Vision ihrer Vermählung mit Christus. Im Alter von 20 Jahren begann ihre wöchentlich wiederkehrende Ekstase, die sie die Leidensgeschichte des Herrn erleben ließ. In dieser Ekstase wurde ihr Körper von Christi Wunden bedeckt, von den Geißelmalen bis zu den Einstichen der Dornenkrone.

PHILIPP *Neri*

Im Jahr 1533 gab Philipp die kaufmännische Laufbahn auf und begab sich nach Rom. Dort verbrachte er die nächsten 17 Jahre als Erzieher, studierte Philosophie und Theologie und verfasste Lyrik, die er jedoch später zum größten Teil verbrannte.

Schließlich begann er sich um die Kranken und Bedürftigen zu kümmern. Durch seine charismatische Persönlichkeit wuchs Philipps Ruhm als „Apostel von Rom". 1544 war ein bedeutendes Jahr für ihn: Er begegnete Ignatius von Loyola, mit dem er sich anfreundete. Zudem erlebte er während einer Predigt in den Katakomben von San Sebastiano eine solch intensive mystische Vereinigung mit dem Heiligen Geist, den er als „Feuerglobus" wahrnahm, und der sein Herz so anschwellen ließ, dass ihm zwei Rippen brachen. Von da an hatte er eine Wölbung an der Körperseite, sie war nicht schmerzhaft, doch für den Rest seines Lebens sichtbar.

Philipp wurde 1551 zum Priester geweiht und erlebte danach mehrere ekstatische Verzückungen. Er soll die Fähigkeit entwickelt haben, Sünde zu „riechen" und die Gedanken der nichtreuigen Menschen zu lesen. 1594 hatte

Philipp Neri ist auch als Gründer der „Kongregation des Oratoriums" bekannt, einer Gemeinschaft von Priestern und Laienbrüdern. Heute gibt es mehr als 70 dieser Gemeinschaften.

er eine Marienvision, woraufhin er von einer Krankheit genas, 1595 sah er seinen eigenen Tod auf die Stunde genau voraus.

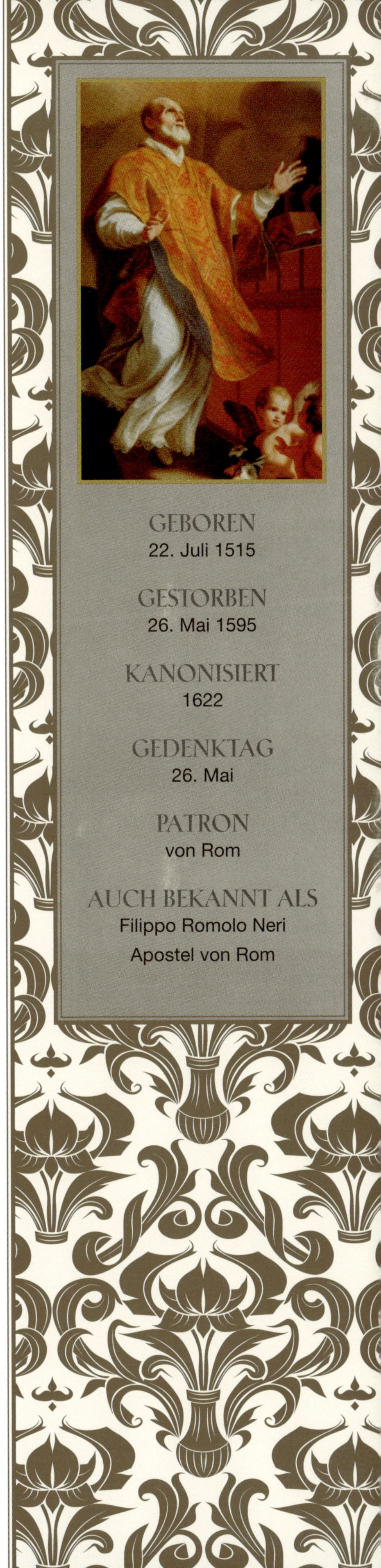

GEBOREN
22. Juli 1515

GESTORBEN
26. Mai 1595

KANONISIERT
1622

GEDENKTAG
26. Mai

PATRON
von Rom

AUCH BEKANNT ALS
Filippo Romolo Neri
Apostel von Rom

Maria Magdalena
von Pazzi

Maria Magdalena, deren Taufname Caterina war, wurde in eine der berühmtesten florentinischen Adelsfamilien hineingeboren, verzichtete aber auf das weltliche Luxusleben, das sie hätte führen können – sie war noch dazu außergewöhnlich schön –, und wurde stattdessen Nonne.

1582 trat sie in Florenz in das Karmelitinnenkloster ein und führte ein unscheinbares, gottgeweihtes Leben.

Maria Magdalena von Pazzi während ihrer Vision des Augustinus von Hippo, der mit einer Feder auf ihr Herz schreibt.

Dank ihrer Begabung für administrative Aufgaben wurde sie, trotz häufiger Krankheit, innerhalb des Ordens stetig befördert und 1604 Subpriorin. Etwa zur gleichen Zeit ergriff sie eine schmerzhafte Krankheit, an der sie 1607 starb.

Schon in ihrer Kindheit zeigte sie eine ungewöhnliche und tiefe Liebe für das heilige Abendmahl und fühlte sich daher zum Klosterleben mit seiner täglichen Kommunion hingezogen. Hervorzuheben sind die vielen Visionen, die sie empfing. In diesem Zustand lag sie meist wie leblos da. Ungewöhnlich war jedoch, dass Maria Magdalena auch in der Lage war, ihren Tätigkeiten nachzugehen, während sie ihre mystischen Visionen erlebte, manchmal sprach sie auch währenddessen.

Augenzeugen zeichneten diese Äußerungen auf, darunter Zwiegespräche mit Jesus Christus und verschiedenen Heiligen, die schließlich fünf Bände füllten. Der Vatikan erkannte die nach Maria Magdalenas Tod erfolgten Wunder an und eröffnete den Seligsprechungsprozess 1610, nur drei Jahre nach ihrem Ableben.

Joseph
von Copertino

Joseph von Copertino wurde wegen seiner bezeugten Levitationen der „fliegende Frater" genannt. Er wuchs in ärmlichen Verhältnissen bei seiner Mutter auf, sein Vater war bereits vor seiner Geburt gestorben. In seiner Kindheit wurde er auch verächtlich „offenes Maul" genannt, da er oft geistesabwesend und mit offen stehendem Mund herumlief. Bereits als Kind soll er mystische Verzückungen erfahren haben.

Sein Leben lang fiel Joseph sehr leicht in Ekstase – jedes Mal, wenn er etwas Heiliges sah, hörte oder sogar dachte, besonders nach seiner Priesterweihe 1628. Seine Levitationen während der Messe und seine Ekstasen waren so intensiv, dass er auch nicht aufwachte, wenn man ihn mit einer Nadel stach oder gar versengte. Dies brachte ihn schließlich vor die Inquisition. Trotz der Verdächtigungen gegen ihn blieb Joseph bei den Laien äußerst populär.

Aufgrund der zahlreichen Ekstasen lebte er auf Geheiß der Inquisition im Kloster von seinen Mitbrüdern abgeschieden und musste in seinen letzten zehn Lebensjahren in verschiedene

Wegen seiner vielen „Flüge" ist der Schutzpatron der Astronauten, Flugreisenden und Piloten auch als „fliegender Frater" bekannt.

Klöster umziehen. Wie er es vorhergesagt hatte, starb er in Osimo, einer Stadt an der Ostküste Italiens. Joseph zeigte außer seinen Levitationen und Ekstasen noch weitere wundersame Begabungen, dazu gehörten seine außergewöhnliche Verständigung mit den Tieren und die Fähigkeit, Sünde zu „riechen".

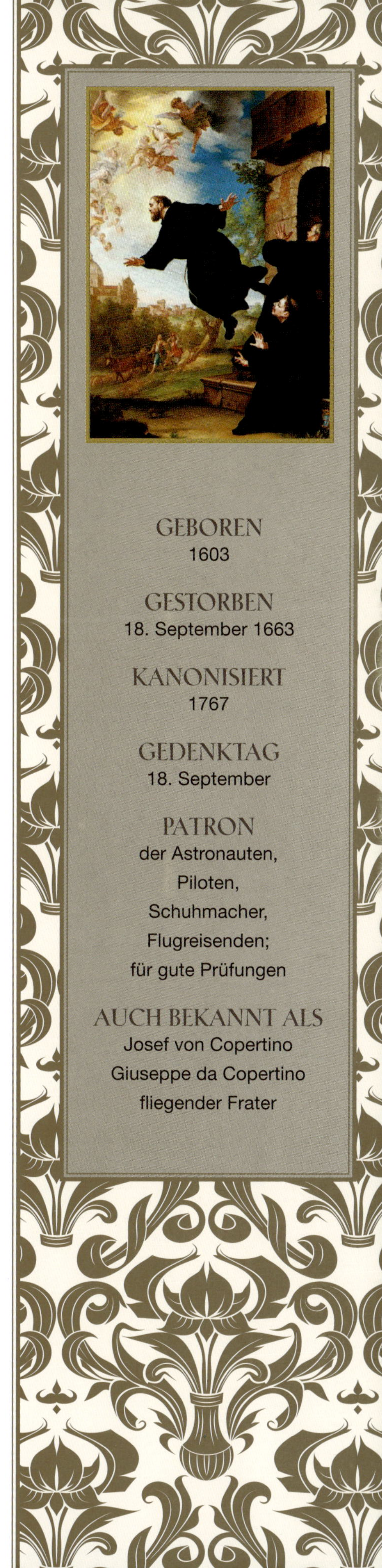

PETRUS
von Alcántara

GEBOREN
1499

GESTORBEN
18. Oktober 1562

KANONISIERT
1669

GEDENKTAG
19. Oktober

PATRON
von Brasilien;
der Nachtwächter

AUCH BEKANNT ALS
San Pedro de Alcántara

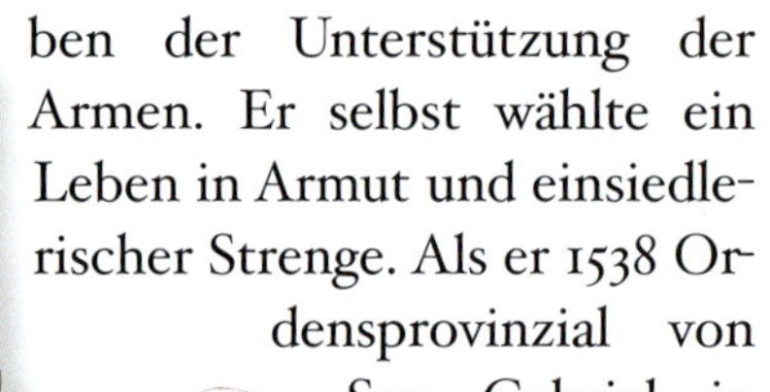

Petrus von Alcántara wurde in Spanien als Sohn des Gouverneurs der Stadt Alcántara und einer Adligen geboren. Trotz seiner adligen Herkunft widmete er sein Leben der Unterstützung der Armen. Er selbst wählte ein Leben in Armut und einsiedlerischer Strenge. Als er 1538 Ordensprovinzial von San Gabriel in der Estremadura wurde, war die protestantische Reformation in vollem Gange. Petrus zeigte sich als eifriger Kämpfer für die katholische Gegenreformation.

Zunächst hatte er wenig Erfolg und war so irritiert von der Opposition gegen die von ihm verteidigten Reformen, dass er sich 1540 nach Arrábida in Portugal zurückzog. Er lebte dort mit dem heiligen Johannes von Ávila als Eremit in der Wildnis. Ihre Anhängerschaft wuchs, und sie gründeten den reformierten Franziskanerorden der Alcantariner, auch „Brüder der strengsten Observanz" genannt. Die Ordensgemeinschaft lebte in bitterer Armut, Strenge und Demut.

Zu Petrus' mystischen Erfahrungen gehörten Ekstasen, Levitationen und das Wandeln auf Wasser. Papst Gregor XV. lobte die Abhandlung, die Petrus zu diesem Thema geschrieben hatte, und nannte sie eine „vom Heiligen Geist eingegebene Doktrin". Auch seine Briefe sind aufschlussreiche Dokumente für die Auseinandersetzung mit der Mystik.

Statue des heiligen Petrus von Alcántara im Petersdom im Vatikan.

Margareta Maria

Alacoque

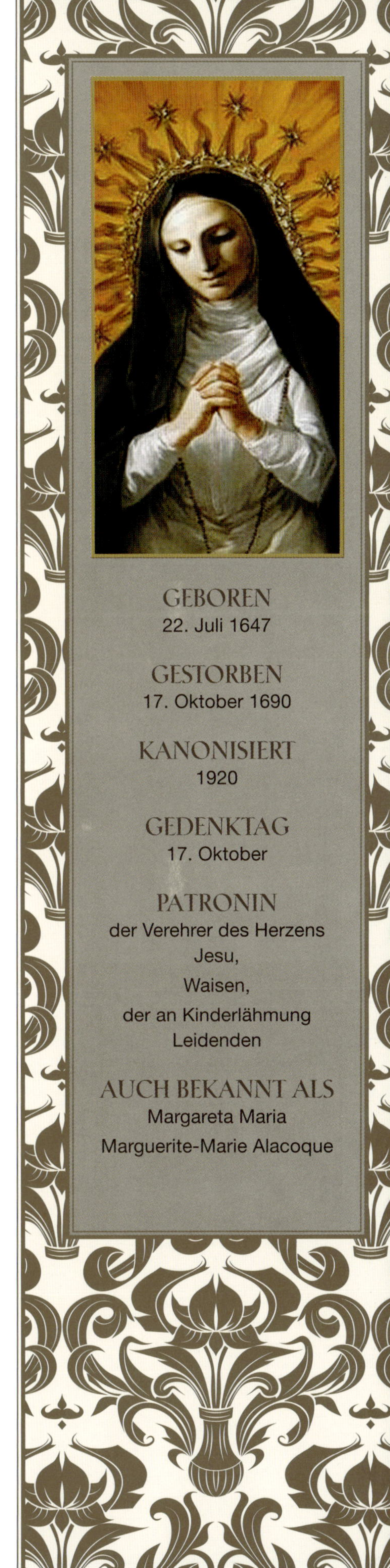

Nur wenige Menschen lebten ein Leben so voller Hingabe an Jesus Christus wie die heilige Margareta Maria Alacoque. Schon im Alter von zwei Jahren änderte sie ihr Verhalten, sobald man ihr sagte, Gott werde dies nicht gefallen. Sie suchte die Einsamkeit und das Gebet, fastete und kasteite sich und gelobte bereits als Kind lebenslange Jungfräulichkeit.

1671 trat sie in das Kloster der Salesianerinnen in Paray-le-Monial ein, hatte aber ein schwieriges Verhältnis zu ihren Mitschwestern. Als sie im Dezember 1672 und im Juni 1675 ihre berühmten Visionen hatte, stieß sie im Kloster auf Unverständnis und Ablehnung. In diesen Visionen nannte Jesus Margareta Maria seine „geliebte Jüngerin des Herzens Jesu" und beauftragte sie, ihr Wirken der Verehrung seines göttlichen Herzens zu verschreiben. In Frankreich fand die Herz-Jesu-Verehrung bald Verbreitung. Doch erst 1856 führte Papst Pius IX. die Feier des Herz-Jesu-Festes für die gesamte katholische Kirche ein.

Margareta Maria konnte 1686 noch miterleben, wie ihr zunächst ablehnender Konvent zum ersten Mal das Herz-Jesu-Fest beging. Als sie erkrankte, verweigerte sie jegliche Behandlung und starb mit nur 43 Jahren. Sie hatte auf eigenen Wunsch ein Leben des Leidens gewählt. Für Margareta Maria bedeutete Leiden, ihre Liebe zu Jesus Christus zeigen zu können.

In der religiösen Herz-Jesu-Verehrung ist das Herz Jesu ein Symbol seiner göttliche Liebe für die Menschen.

VERONICA
Giuliani

Veronica Giulianis Leben war von großem Leiden gekennzeichnet. Sie hatte Visionen – eine offenbarte ihr Herz aus Stahl, für Veronica ein Hinweis, nachgiebiger zu werden – und wurde mit den Wundmalen Jesu stigmatisiert, die sie von 1694 an bis zu ihrem Tode 1727 unter Schmerzen leiden ließen.

Sie empfing die Wunden der Dornenkrone, nachdem sie in einer Vision den Kelch des Leidens von Christus entgegengenommen hatte. Sie fühlte sofort einen Schmerz in ihrem Herzen, und als man sie nach ihrem Tod untersuchte, soll ihr Herz einen Abdruck des Kreuzes Christi gezeigt haben.

Trotz der Schmerzen und der Qualen, die ihr die Inquisitionsbehörden durch demütigende Prüfungen ihrer mystischen Erfahrungen zuteilwerden ließen, erwies sie ihrem Kloster große Dienste. Mit 17 Jahren hatte sie mit ihrem Vater gerungen, ins Kloster eintreten zu dürfen; erst, als sie erkrankte, gab er nach. Veronica trat in den Konvent der Klarissen-Kapuzinerinnen ein und genas sofort von ihrer Krankheit.

34 Jahre war sie Novizenmeisterin, 1716 wurde sie zur Äbtissin ernannt. Ihre mystischen Erlebnisse hielt sie über Jahre in Tagebüchern fest, die nach ihrem Tode in zehn Bänden veröffentlicht wurden.

Veronicas Namenspatronin

Die junge Orsola Giuliani nahm mit ihrem Eintritt in das Kloster den Namen Veronica zu Ehren der heiligen Veronika an. Der Legende nach war die heilige Veronika von Jerusalem eine der Frauen, die Jesus auf dem Weg nach Golgatha begleiteten. Sie reichte ihm ihr Kopftuch, um damit sein blutendes und verschwitztes Gesicht zu trocknen. Das Schweißtuch der Veronika trug danach den Abdruck vom Antlitz Jesu. Seit dem 8. Jahrhundert wird die Reliquie im Petersdom in Rom aufbewahrt. Die Darstellung der Veronika, die Jesus das Gesicht trocknet, ist die sechste der 14 Stationen des Kreuzweges in der Passionsgeschichte.

GERHARD *Majella*

Gerhard Majella, der erst drei Jahre vor seinem Lebensende das Gelübde ablegte, ist berühmt für seine Wohltätigkeit und vor allem für seine Wundertaten: Er hatte die Gabe der Levitation, der Seelenschau und konnte das Wetter beeinflussen. Zunächst hatte er das Schneiderhandwerk erlernt und eröffnete 1745 seine eigene Werkstatt. Bereits in diesem Lebensabschnitt legte er eine ausgesprochene Nächstenliebe an den Tag, überließ einen Teil seiner Einkünfte seiner Mutter und einen weiteren Teil den Armen, denen sein Mitgefühl galt.

Ich sehe in meinem Nachbarn die Person Jesu Christi.

❦

HEILIGER GERHARD MAJELLA

Gerhards Bemühungen um den Beitritt zum Kapuzinerorden scheiterten. 1749 nahm ihn dann der heilige Alfonso Maria von Liguori als Laienbruder in seinen neu gegründeten Orden der Redemptoristen auf. Als eine schwangere Frau ihn bezichtigte, Vater ihres ungeborenen Kindes zu sein, gab es einen Skandal. Etwas später widerrief die Frau ihre Anschuldigung. Gerhard trug die Schmach der falschen Beschuldigung mit solch sanftmütiger Demut, dass Alfons ihn für einen Heiligen hielt.

Gerhard besaß die Gabe der Prophezeiung, sagte die Stunde seines Todes voraus und auch, dass er an Tuberkulose sterben würde. Er verschied im Alter von nur 29 Jahren.

Gerhard wurde nicht in den Kapuzinerorden aufgenommen, doch fand er seinen Platz in der „Kongregation des Allerheiligsten Erlösers".

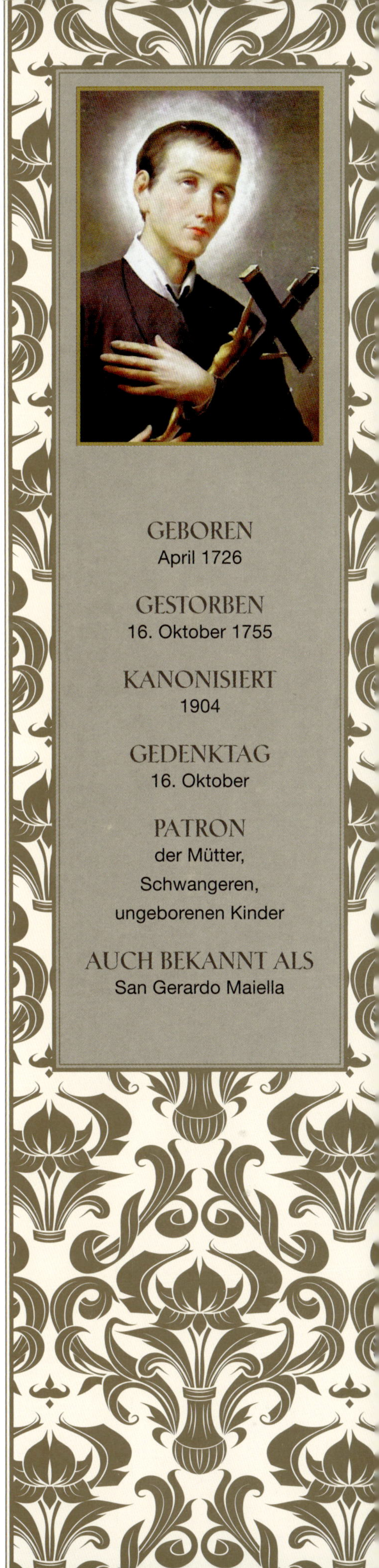

GEBOREN
April 1726

GESTORBEN
16. Oktober 1755

KANONISIERT
1904

GEDENKTAG
16. Oktober

PATRON
der Mütter,
Schwangeren,
ungeborenen Kinder

AUCH BEKANNT ALS
San Gerardo Maiella

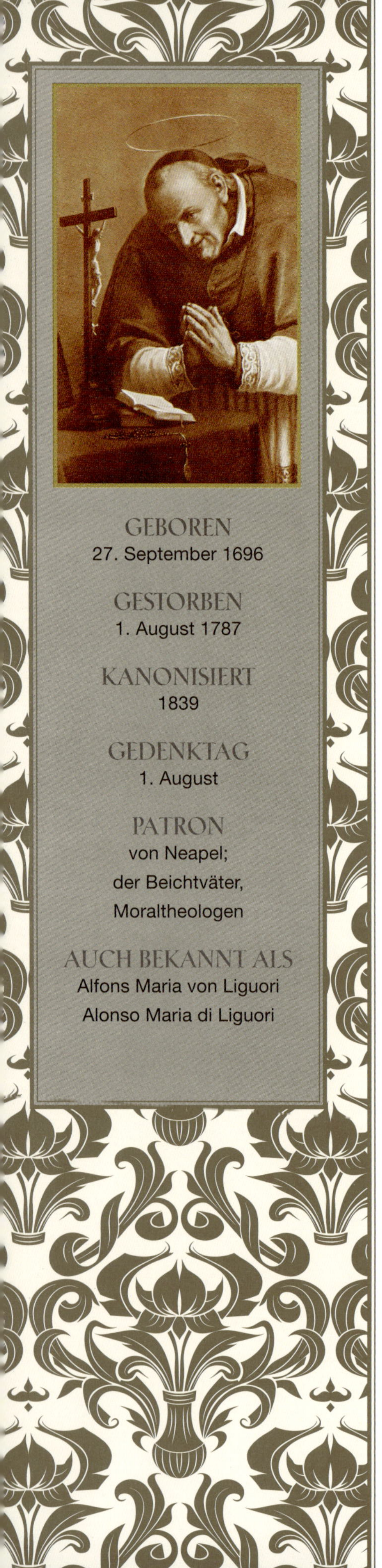

ALFONSO MARIA
di Liguori

Alfonso, ein intelligenter und begabter Mann, schloss sein Studium der Rechtswissenschaften in Neapel bereits mit 16 Jahren mit dem Doktortitel ab. In den folgenden acht Jahren war ihm ein, angesichts seiner Jugend, außerordentlicher Erfolg als Rechtsanwalt beschieden. Obwohl er durchaus gläubig war, zeigte er keine Neigung für eine geistliche Laufbahn – bis es vor Gericht zu einem einschneidenden Vorfall kam. Alfonso verlor einen wichtigen Prozess, was ihn in untröstliches Bedauern stürzte. Er war zu dem Zeitpunkt 26 Jahre alt.

Die ehrwürdige Maria Celeste Crostarosa, gemeinsam mit Alfonso Maria di Liguori gründete sie den Orden der Redemptoristinnen.

Als Alfonso kurz danach ein Krankenhaus besuchte, empfing er eine Vision: Von gleißendem Licht begleitet, befahl ihm eine Stimme: „Verlasse die Welt und gebe dich mir hin." Alfonso gehorchte und schloss sich 1723 der „Kongregration des Oratoriums des heiligen Philipp Neri" an. 1726 empfing er die Priesterweihe.

1732 eröffnete ihm die Mystikerin Maria Celeste Crostarosa, eine Offenbarung habe sie wissen lassen, dass Alfonso einen Orden gründen solle, um den Armen zu predigen. Daraufhin gründeten sie gemeinsam den Orden der Redemptoristinnen und die „Kongregation des Allerheiligsten Erlösers", den männlichen Zweig des Ordens.

Alfonso selbst reiste mit unermüdlichem missionarischen Eifer durch das Königreich Neapel, wurde ein berühmter Prediger und Mystiker. Im Alter von 49 Jahren begann er seine Schriften zur Theologie und Andacht. 1753 und 1755 erschienen die beiden Bände seiner *Theologia moralis*, sein bedeutendes Werk. 1871 wurde er von Papst Pius IX. zum Kirchenlehrer erhoben.

JEAN-MARIE-BAPTISTE
Vianney

Jean-Marie-Baptiste wuchs auf dem Hof seines Vaters bei Lyon auf, wo er auch arbeitete. Den Besuch einer Pfarrschule musste er abbrechen, da er 1809 zur Armee eingezogen wurde. Er desertierte und wurde verhaftet, doch man amnestierte ihn.

Sein Studium setzte er am theologischen Seminar fort. Trotz seiner dürftigen Leistungen schaffte er schließlich seine Prüfungen und erhielt 1815 die Priesterweihe. Etwa zwei Jahre später wurde er Pfarrer in der kleinen Gemeinde Ars-sur-Formans. Bald war er bekannt für seine Predigten und vor allem als Beichtvater. Er genoss den Ruf, in den Herzen und der Seele derjenigen lesen zu können, die nicht alles beichteten. Als Pfarrer engagierte er sich sehr für seine Gemeinde, so gründete er unter anderem die Katechetenschule La Providence für verwaiste Mädchen. Von ihm wird berichtet, dass er auch Dinge voraussah und dass er regelmäßig mit dem Satan kämpfte, der ihn körperlich angriff und einmal sein Bett in Brand setzte.

Die Basilika von Ars beherbergt den Schrein des heiligen Jean-Marie-Baptiste Vianney. Zwischen 1830 und 1845 kamen durchschnittlich 300 Besucher am Tag, um den Pfarrer zu treffen.

Gegen Ende seines Lebens war Jean-Marie-Baptiste Vianney so bekannt, dass jedes Jahr 20 000 Besucher nach Ars kamen und er mehr als 16 Stunden täglich im Beichtstuhl saß, um den Menschen zuzuhören. Er verlor jedoch nie seine Bescheidenheit. Als er 1850 zum Ehrendomherrn ernannt wurde, verkaufte er seine Roben, um die Armen zu speisen. Er lebte 40 Jahre lang von ein bis zwei Kartoffeln und zwei Stunden Schlaf am Tag. Sein Überleben ist Zeugnis seiner mystischen Hingabe.

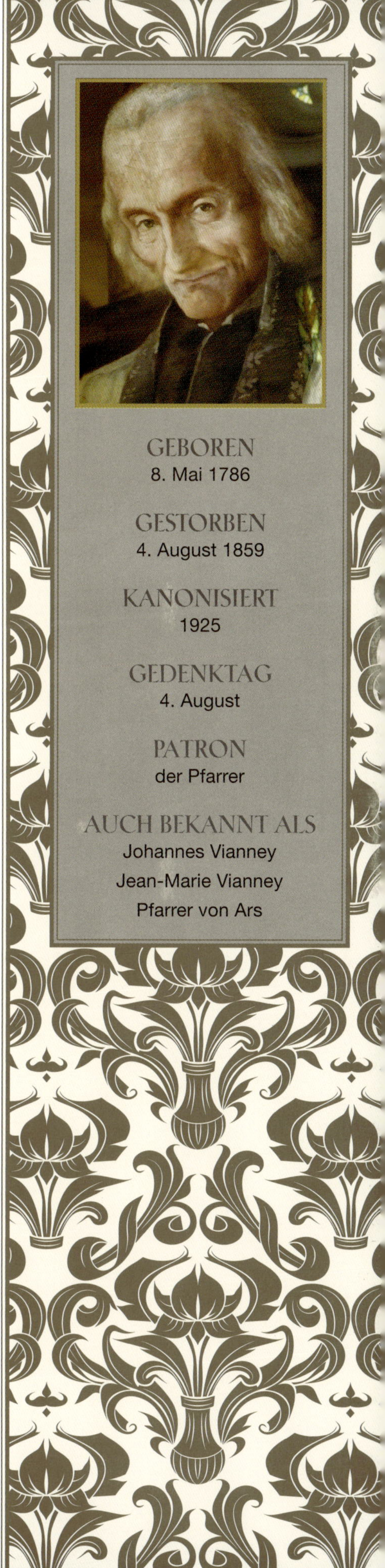

GEBOREN
8. Mai 1786

GESTORBEN
4. August 1859

KANONISIERT
1925

GEDENKTAG
4. August

PATRON
der Pfarrer

AUCH BEKANNT ALS
Johannes Vianney
Jean-Marie Vianney
Pfarrer von Ars

DOMINIKUS
Savio

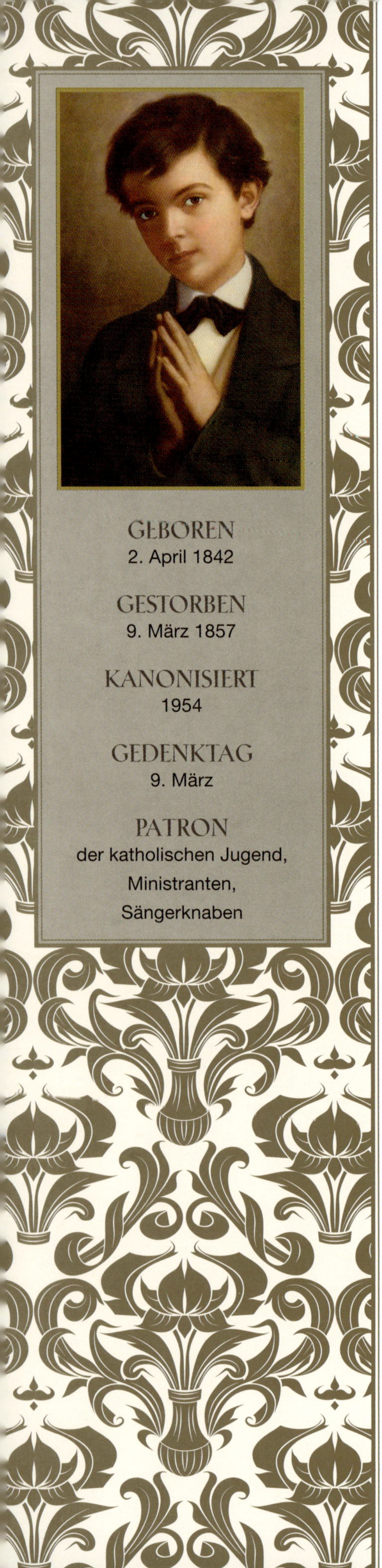

Dominikus war Schüler von Johannes Bosco und zeigte schon in jungen Jahren eine tiefe Religiosität. Schon als Vierjähriger widmete er sich dem Gebet, mit fünf Jahren wurde er Chorknabe. Er erfuhr Phasen der ekstatischen Versenkung in das Gebet, die er als „Distraktionen" bezeichnete. Johannes Bosco beschreibt ein solches Ereignis, währenddessen der Junge sechs Stunden lang ohne Bewegung und Zeitgefühl betete.

Dominikus' Glaubenstiefe trug ihm nicht nur Freunde an der Schule Don Boscos ein. Doch sein Vorbild zeigte Wirkung, zum Beispiel als er die „Compagnia dell'Immacolata", eine Jugendgruppe gründete, die sich in der religiösen Andacht übte und die gegenseitige Unterstützung der Jugendlichen auch in anderen glaubenspraktischen Fragen gewährleisten sollte.

Johannes Bosco berichtete Papst Pius IX. von einer Vision Dominikus, in der ein Bischof eine Fackel über eine nebellige Ebene in England trug. Dominikus hatte diese Vision als Auffor-

Johannes Bosco war der Lehrer von Dominikus Savio und auch sein erster Biograf.

> *Ich kann keine großen Dinge tun, doch ich möchte, dass alles, was ich tue, auch das kleinste Ding, der größeren Herrlichkeit Gottes dient.*
>
> HL. DOMINIKUS SAVIO

derung gedeutet, den katholischen Glauben zurück nach England zu bringen.

Am Tag seiner Erstkommunion beschloss Dominikus zu sterben, bevor er sündigen könnte, was sich tatsächlich erfüllen sollte: Er starb nur einen Monat vor seinem 15. Geburtstag.

Catherine
Labouré

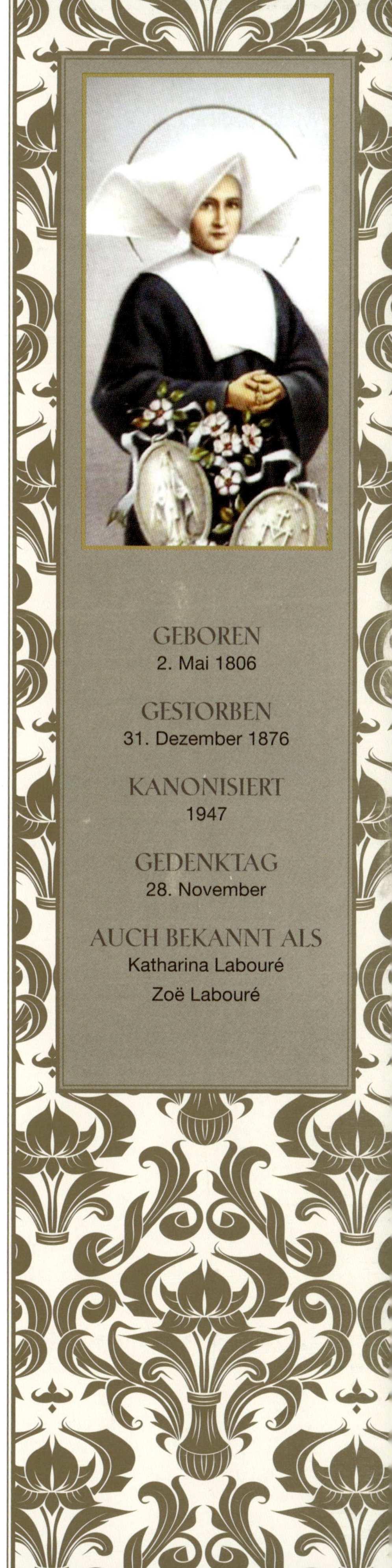

Catherine Labouré verlor ihre Mutter, als sie erst neun Jahre alt war, und kümmerte sich fortan um ihre Geschwister und ihren verwitweten Vater. 1830 trat sie dem Orden der Barmherzigen Schwestern vom heilige Vinzenz von Paul (Vinzentinerinnen) bei und führte ein unauffälliges Leben als Nonne.

Erst in ihrem Todesjahr 1876 teilte Catherine ihre mystischen Erfahrungen der Oberin mit. Schon vor ihrem Ordensbeitritt hatte sie mehrere Visionen erfahren, darunter eine von einem älteren heiligen Priester. Doch erst als sie nach ihrem Eintritt in den Orden ein Bild dens heiligen Vinzenz von Paul, dem Ordensgründer, sah, erkannte sie in ihm den Priester ihrer Vision.

1830 erlebte Catherine Visionen der Jungfrau Maria, und die Kirche befand sie für glaubhaft. In diesen Visionen empfing sie das Bild der Heiligen Jungfrau und den Auftrag, von diesem Bild das „Wundertätige Medaillon" prägen zu lassen, was dann auch mit erzbischöflicher Erlaubnis

OBEN: *Der Glassarg der heiligen Catherine Labouré in der Kapelle Unserer Lieben Frau von der Wundertätigen Medaille in Paris.*

LINKS: *Viele tragen das Wundertätige Medaillon in dem Glauben, dass die Jungfrau Maria ihnen in der Todesstunde besondere Gnade gewähren wird.*

geschah. Diese Medaillen wurden unter den Gläubigen weltweit äußerst populär.

Catherine sagte ebenfalls ihren eigenen Tod voraus. Ihr unversehrter Leichnam wird heute in der Kapelle des Mutterhauses der Vinzentinerinen in Paris aufbewahrt.

GEBOREN
2. Mai 1806

GESTORBEN
31. Dezember 1876

KANONISIERT
1947

GEDENKTAG
28. November

AUCH BEKANNT ALS
Katharina Labouré
Zoë Labouré

KURZ ERLÄUTERT:

Stigmata

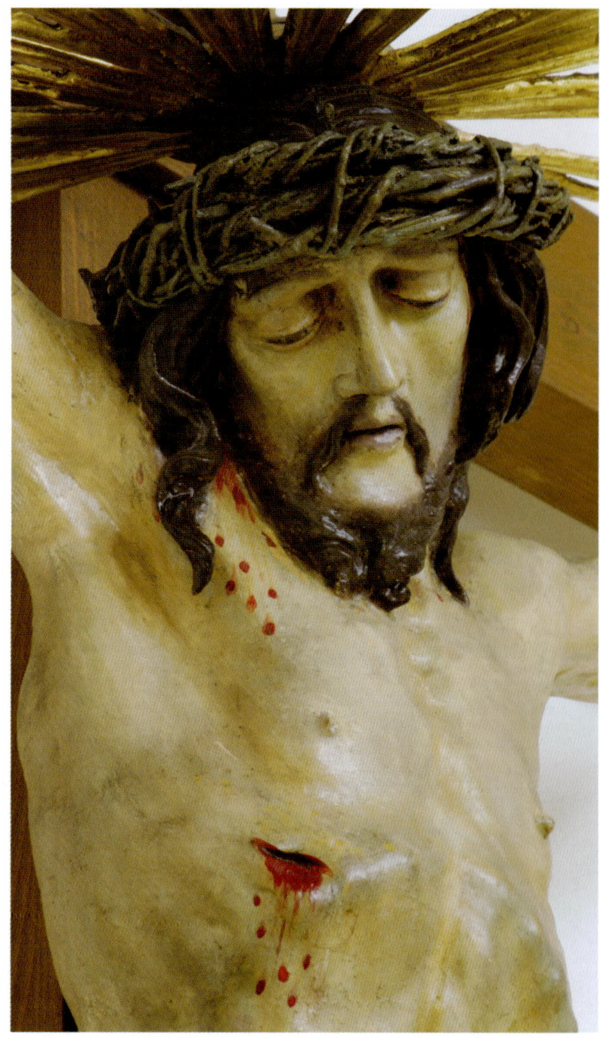

Stigmata sind die fünf Wundmale des gekreuzigten Jesu Christi, die sich bei einzelnen Menschen durch übernatürliche Kräfte offenbart haben sollen. Die meisten Heiligen, die diese Wundmale trugen, erlebten auch Zustände der Ekstase.

Aus den am Körper sichtbaren Stigmata, den Wundmalen an Händen, Füßen und der Körperseite und Stirn, kann spontan Blut austre-

---

Das Leiden sollte sich nicht uns

anpassen, sondern wir sollten

uns dem Leiden anpassen.

HL. GEMMA GALGANI

ten, sie können verschwinden und wieder sichtbar werden. Weniger dramatisch für den Betrachter, wenn auch nicht für den Stigmatisierten, können die Stigmata auch stets unsichtbar bleiben: Der Stigmatisierte nimmt sie wahr, aber sein Körper ist äußerlich nicht sichtbar von ihnen gezeichnet.

Einige Stigmatisierte, unter ihnen Katharina von Siena und Caterina de' Ricci, trugen sichtbare Stigmata, die nach dem Gebet wieder verschwanden. Weitere Heilige, die Stigmata empfingen, sind Franz von Assisi, Gemma Galgani, Veronica Giuliani, Johannes von Gott, Rita von Cascia, Maria Faustyna Kowalska und Marie de l'Incarnation sowie die selige

Pio von Pietrelcina

Einer der berühmtesten Stigmatisierten ist Francesco Forgione (1887–1968), der unter dem Namen Padre Pio (Pater Pio) verehrt wird. Er wurde 1910 zum Priester geweiht. Acht Jahre später, am 20. September 1918, zeigten sich an seinem Körper erstmals die Wundmale Christi. Diese Wunden trug er für den Rest seines Lebens, die längste bekannte Dauer einer Stigmatisation. Zu Lebzeiten betrachtete die katholische Kirche die Padre Pio zugeschriebenen Wunder als Täuschungen und seine Wunden als selbst beigebracht. 1923 erließ der Heilige Stuhl Restriktionen für Padre Pio: Er durfte weder öffentliche Messen halten noch die Beichte abnehmen. Dennoch breitete sich sein Ruhm aus, und viele Besucher kamen zu ihm. Einer unter ihnen war der polnische Student Karol Wojtyla, der 1978 Papst wurde. Unter seinem Pontifikat änderte sich die Sichtweise der Kirche; Johannes Paul II. sprach Padre Pio 2002 heilig.

Franz von Assisi empfing die Wundmale Christi während einer Vision des gekreuzigten Jesus in Gestalt eines Seraphs, die erste geschichtlich bezeugte Stigmatisation.

Mehr als 50 Jahre nahm Marthe Robin, die auch die Wundmale Christi empfing, nichts weiter zu sich als das Abendmahl, das man ihr wöchentlich ein- bis zweimal darreichte. Wie Anna Katharina Emmerick, Marie Rose Ferron und Therese Neumann war Marthe Robin fast ihr ganzes Leben lang bettlägerig.

Lucia Brocadelli von Narni, die selige Anna Katharina Emmerick, Schwester Marcelline Pauper, Schwester Therese Neumann, Pater Zlatko Sudac, Marthe Robin und Marie Rose Ferron.

GEBOREN
7. Januar 1844

GESTORBEN
16. April 1879

KANONISIERT
1933

GEDENKTAG
16. April

PATRONIN
der Armen und Kranken,
Hirten

AUCH BEKANNT ALS
Maria Bernada Sobeirons
Marie Bernarde Soubirous

BERNADETTE
Soubirous

Als 14-jähriges Mädchen hatte Bernadette Soubirous 18 Visionen. Alle ereigneten sich in der Felsengrotte Massabielle bei Lourdes. In jeder Vision erschien ihr eine „Dame", die ihr Weisungen erteilte, so für den Bau einer Kirche. In einer anderen Vision gebot die Frau ihr, aus einer Quelle zu trinken, und zeigte auf eine Stelle im Boden. Dort war kein Wasser, und Bernadette musste graben, bis sie darauf stieß. Erst in der letzten Vision gab sich Maria mit den Worten „Ich bin die Unbefleckte Empfängnis" zu erkennen. Die erst kurz zuvor vom Papst verabschiedete Doktrin der Unbefleckten Empfängnis war Bernadette zu dem Zeitpunkt nicht bekannt.

Bernadette folgte den Weisungen der Jungfrau, eine Kirche zu errichten, und gab dies an die Behörden weiter, doch sie erntete Ablehnung. Einige Jahre nach ihrem Tod wurde über der Grotte eine Basilika errichtet, die 1876 geweiht wurde. Die Quelle hat bis heute 67 wundersame Heilungen vollbracht.

1862 erklärte die Kirche die Visionen nach gründlicher Untersuchung für authentisch. Bernadette zog sich aus dem weltlichen Geschehen zurück und trat 1866 in einen Orden ein. Sie starb mit 35 Jahren an Tuberkulose, hatte sich aber geweigert, das heilende Wasser von Lourdes zu trinken. Neben ihren Visionen überzeugten ihre Ernsthaftigkeit, Bescheidenheit und Einfachheit die Kirche, sie 1933 heiligzusprechen.

Die Marienstatue von Lourdes, auch Notre-Dame-de-Lourdes genannt, in der Grotte von Massabielle. Lourdes ist eine der weltweit populärsten katholischen Pilgerstätten.

Johannes
Bosco

Johannes Bosco stammte aus armen Verhältnissen und widmete sein Leben benachteiligten Jugendlichen. 1841 wurde er zum Priester geweiht. Seine in Turin eingerichteten Oratorien zogen bald notleidende Jungen an. Er unterwies sie im Katholizismus und richtete Berufsschulen ein. 1856 hatte Don Bosco 650 Schüler um sich versammelt, 1859 gründete er die „Gesellschaft des heiligen Franz von Sales", auch „Salesianer Don Boscos" genannt, die sich der Fürsorge für verarmte Kinder und Jugendliche widmete und die 1874 offiziell von Papst Pius IX. bestätigt wurde.

Don Boscos Leben wurde von klaren Träumen geleitet, in denen er Heiligen, Engeln, der Jungfrau Maria und möglicherweise Christus selbst begegnete. 1858 forderte Papst Pius IX. Johannes Bosco auf, diese Träume zu dokumentieren. Über diese mystische Führung hinaus werden Don Bosco mehrere Wunder zugeschrieben, darunter die Essensvermehrung für die Jugendlichen in seiner Obhut, Levitationen und Prophezeiungen. Sein unermüdlicher Einsatz für die Turiner Jugendlichen wurde von den Bewohnern der Stadt gewürdigt: 40 000 Menschen gaben Don Bosco das letzte Geleit.

Grigio

Seine Arbeit führte Johannes Bosco oft durch unsichere Stadtviertel. Einmal bedrohten Verbrecher sein Leben, als ein großer grauer Hund aus dem Nichts kam, ihn verteidigte und verschwand. Von da an begleitete „Grigio" über zehn Jahre Don Bosco spätabends auf dem Heimweg. Er wird unterschiedlich beschrieben, als Wolfshund, deutscher Schäferhund, Mastiff oder Mischling, doch „der Graue" hat einen Ehrenplatz in Don Boscos Legende. Einige glauben, eine göttliche Eingebung habe den Hund veranlasst, Don Bosco zu verteidigen; andere meinen, Gott habe den Hund aus dem Himmel geschickt. Wieder andere sind überzeugt, „der Graue" sei Don Boscos Schutzengel in Hundegestalt gewesen.

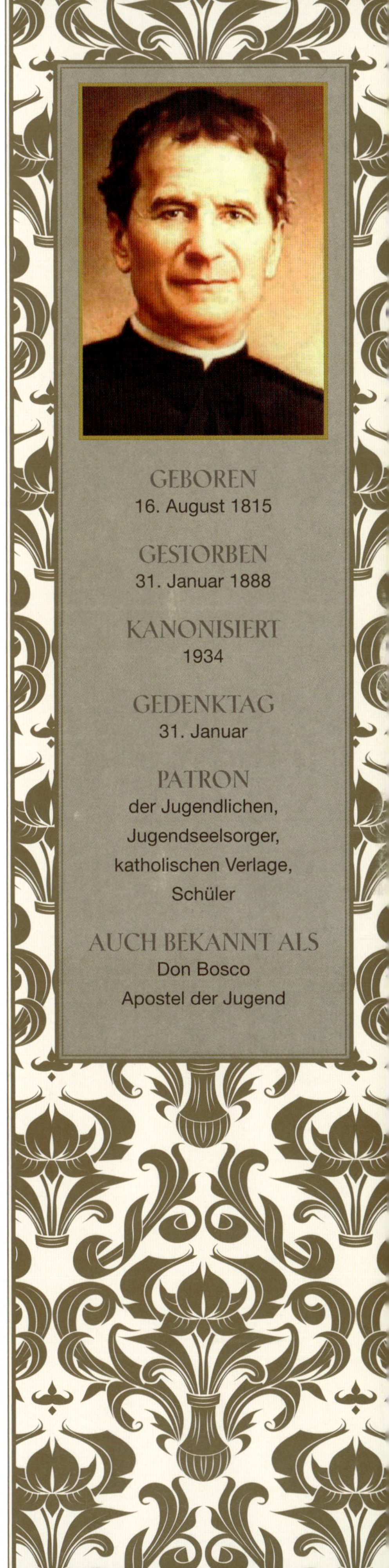

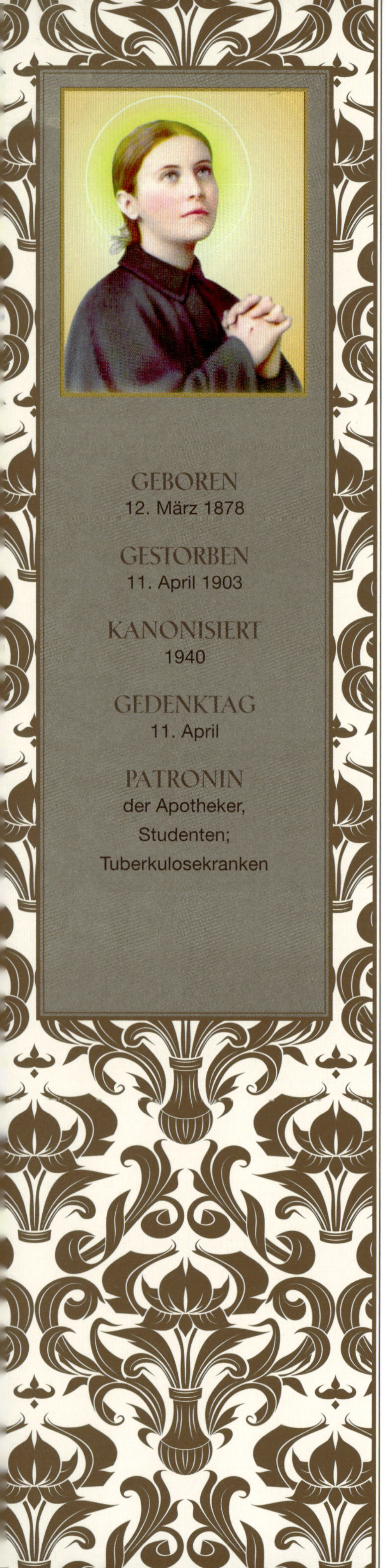

GEBOREN
12. März 1878

GESTORBEN
11. April 1903

KANONISIERT
1940

GEDENKTAG
11. April

PATRONIN
der Apotheker,
Studenten;
Tuberkulosekranken

GEMMA
Galgani

Gemma Galgani verlor ihre Mutter, als sie sieben Jahre alt war, ihren Vater mit 18. Sie war kränklich, hatte aber ein bewegtes Seelenleben. Obwohl ihr Wunsch, der Ordensgemeinschaft der Passionisten beizutreten, wegen ihrer instabilen Gesundheit abgewiesen wurde, widmete sich Gemma mit Hingabe der Leidensgeschichte Christi. 1899 zeigten sich an ihrem Körper Stigmata, nachdem sie in einer Vision die Jungfrau Maria und Jesus Christus gesehen hatte.

Die Wundmale erschienen allwöchentlich am Donnerstag und schlossen sich sonntags wieder. Sie verschwanden erst 1901, nachdem Gemma auf Anraten ihres Beichtvaters Pater Germano für deren Verschwinden gebetet hatte.

Zudem hatte Gemma Visionen ihres Schutzengels, den sie auch in der Gestalt Pater Germanos visioniert haben soll. Die Aufzeichnungen über diese Visionen offenbaren eine bemerkenswert prosaische Beziehung zu ihrem Schutzengel: Er überbrachte ihr Nachrichten, tadelte sie, wenn sie von ihrem spirituellen Weg abwich, und beschützte sie, wenn sie schlief. Manchmal kämpfte Gemma mit dem Teufel und schien einmal von einem

Heute hat die heilige Gemma Galgani eine große Anhängerschaft unter den Ordensmitgliedern der Passionisten.

Dämon besessen, der sie auf ein Kreuz spucken und einen Rosenkranz zerstören ließ. Sie starb im Alter von 25 Jahren an Knochentuberkulose. Papst Pius XI. sprach sie 1933 selig, 1940 wurde sie von Papst Pius XII. heiliggesprochen.

MARIA FAUSTYNA
Kowalska

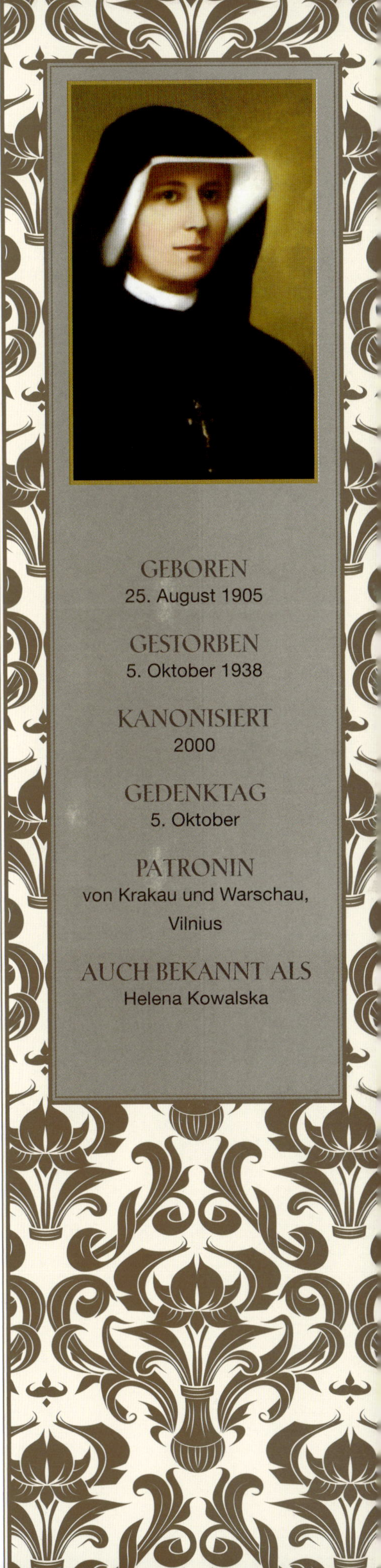

GEBOREN
25. August 1905

GESTORBEN
5. Oktober 1938

KANONISIERT
2000

GEDENKTAG
5. Oktober

PATRONIN
von Krakau und Warschau,
Vilnius

AUCH BEKANNT ALS
Helena Kowalska

Helena Kowalska wurde 1905 als Tochter einer polnischen Bauernfamilie geboren. Bereits in ihrer Kindheit fühlte sie sich zu einem religiösen Leben hingezogen. 1924 hatte sie die erste Jesusvision. Als sie 1925 in ein Warschauer Kloster eintrat, nahm sie den Namen Schwester Maria Faustyna vom Allerheiligsten Sakrament an. Als Nonne berichtete Maria Faustyna nur ihren Vorgesetzten und Beichtvätern von ihren mystischen Erlebnissen, den Visionen von Jesus und Maria und ihren Stigmata. 1934 riet ihr einer ihrer Beichtväter, ein Tagebuch zu führen, das auch veröffentlicht wurde.

Ihrem Tagebuch zufolge hatte Maria Faustyna ihre bedeutendste Vision 1931. Darin wies Jesus sie an, ein Gemälde in Auftrag zu geben, mit dem seine Botschaft der Barmherzigkeit Gottes verbreitet würde. Das daraus entstandene Bild zeigt Jesus Christus, der die Hand zum Segensgestus erhoben hat und von dessen Herz ein roter und ein weißer Lichtstrahl ausgehen. Es ist mit der Unterschrift „Jesus, ich vertraue auf dich" versehen. Seitdem sind zahlreiche Fassungen dieser Darstellung entstanden. Faustyna starb mit nur 33 Jahren, doch dank der Veröffentlichung ihres

Der barmherzige Jesus, gemalt nach der Vision Maria Faustyna Kowalskas.

Tagebuches hat ihr reiches mystisches Leben einen nachhallenden Einfluss auf den katholischen Glauben gehabt.

ORDENSHEILIGE

Die auf den folgenden Seiten porträtierten
Frauen und Männer waren nicht nur große
Heilige, sie waren auch große Visionäre, und sie ver-
fügten über außergewöhnliche Begabungen. Unter
ihnen sind Bischöfe, Äbte, Priester, Mönche und
Nonnen, die religiöse Orden gründeten, Reformen
einleiteten oder nach Wegen suchten, das Leben
für Arme und Kranke zu verbessern. Die von ihnen
gegründeten Klosterorden – darunter Benediktiner,
Dominikaner und Jesuiten – haben die Entwicklung
des Christentums nachhaltig beeinflusst. So legten
die Benediktiner den Grundstein für das zönobitische gemeinschaftliche Mönchstum. Die Jesuiten
sandten außergewöhnlich viele Missionare aus, um
den Katholizismus in Mittel- und Südamerika zu
verbreiten – mit gewaltigem Erfolg.

Einige der vorgestellten Heiligen, etwa Simeon
Stylites und Romuald, hatten dagegen gar nicht die
Absicht, einen neuen Orden zu gründen. Andere
wiederum, wie Dominikus und Teresa von Ávila,
wurden von dem Wunsch getrieben, existierende
Orden zu reformieren. Wieder andere – wie der
heilige Nikolaus von Myra – taten sich hervor durch
die Hilfe, die sie den Bedürftigen zukommen ließen, und die Lobpreisung Gottes; ihre Heiligkeit
manifestierte sich in ihren Wundertaten.

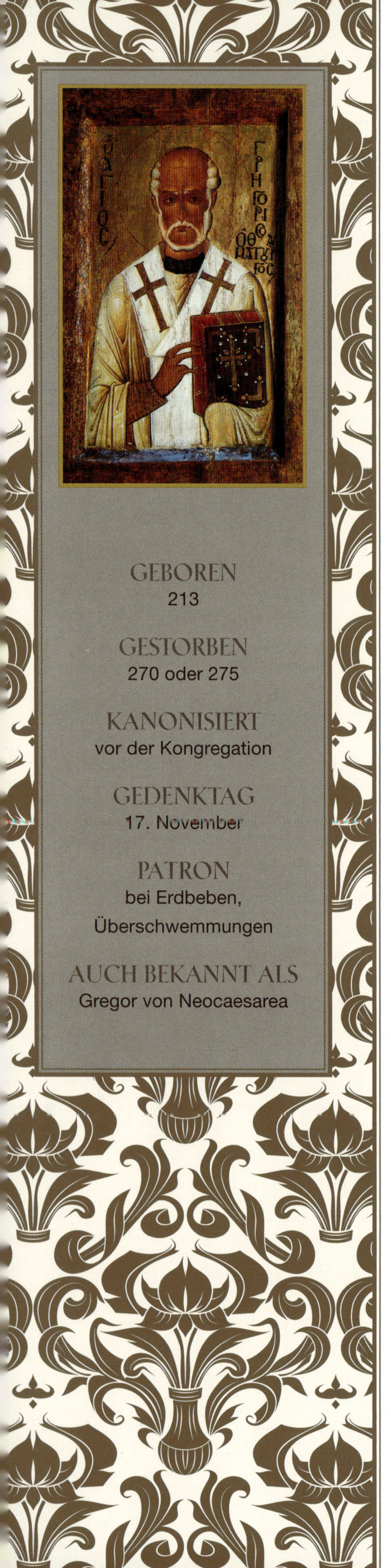

GEBOREN
213

GESTORBEN
270 oder 275

KANONISIERT
vor der Kongregation

GEDENKTAG
17. November

PATRON
bei Erdbeben,
Überschwemmungen

AUCH BEKANNT ALS
Gregor von Neocaesarea

GREGOR
der Wundertäter

Gregor war Schüler des viel gerühmten christlichen Gelehrten Origenes und wurde mit 40 Jahren der erste Bischof von Neocaesarea, seiner Heimatstadt. Zu dieser Zeit zählte seine Gemeinde 17 Christen. Es ist ein kurioser Zufall und gleichzeitig Zeugnis seines Charismas und seiner Redekunst, dass es bei Gregors Tod nur noch 17 Heiden in der Stadt gab.

Gregor, als Sohn einer heidnischen Familie geboren, trug ursprünglich den Namen Theodor. Während seines Studiums der Philosophie und Rechtswissenschaften in Caesarea begegnete er Origenes, der bereits ein berühmter Gelehrter war, als Gregor um 233 sein Schüler wurde. In dieser Zeit wandte Gregor sich auch dem Christentum zu. Über Makrina die Ältere drang seine Theologie und Geschichte zu Gregor von Nyssa und Basilius dem Großen vor.

Gregor kämpfte gegen Verfolgung, Plagen und die Goteneinfälle, doch all das verblasste angesichts der ihm zugeschriebenen Wunder, die ihm den Beinamen „der Wundertäter" eintrugen. Der Legende nach bewegte er einen Berg, verhinderte eine Überflutung und heilte die Kranken.

Es ist unzweifelhaft, dass Gregor mit seinem Wirken eine bedeutende Rolle in der Geschichte der östlichen Christenheit gespielt hat.

Der Legende nach konnte Gregor, wie sein Beiname „der Wundertäter" vermuten lässt, Wunder vollbringen. Dabei soll er die Menschen nicht allein durch Handauflegen geheilt haben: Die so Genesenen sollen danach auf der Stelle zum christlichen Glauben übergetreten sein.

ANTONIUS
der Große

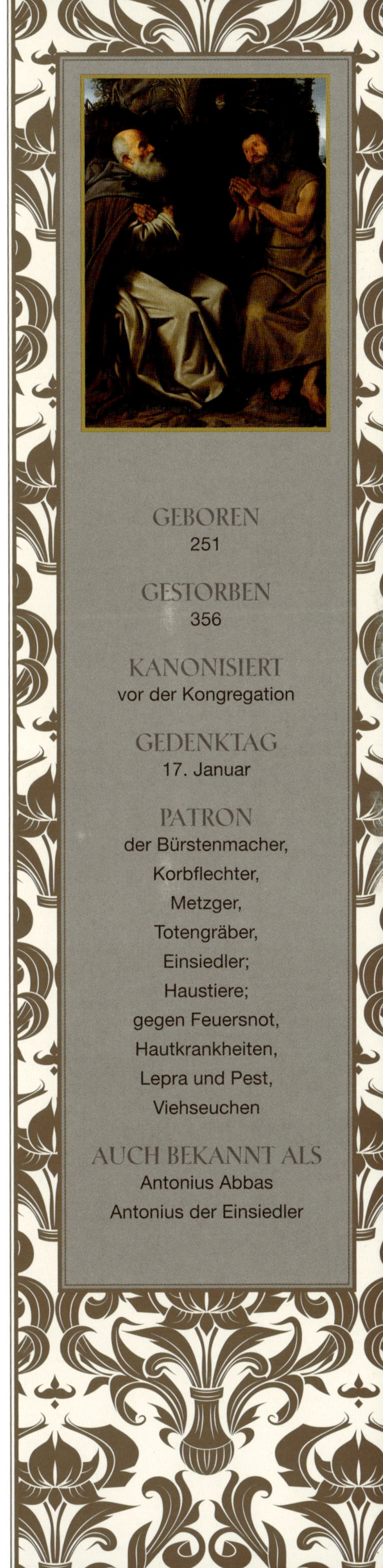

Antonius, der oft als Begründer des Mönchstums bezeichnet wird, gab seine weltlichen Besitztümer auf, um ein Leben als Eremit zu führen.

Nach dem Tod seiner Eltern verkaufte der junge Ägypter seinen Besitz und zog sich in ein Felsengrab in der Wüste zurück. Dort kämpfte er gegen gefräßige Dämonen, die ihn manchmal in Gestalt wilder Bestien angriffen und ihn fast getötet hätten.

Danach schloss Antonius sich in einem verlassenen Kastell auf einem Berg bei Pispir von der Außenwelt ab. 20 Jahre bekam er niemanden zu Gesicht, Nahrung wurde ihm über eine Mauer geworfen. Doch sein Ruhm wuchs, und ein Kreis von Jüngern versammelte sich auf dem Berg.

305 begab sich Antonius wieder in die Zivilisation und gründete einige Jahre später die Einsiedelei Deir Mar Antonios, die als das erste Kloster der Christenheit gilt. Abgesehen von seinen Reisen nach Alexandria – 311, um die dort verfolgten Christen zu unterstützen, ein zweites Mal 355, um den Arianismus zu bekämpfen – lebte er bis zum Ende seines Lebens in strenger Abgeschiedenheit in seiner Einsiedelei.

Paulus der Einsiedler

Der Legende nach hielt sich Antonius für den ersten Einsiedler, bis er eine Vision von Paulus von Theben hatte. Antonius fand Paulus, der in jungen Jahren vor der Verfolgung durch Kaiser Decius in die Wüste geflüchtet war, und sie begrüßten sich brüderlich. Am Abend brachte der von Gott gesandte Rabe, der Paulus verpflegte, einen ganzen Laib Brot anstelle des üblichen halben Laibes, und so erkannte Paulus Antonius als wahren Diener Gottes. Paulus beauftragte Antonius, ihm einen Umhang zu bringen, den Kaiser Konstantin dem heiligen Athanasius geschenkt hatte, doch als Antonius zurückkehrte, war Paulus tot. Antonius wickelte Paulus in den Umhang, aber ihm fehlte die Kraft, ein Grab zu schaufeln. Während er überlegte, wie er Paulus beerdigen könne, kamen zwei Löwen und gruben mit ihren Tatzen ein Erdloch.

GEBOREN
251

GESTORBEN
356

KANONISIERT
vor der Kongregation

GEDENKTAG
17. Januar

PATRON
der Bürstenmacher,
Korbflechter,
Metzger,
Totengräber,
Einsiedler;
Haustiere;
gegen Feuersnot,
Hautkrankheiten,
Lepra und Pest,
Viehseuchen

AUCH BEKANNT ALS
Antonius Abbas
Antonius der Einsiedler

GEBOREN
um 291

GESTORBEN
um 371

KANONISIERT
vor der Kongregation

GEDENKTAG
21. Oktober

AUCH BEKANNT ALS
Hilarion der Große von Gaza

HILARION
von Gaza

Im Alter von etwa 15 Jahren trat Hilarion um 305 zum Christentum über und schloss sich der Mönchsgemeinschaft an, die in der Wüste dem Vorbild des heiligen Antonius folgte. Mit 16 Jahren kehrte er zurück in seine Heimatstadt Tabatha in Palästina und musste erfahren, dass seine Eltern gestorben waren.

Dem Beispiel des heiligen Antonius folgend, verkaufte er sein Erbe und zog sich in das Einsiedlerleben zurück, was ihm ungewollten Ruhm und den Ruf als Gründer des anachoretischen Mönchstums in Palästina eintrug.

Hilarion errichtete zunächst ein Haus aus Schilfrohr in der Wüste von Majuma bei Gaza, das er später durch eine grabartige Zelle ersetzte. Einen mageren Lebensunterhalt verdiente er sich durch den Verkauf von geflochtenen Körben. Den dämonischen Versuchungen in seiner Einsiedelei widerstand er, indem er sich streng an die Askese des Antonius hielt. So fastete er und nahm nur eine Mahlzeit pro Tag zu sich, die entweder aus Feigen, Brot oder Gemüse bestand. Obwohl er dadurch unterernährt war und unter Mangelerscheinungen litt, erreichte er das Alter von 80 Jahren.

Er fand Gefallen in der weiten und schrecklichen Wildnis, das Meer auf einer Seite und die Sümpfe auf der anderen.

HEILIGER HIERONYMUS,
VITA SANCTI HILARIONIS

Hilarions asketisches Leben und die ihm zugeschriebenen Wunder zogen viele Jünger an. Hilarion jedoch suchte die Einsamkeit und zog weiter, zunächst nach Ägypten, dann nach Sizilien, Dalmatien und schließlich nach Zypern, wo er starb. Sein Jünger Hesychius überführte seine Gebeine nach Majuma.

NIKOLAUS
von Myra

Trotz seiner Popularität wissen wir nur wenig historisch Gesichertes über den Bischof von Myra. Nikolaus wurde wahrscheinlich in Patara, einer Stadt in Lykien, geboren, reiste nach Ägypten und Palästina und wurde während der Christenverfolgung unter Kaiser Galerius ins Gefängnis geworfen. Um diese wenigen Angaben ranken sich zahlreiche Legenden und Erzählungen von Wundern wie der Bilokation, der Wiederauferstehung dreier ermorderter Knaben (oder junger Kleriker) und der Verteilung von Goldstücke als Mitgift für die Töchter einer verarmten Adelsfamilie, die sich sonst hätten prostituieren müssen.

Trotz der spärlichen Informationen über Nikolaus von Myra weiß man, dass sein Kult im 6. Jahrhundert im Osten

OBEN: DIE MITGIFT DER DREI JUNGFRAUEN *zeigt den heiligen Nikolaus, wie er unerkannt Goldstücke in das Haus eines verarmten Adligen wirft.*

LINKS: *Der Ruf der Großzügigkeit, in dem der Bischof Nikolaus von Myra steht, hat ihn mit der Idee des Schenkens verbunden und zum Vorbild für den Weihnachtsmann werden lassen.*

weitverbreitet war, im 10. Jahrhundert auch im Westen. Hier ist Nikolaus von Myra heute vor allem durch seine Identifizierung als Weihnachtsmann berühmt. Das Geflecht der mit seiner Gestalt verbundenen heutigen Weihnachtstraditionen hat seinen Ursprung wahrscheinlich in der frühen Neuzeit und geht hauptsächlich auf deutsche, nordische und holländische Volksbräuche zurück.

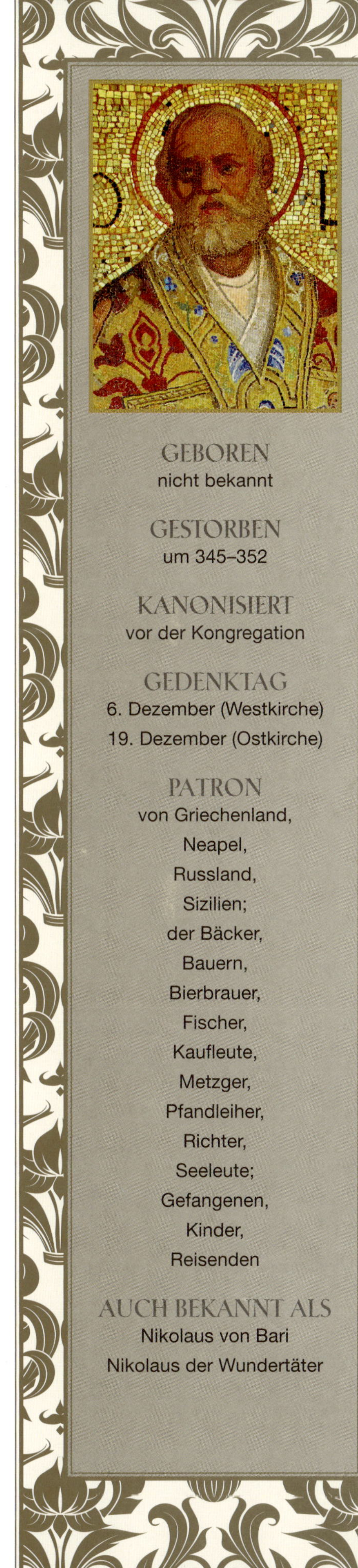

GEBOREN
nicht bekannt

GESTORBEN
um 345–352

KANONISIERT
vor der Kongregation

GEDENKTAG
6. Dezember (Westkirche)
19. Dezember (Ostkirche)

PATRON
von Griechenland,
Neapel,
Russland,
Sizilien;
der Bäcker,
Bauern,
Bierbrauer,
Fischer,
Kaufleute,
Metzger,
Pfandleiher,
Richter,
Seeleute;
Gefangenen,
Kinder,
Reisenden

AUCH BEKANNT ALS
Nikolaus von Bari
Nikolaus der Wundertäter

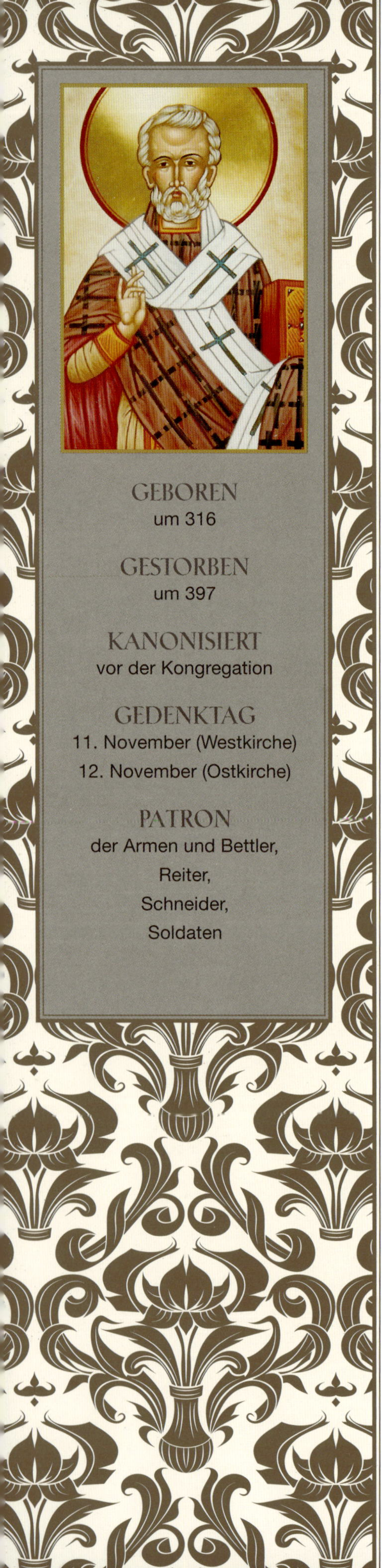

MARTIN

von Tours

Martin von Tours wurde zu einem der populärsten Heiligen des Mittelalters, besonders im Westen, wo er als Begründer des westlichen Klostergedankens galt. Er ist nach der Stadt Tours in Frankreich benannt, wo er 25 Jahre Bischof war. Sein Geburtsort lag jedoch in Savaria in Pannonien (heutiges Ungarn). Obwohl er kein Christ war, durfte er die Katechetenschule zu Pavia besuchen und erhielt eine christliche Erziehung. Mit erst 15 Jahren wurde er in die römische Armee eingezogen. Als 18-Jähriger ließ er sich taufen und war danach überzeugt, dass das Christentum unvereinbar mit dem Kriegsdienst sei, und so verließ er die Armee.

Martin von Tours wird oft in Rüstung auf einem Pferd dargestellt. Mit dem Schwert zerteilt er seinen Umhang. Nach der Legende soll Martin als römischer Soldat einem Bettler in Lumpen begegnet sein, der ihn um Hilfe bat. Da er nichts anderes bei sich hatte, teilte er seinen Umhang und gab dem Bettler die eine Hälfte. In der gleichen Nacht erschien Martin im Traum Jesus, bekleidet mit der Hälfte des Umhangs.

Martin schloss sich Hilarius von Poitiers an. Ebenso wie sein Lehrer Hilarius, musste er eine Niederlage im Kampf gegen den Arianismus einstecken. Danach zog sich Martin in ein Einsiedlerleben auf der Insel Gallinaria zurück. Als Hilarius 360 aus der Verbannung nach Poitiers zurückkehrte, folgte Martin ihm. Hilarius überließ ihm etwas Land bei Poitiers, auf dem Martin das erste Kloster Galliens errichtete. Er zog zahlreiche Anhänger an und genoß in Tours einen solchen Ruf, dass er dort 372 in das Bischofsamt gewählt wurde. In Marmoutier gründete er ein zweites Kloster, dem noch weitere folgen sollten. Für den Rest seines Lebens reiste er durch Gallien, um die Bevölkerung zu christianisieren. Er starb in Candes.

SIMEON
Stylites der Ältere

Simeon war der Erste der Säulenheiligen (Styliten), die sich extremer Askese durch Ausharren auf einer Säule verschrieben. Er war Mönch im Kloster in Eusebona bei Tell'Ada. Die Strenge von Simeons Askese veranlasste den Abt, ihn aufzufordern, das Kloster zu verlassen.

Simeons Askese umfasste Geißelung, extremes Fasten und später, vielleicht als ungewöhnlichste Maßnahme, lange Zeiten des Aufrechtstehens auf einer Säule. Während der Fastenzeit blieb er in Zeiten härtester Kasteiung zwei Wochen aufrecht stehen.

423 zog er sich zum ersten Mal auf eine 3 Meter hohe Säule zurück, weil seine Askese zahlreiche Besucher anlockte, die ihn bedrängten. Die Säule zog jedoch noch mehr Menschen an, und so steigerte er ihre Höhe immer weiter, bis sie schließlich fast 20 Meter erreichte. Doch auch das verschaffte ihm kein Alleinsein. Seine Wunder und Bekehrungen heidnischer Zuschauer steigerten Simeons Berühmtheit, sodass auch Kaiser und andere hochgestellte Persönlichkeiten seinen Rat suchten. Eine Leiter erlaubte einzelnen Besuchern, seinen Worten zu lauschen oder ihm Essen und Wasser zu reichen.

Andere Säulenheilige folgten Simeons Beispiel, unter ihnen die Heiligen Daniel (Stylites), Alypius und Lukas der Jüngere. Im Westen fand diese Askese nie Verbreitung, aber im Osten gab es bis in die frühe Neuzeit Styliten.

Die Klosterkirche des heiligen Simeon Stylites, nordwestlich des heutigen Aleppo gelegen, wurde über seiner Säule errichtet. Erbaut im 5. Jahrhundert, ist die Kirche der älteste erhaltene byzantinische Kirchenbau.

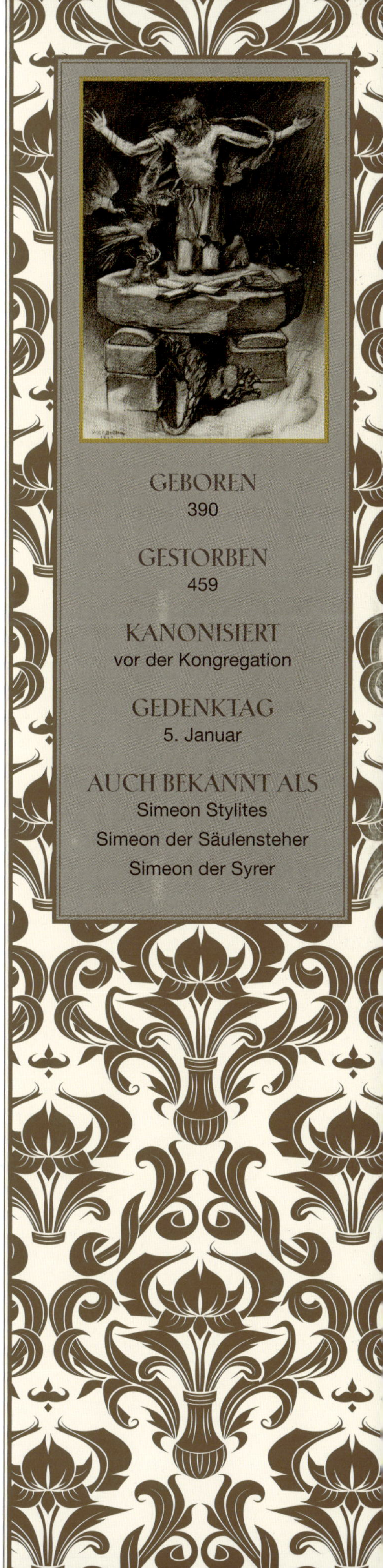

GEBOREN
390

GESTORBEN
459

KANONISIERT
vor der Kongregation

GEDENKTAG
5. Januar

AUCH BEKANNT ALS
Simeon Stylites
Simeon der Säulensteher
Simeon der Syrer

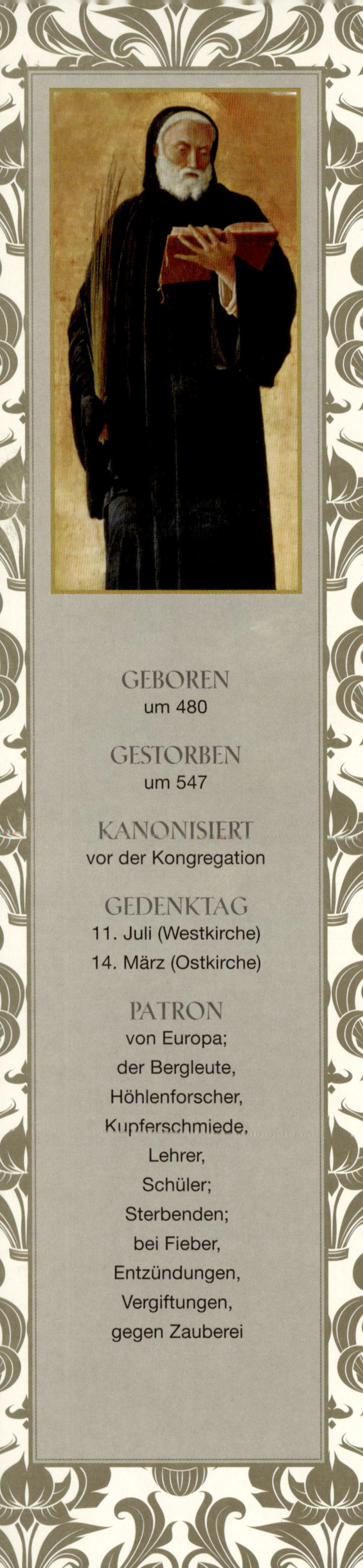

GEBOREN
um 480

GESTORBEN
um 547

KANONISIERT
vor der Kongregation

GEDENKTAG
11. Juli (Westkirche)
14. März (Ostkirche)

PATRON
von Europa;
der Bergleute,
Höhlenforscher,
Kupferschmiede,
Lehrer,
Schüler;
Sterbenden;
bei Fieber,
Entzündungen,
Vergiftungen,
gegen Zauberei

BENEDIKT
von Nursia

Das Ausmaß des Erbes, das Benedikt hinterließ, hätte er sich selbst wohl nicht vorstellen können. Nur weniges ist aus seinem Leben bekannt, etwa, dass er im italienischen Nursia geboren wurde. Schon als Knabe reiste er wegen seiner Ausbildung nach Rom, doch mit 14 Jahren war er die Stadt und ihre Verderbtheit leid. Er zog sich in eine Höhle bei Subiaco als Einsiedler zurück.

Lass sie Christus nichts

vorziehen.

Und möge Er uns alle

zum ewigen Leben

führen!

HL. BENEDIKT VON NURSIA

Es heißt, Benedikt sei während des Gebets im Kloster Monte Cassino gestorben. Das wenige, was über Benedikt von Nursia bekannt ist, stammt aus einer von Papst Gregor I. verfassten Lebensbeschreibung.

Die Zahl seiner Schüler begann zu wachsen, und so gründete Benedikt 12 kleine Klöster (Zönobien). Damit wurde die Gemeinschaft in Subiaco eine Art Proto-Mönchsorden.

Um 525 begab sich Benedikt von Subiaco auf den Berg Monte Cassino, wo er das Mutterkloster des westlichen Mönchstums gründete. Dort schrieb er seine Ordensregel, die so prägend war, dass Benedikt als der Vater des abendländischen Mönchstums bekannt wurde. Der Benediktinerorden wurde zum Vorbild für alle weiteren westlichen Mönchsorden.

DIE BENEDIKTSREGEL

Die Regel des heiligen Benedikt verband Weisheit mit Strenge, Flexibilität mit Orthodoxie, Gebot mit Demut. Ihre 73 Kapitel beschreiben die grundlegenden Verhaltensmaßregeln für viele Aspekte des Klosterlebens. Doch trotz aller Details schreibt die Regel nicht alles übermäßig streng vor und wurde so im Laufe des Mittelalters zum Fundament des Klosterlebens allgemein. Die Klöster konnten den drängenden sozialen Erfordernissen auch deshalb gerecht werden, weil die Regel des Benedikt nicht nur viele Aspekte des Klosterlebens selbst umfasste, von der Landwirtschaft bis zur Verwaltung und Aufnahme von Gästen, sondern auch, weil sie das Augenmerk des Mönchstums auf die Bevölkerung richtete. In der Spätantike war das Christentum immer noch auf Roms alte städtische Zentren konzentriert: Es war zum größten Teil eine Religion der Eliten. Benedikt selbst jedoch sah seine Mönche als Laien, nicht als Priester; in der orthodoxen Ostkirche sind das die Mönche überwiegend auch heute noch.

Scholastika von Nursia

Benedikts Zwillingsschwester Scholastika lebte in Plombariola, etwa 8 Kilometer von Monte Cassino entfernt. Auch sie gründete eine religiöse Gemeinschaft, der sie vorstand, wenngleich unter Benedikts Oberaufsicht. Sie gilt als Pionierin des Nonnentums, war aber wohl kaum die erste Frau, die in einer Art klösterlicher Gemeinschaft lebte. Frauen waren womöglich auch die Ersten, die sich einem asketischen religiösen Leben in einer zurückgezogenen Gemeinschaft verschrieben: So sandte auch der heilige Antonius, bevor er sich in die Wüste zurückzog, zuerst seine Schwester in die Obhut einer Gemeinschaft von geweihten Jungfrauen. Über Scholastikas Leben ist ebenfalls sehr wenig bekannt.

Diese Buchmalerei aus dem 12. Jahrhundert aus der Benediktinerabtei von Saint-Gilles bei Nîmes zeigt Benedikt, wie er seine Regel den Mönchen seines Ordens überreicht.

Die Regel verbreitete sich in ganz Europa, besonders dank des Wirkens des heiligen Bonifatius im 8. Jahrhundert. Viele andere Mönchsorden bauten auf der Benediktsregel auf, sie wurde aber auch in der Mischung mit anderen Regeln genutzt.

KURZ ERLÄUTERT:

Mönchstum

Das Mönchstum entwickelte sich sowohl als Einsiedlertum als auch als Klostermönchstum in Form von Gemeinschaften, die es bereits im 4. Jahrhundert gab. Mönche und Nonnen spielten bedeutende, über die Zeit sich verändernde Rollen. Das Mönchstum entwickelte sich im Osten anders als im Westen. Nach dem 11. Jahrhundert wurde besonders im Westen das Leben in der Klostergemeinschaft vorherrschend, während im Osten die zur besonderen Heiligung geübte Lebensform des Einsiedlerlebens weit häufiger anzutreffen war. Im Osten, wo man der Absicht Benedikts folgte, jedes Kloster unabhängig zu führen, gab es keine Klosterorden. Auch

Die Heiligen Benedikt und Scholastika. Zu den Heiligen, die Benediktiner waren, gehören Augustinus von Canterbury, Laurentius von Canterbury, Justus von Rochester, Mellitus von London, Paulinus von York, Bonifatius, Hildegard von Bingen, Beda Venerabilis und Papst Gregor I.

wurden die Klöster im Osten niemals zu Zentren der Lehre oder pädagogischer Aktivitäten. Doch in beiden Hälften der Christenheit fungierten Klöster als Krankenhäuser, wohltätige Institutionen und als Orte der Andacht.

RELIGIÖSE ORDEN

Im Allgemeinen werden religiöse Orden einer der folgenden Kategorien zugeordnet:

- Monastische Orden: Ihre Mitglieder sind Mönche und/oder Nonnen, sie leben in Abgeschiedenheit und widmen sich vornehmlich dem gemeinschaftlichen Gebet.
- Bettelorden (Mendikanten): Ihre Angehörigen widmen sich auch einem aktiveren Apostolat. Sie haben kein Eigentum.
- Regularkanoniker (Chorherren): Sie legen Priesterweihe und Ordensgelübde ab, sind jedoch keine Mönche; sie widmen sich insbesondere der Seelsorge.
- Regularkleriker: Ordensgeistliche (Priester), die nicht in einer traditionellen klösterlichen Gemeinschaft leben.

„IN DER WELT, ABER NICHT VON IHR"

Jeder Orden hat seine eigene Zielsetzung. Die Mitglieder kontemplativer Orden verbringen meist mehr Zeit im Gemeinschaftsgebet, so die Benediktiner, die Karmeliten, Trappisten, Kartäuser, Zisterzienser und Klarissen. Diese Orden kommen meist für ihren eigenen Unterhalt auf, etwa durch Landwirtschaft. Angehörige aktiver Orden, wie Franziskaner und Dominikaner, wirken vor allem durch Wort und Sprache, sie sind oft als Lehrer oder Missionare tätig.

Größere Orden erhielten meist Beinamen, oft abgeleitet von Merkmalen ihrer Ordenstracht. So nannte man etwa die Karmeliten (OBEN mit ihrem Gründer, dem heiligen Berthold von Kalabrien) wegen der Farbe ihrer Umhänge auch „weiße Brüder“. Die Franziskaner sind dagegen als „graue Brüder“ (OBEN LINKS), die Dominikaner als „schwarze Brüder“ (UNTEN LINKS) bekannt.

Bedeutende religiöse Orden des Abendlandes

Orden	Art	Gründer	Gründungsjahr
Benediktiner	monastisch	Benedikt von Nursia	um 525
Kamaldulenser	monastisch	Romuald von Camaldoli	um 1000–27
Prämonstratenser	Regularkanoniker	Norbert von Xanten	1120
Kartäuser	monastisch	Bruno von Köln	1084
Zisterzienser	monastisch	Robert von Molesme	1098
Karmeliten	Mendikanten	Berthold von Kalabrien	1155
Trinitarier	Mendikanten	Johannes von Matha	1198
Augustiner	Mendikanten	mehrere	1200 *
Franziskaner	Mendikanten	Franz von Assisi	1210
Klarissen	Mendikanten	Franz von Assisi und Klara von Assisi	1212
Dominikaner	Mendikanten	Dominikus	1216
Mercedarier	Mendikanten	Petrus Nolascus	1218
Erlöser (Birgitten)	Mendikanten	Birgitta von Schweden	um 1350
Paulaner	Mendikanten	Franz von Paula	1470
Ursulinen	Mendikanten	Angela Merici	1535
Jesuiten	Regularkleriker	Ignatius von Loyola	1539

*Zeitpunkt, an dem die Ordensregeln geschrieben wurden oder der/die Gründer/in die erste Gemeinschaft organisierte

BRENDAN
der Reisende

Der Abt von Clonfert reiste durch Irland, studierte bei den Heiligen Ita und Erc und besuchte der Legende nach die Heiligen Columba und Malo. Die von Brendan gegründeten Klöster in Clonfert, Annaghdown (wo er starb) und Ardfert trugen dazu bei, dass Irland im Mittelalter für seine Klöster berühmt wurde.

Brendans Ruhm verdankt sich besonders einem Text aus dem 9. Jahrhundert, der *Navigatio Sancti Brendani* (Die Seereise des Sankt Brendan). Diese fantasievolle und fesselnde Geschichte erzählt, wie Brendan und seine Mönche sieben Jahre lang in kleinen Booten, „Curraghs" genannt, über den Atlantik fuhren, auf der Reise zu einer pseudomythischen und märchenhaft anmutenden „Insel der Heiligen". Die Bescheibung einer Reise in eine „Anderwelt" ist Teil einer in vorchristliche Zeit zurückgehenden irischen Erzähltradition mehr oder weniger sakraler Geschichten und taucht auch in anderen frühen irischen und walisischen Texten auf.

Die Seereise ist ein herausragendes und anhaltend populäres Beispiel für diese Erzähltradition. Auch wenn sie geschichtlich nicht für wahr angesehen werden kann, zeugt sie doch von dem besonderen literarischen Reichtum der irischen Christen im Mittelalter. Von Brendans Leben ist kaum mehr bekannt als sein ungefähres Geburts- und Todesdatum, vage Angaben zu seiner Ausbildung und seine Klostergründungen, für die allein eine Verehrung als Heiliger schon gerechtfertigt wäre.

Edward Reginald Framptons Erzählung Die Reise des Sankt Brendan *schildert die Begegnung des Heiligen mit Judas Ischariot, der für eine gute Tat jeden Weihnachtsabend eine Stunde aus der Hölle entlassen wird.*

DAVID
von Menevia

David von Menevia ist ein populärer britischer Heiliger. Die Informationen zu seiner Person beruhen überwiegend auf Legenden. Sein Kult hatte seinen Ausgang vermutlich in Dyfed und breitete sich nach Südwales, Dumnonia und Cornwall aus.

Zu Davids Zeit war der Südosten Britanniens von angelsächsischen Stämmen besiedelt, die die Kelten westwärts drängten. Insoweit sich König Artus als historische Person belegen lässt, gehört David in diese Zeit, Geoffrey von Monmouth erwähnt David als „Artus' Onkel". Einer populären Legende nach wies David die walisischen Krieger an, zur Unterscheidung von den sächsischen Eindringlingen Porree an ihrer Kopfbedeckung anzubringen. Porree ist denn auch eines der Attribute des Heiligen.

Die erste Hagiografie, 400 Jahre nach dem Tod Davids verfasst, behauptet, er habe zehn Klöster gegründet, darunter die in Menevia und Glastonbury. Er soll die Synode von Brevi besucht haben (wahrscheinlich) und die Teilnehmer so beeindruckt haben, dass er zum Erzbischof ernannt wurde (unwahrscheinlich).

David wurde an der Stelle beigesetzt, an der heute die Saint David's Cathedral im walisischen Pembrokeshire steht. Die Kirche war im Mittelalter ein bedeutender Wallfahrtsort.

Sein Spitzname „Aquaticus" (Wassermann) soll daher stammen, dass er seine Mönche zu Mäßigung anhielt oder von der großen Anzahl Taufen, die er vollzog. Auch will die Legende wissen, dass Engel seine Geburt vorhergesagt haben und David selbst seinen Tod.

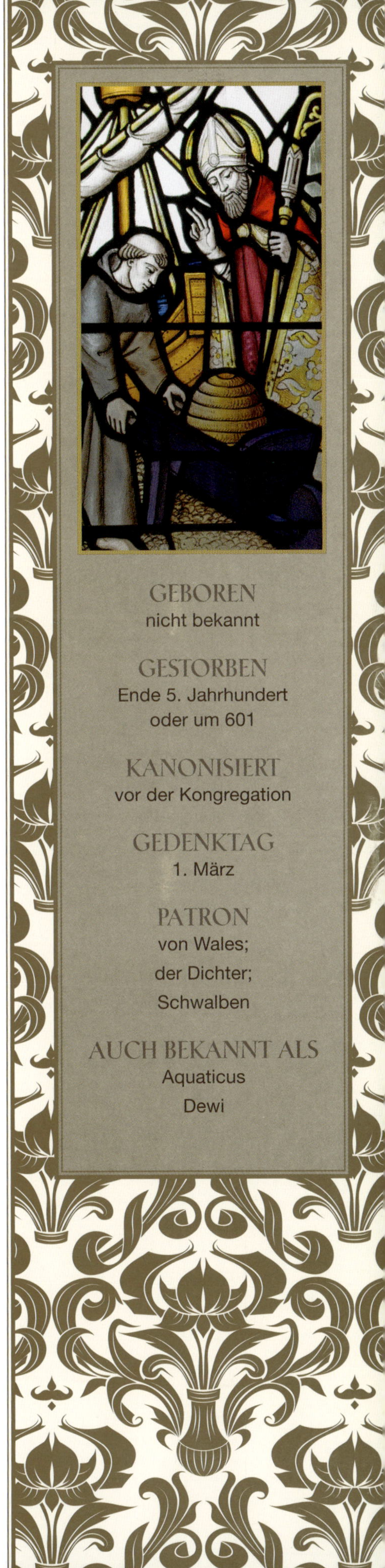

THEODOR
von Sykeon

Wenig wahrscheinlich ist die Geschichte, nach der Theodors Vater ein Wanderakrobat war, seine Mutter eine Prostituierte und sie gemeinsam mit deren Mutter und Schwester in einer Gastwirtschaft lebten. Als Theodor

Das Schwanken des

Kreuzes sagt uns eine

Menge Unglück und

Gefahren voraus.

❧

HEILIGER THEODOR VON SYKEON

sechs Jahre alt war, hatte seine Mutter eine Vision des heiligen Georg, der ihr Ratschläge zur Erziehung gab.

Theodor hatte ebenfalls Visionen des heiligen Georg, den er sein Leben lang verehrte. Mit zwölf Jahren erkrankte er an der Pest. Auf wundersame Weise heilte ihn der heilige Georg, und Theodor zog sich als Eremit zunächst in eine Kapelle in Arkea zurück und danach in eine abgelegene Höhle, die er verschließen ließ. Dort verbrachte er zwei Jahre, nur ein Diakon brachte ihm Essen. Theodors Familie überredete den Diakon, das Versteck preiszugeben und holte ihn zurück aus der Einsiedelei.

Den Bischof von Anastasiopolis beeindruckten die Strapazen, die Theodor auf sich genommen hatte, so sehr, dass er den nun 18-Jährigen zum Priester weihte. Theodor pilgerte nach Jerusalem und lebte nach seiner Rückkehr in Mossyna wieder in einer Einsiedelei, um die ein Kloster entstand. Nach dem Tode des Bischofs trat er dessen Nachfolge an. Das Bischofsamt bekleidete er zehn Jahre, sehnte sich jedoch nach einem kontemplativen Leben. Als der Druck des Amtes zu groß wurde, zog er sich nach Akreina bei Heliopolis zurück. Einer Reise Theodors an den kaiserlichen Hof in Konstantinopel ist es zu verdanken, dass der Kaiser alle Klöster zu heiligen Zufluchtsstätten erklärte.

HILDA
von Whitby

Die junge Hilda ließ sich zusammen mit anderen Einwohnern Northumbriens und weiteren Mitgliedern ihrer Familie vom heiligen Paulinus von York taufen. Sie folgte zunächst ihrer Schwester Hereswitha nach Gallien, wo diese bereits Nonne war, doch der „Apostel von Northumbrien", Aidan von Lindisfarne, bat Hilda zurückzukehren.

Hilda stand zunächst einer kleinen religiösen Gemeinschaft vor, danach einem Doppelkloster, in dem nach gallischem Vorbild zwei getrennte Gemeinschaften von Männern und Frauen unter einer Klosterregel und einem Vorsteher vereint waren und sich eine Kirche teilten, in Hartlepool und schließlich in Whitby.

Das Kloster Whitby wurde unter ihrer Leitung ein bedeutendes religiöses Zentrum und stand in dem Ruf, gelehrte und fromme Männer und Frauen hervorzubringen. Hilda empfing Könige, Adlige und einfache Leute, alle schätzten ihren Rat und ihre Führung.

Die neu zum Christentum übergetretenen Angelsachsen fühlten sich damals zerrissen zwischen Irland und Rom, die im Streit lagen über das Datum des Osterfestes, den damals heiligsten Tag des Kirchenjahres. Der Konflikt drohte die keltische Kirche ganz abzuspalten, doch die Synode von Whitby unter Führung Hildas entschied sich für den römischen Kalender. Hilda selbst zog zwar die keltisch-irische Tradition vor, beugte sich jedoch der Entscheidung, um eine Kirchenspaltung abzuwenden.

Whitby Abbey, die Ruine der zweiten Abteikirche von Whitby an der Nordseeküste von Yorkshire. Zu Hildas Zeit als Äbtissin war das Kloster Whitby ein Zentrum der Bildung.

CUTHBERT
von Lindisfarne

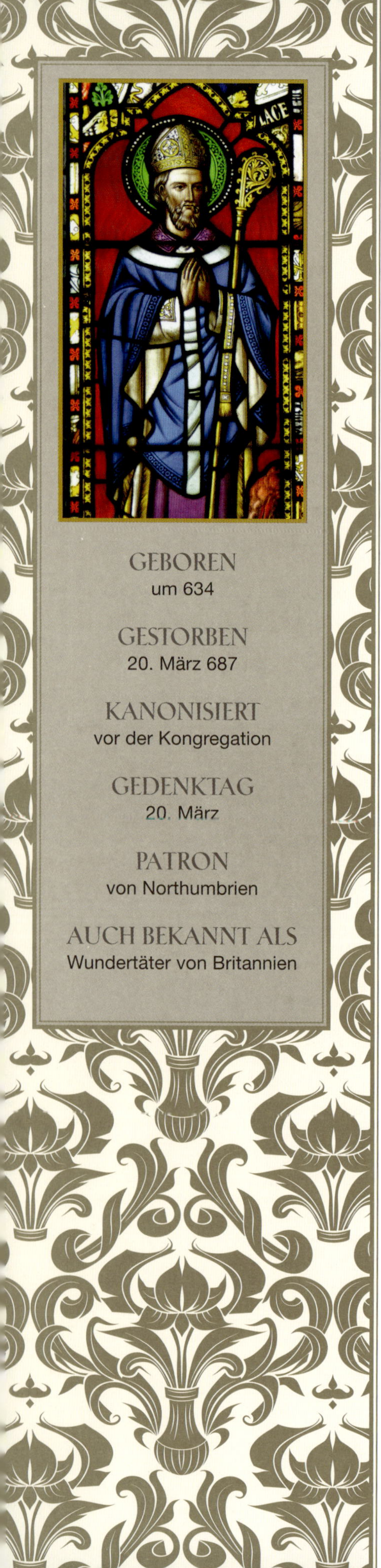

GEBOREN
um 634

GESTORBEN
20. März 687

KANONISIERT
vor der Kongregation

GEDENKTAG
20. März

PATRON
von Northumbrien

AUCH BEKANNT ALS
Wundertäter von Britannien

Cuthbert hatte entscheidenden Anteil an der Konversion der Angelsachsen, besonders in der Region um Lindisfarne, wo er als Prior und später als Bischof tätig war. Er spielte auch eine wichtige Rolle dabei, die Mönche des altehrwürdigen Klosters Lindisfarne zu überzeugen, sich dem Beschluss der Synode von Whitby bezüglich des Osterfestdatums nach römischer Tradition anzuschließen. Da er in der keltischen Tradition erzogen worden war, der auch Lindisfarne folgte, war niemand besser geeignet als er, die Mönche zur Annahme dieser Änderung zu bewegen, der auch er zugestimmt hatte.

Cuthbert, ein Angelsachse, wurde in der Nähe des Flusses Tweed geboren. Er scheint Schafhirte und Soldat gewesen zu sein, bevor er 651 in das Kloster Melrose eintrat. 661 wurde er dort Prior, 664 im Kloster Lindisfarne. Nach einigen Jahren in diesem Amt zog sich Cuthbert von der Welt zurück und lebte als Eremit auf einer der Farne-Inseln.

Seine Frömmigkeit und sein Ansehen veranlassten König und Erzbischof, Cuthbert zum Bischof von Hexham zu ernennen. Er selbst nahm das Amt nur widerstrebend an. Cuthbert tauschte sein Amt später mit dem heiligen Eata und übernahm 685 dessen Diözese Lindisfarne.

Obwohl er sein Amt in Lindisfarne mit Wohlwollen ausübte, zog er sich nach

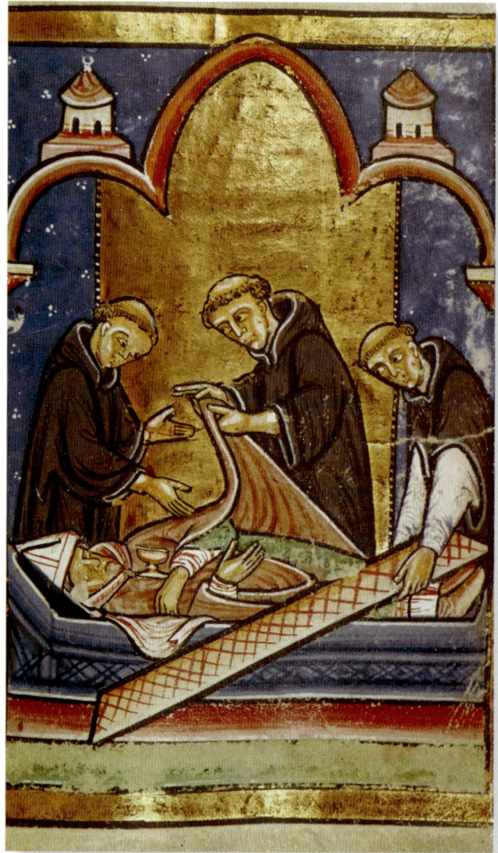

Mönche entdecken den unversehrten Körper Cuthberts, illuminierte Seite aus einem im 12. Jahrhundert entstandenen Manuskript von Beda Venerabilis' Leben des hl. Cuthbert.

zwei Jahren erneut auf die Farne-Inseln zurück, wo er bald starb. Berühmtheit erlangte Cuthbert durch die Ereignisse nach seinem Tod: Als sein Sarg 697, 875, 1104 und 1537 geöffnet wurde, war sein Körper unversehrt. Erst 1827 waren nur noch seine Gebeine vorhanden.

WILFRID

Wilfrid setzte sich für die Gerichtsbarkeit Roms in der frühen angelsächsischen Kirche ein, die zu der Zeit, unterstützt von den mächtigen Klöstern Iona und Lindisfarne, stark von der vorherrschenden keltischen Kirche beeinflusst wurde. Nach seinem Studium in Lindisfarne reiste er nach Gallien und Rom, wo er Schüler des Archidiakons

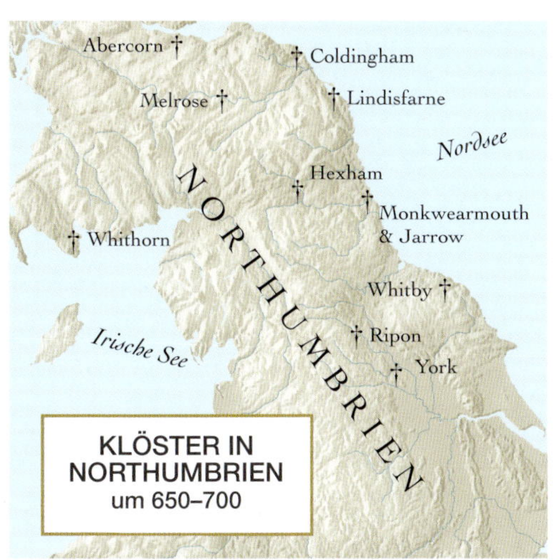

KLÖSTER IN NORTHUMBRIEN
um 650–700

Bonifatius wurde. Bei seiner Rückkehr nach England wurde Wilfrid Diakon in Ripon und setzte die Benediktsregel und das römische Datum des Osterfestes durch; er war einer der führenden Verfechter der römischen Tradition auf der Synode von Whitby 664. Er wurde 669 Bischof von York und war für ganz Northumbrien verantwortlich. Er gründete zahlreiche Benediktiner-

Hexham Abbey. Das von Wilfrid im 7. Jahrhundert errichtete Kloster wurde zu einem der Zentren der Bildung im angelsächsischen Northumbrien (siehe Karte links).

klöster, so auch das berühmte Kloster Hexham. Ab 672 kam er mit der Politik in Konflikt: Er hatte den König zutiefst erbost, da er die Königin in ihrem Wunsch, Nonne zu werden, ermutigt hatte.

Der Erzbischof Theodor von Canterbury ließ Wilfrids Diözese teilen, woraufhin Wilfrid sich nach Rom begab. Obwohl der Papst ihn verteidigte, ließ der König Wilfrid gefangen nehmen und schickte ihn ins Exil. Zwischen 680 und 686 missionierte Wilfrid in Sussex, bevor er nach Northumbrien zurückkehrte. Es gab jedoch weiterhin Streit um seine Klöster und die Frage der Gerichtsbarkeit, und so reiste Wilfrid 703 ein drittes Mal nach Rom. 705 kehrte er nach Northumbrien zurück, wo er bis zu seinem Tode lebte.

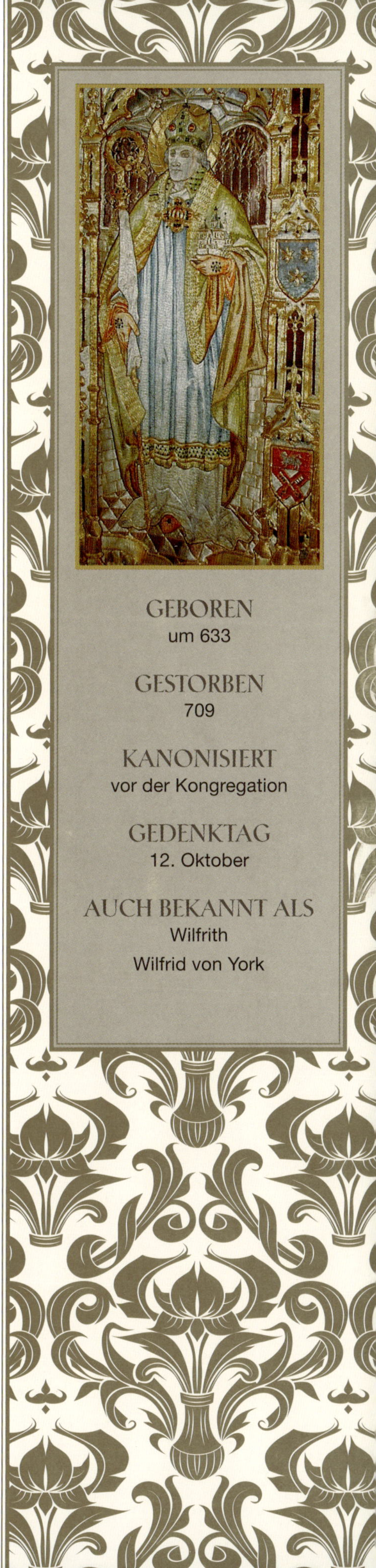

GEBOREN
um 633

GESTORBEN
709

KANONISIERT
vor der Kongregation

GEDENKTAG
12. Oktober

AUCH BEKANNT ALS
Wilfrith
Wilfrid von York

DUNSTAN

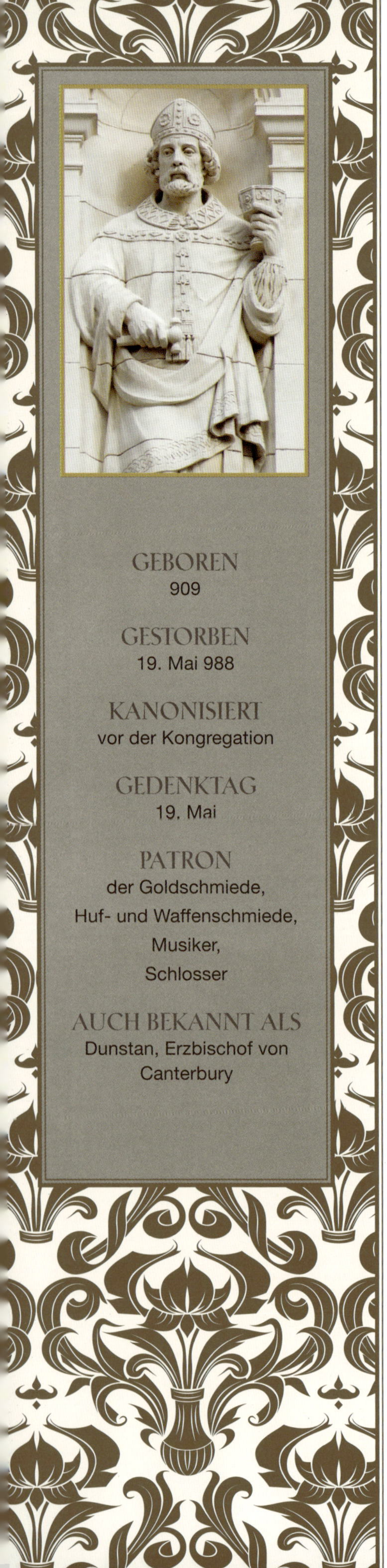

Schon bevor Dunstan 960 zum Erzbischof von Canterbury geweiht wurde, übte er großen Einfluss auf die Kirche Englands aus. Mitglieder seiner Familie bekleideten verschiedene Ämter in der Kirche wie auch bei Hofe. Dunstans Schicksal war jedoch stark geprägt durch die Gunst bzw. das Missfallen anderer.

Bei Hofe trat er erstmals als junger Mann in Erscheinung, doch Verschwörer, die vielleicht eifersüchtig auf seinen Einfluss waren, streuten Anschuldigungen und vertrieben ihn 935. Daraufhin wurde er Mönch und zeigte eine Begabung für Buchmalerei und Metallarbeiten. 939 rief der neu inthronisierte König Edmund I. ihn an den Hof zurück, verstieß ihn jedoch schnell wieder, bereute es später und ernannte Dunstan schließlich zum Abt von Glastonbury. Von da an genoss Dunstan, abgesehen von einem zweijährigen Exil von 955 bis 957, großen Einfluss und Macht, bis 978 König Eduard (der Märtyrer), den Dunstan unterstützt hatte, ermordet wurde.

Unter Dunstans Führung gediehen die Benediktinerklöster, und das bis dahin in England bescheidene Klosterleben erlebte ein goldenes Zeitalter. Unter anderem verdankten ihm die Klöster zu Glastonbury, Bath und Westminster ihren Aufschwung. Seine 970 veröffentlichte *Regularis Concordia* enthielt die Hauptpunkte seiner Neuerungen für Englands Klöster: Vertrauen in den König, Augenmerk auf das Skriptorium und Konformität in Glaubenspraxis und Liturgie.

Diese Zeichnung Christi stammt wohl nicht von Dunstans Hand, wie lange angenommen wurde, höchstwahrscheinlich war er aber der Auftraggeber. In der Figur des rechts knienden Mönchs ist laut einer Inschrift Dunstan dargestellt.

ROMUALD

Romuald, Sohn einer Adelsfamilie in Ravenna, fühlte sich nicht zum Klosterleben berufen, bis sein Vater Sergius bei einem Duell einen Verwandten tötete. Dies war für ihn der Anlass, einem Kloster beizutreten, doch er tat sich schwer, ein solches zu finden, das seinem Wunsch nach strenger Buße genügte. Er versuchte es zunächst in Sant'Apollinare in Classe, fand aber die Regel dort zu nachgiebig und reiste nach Venedig, wo er sich dem Eremiten Marinus anschloss. Gemeinsam mit diesem begab sich Romuald zum Benediktinerkloster Saint-Michel-de-Cuxa in den Pyrenäen, wo er zehn Jahre blieb und eine Schar Jünger um sich sammelte.

In der Zwischenzeit war auch sein Vater Mönch geworden, zweifelte jedoch an seinem Entschluss. Romuald ging nach Ravenna, um seinen Vater zu bestärken. Er reiste durch ganz Italien, gründete Einsiedeleien und Klöster, darunter die berühmte Einsiedelei in Camaldoli; der Eigentümer des Terrains überließ es Romuald nach einem Traum, in dem er Mönche von dort zum Himmel emporsteigen sah.

Camaldoli gilt als Geburtsstätte des von Romuald gegründeten Kamaldulenserordens, der das zönobitische Gemeinschaftskloster mit der eremitischen Einsiedelei verbindet. Obwohl der Orden nie sehr populär wurde, hat er doch bis heute überdauert, und Romuald wird zugutegehalten, dass er das Einsiedlerleben wieder in das westliche Mönchstum eingeführt hat.

Der weißbärtige Romuald, rechts im Bild, in der Kutte der Kamaldulenser. Romuald soll zu diesem Ordensgewand durch einen Traum inspiriert worden sein, in dem er die Mönche seines Ordens eine Leiter in den Himmel erklimmen sah, in fließendes Weiß gehüllt.

GEBOREN
um 952

GESTORBEN
19. Juni 1027

KANONISIERT
1595

GEDENKTAG
19. Juni

AUCH BEKANNT ALS
Romuald von Camaldoli
Romuald von Ravenna

BRUNO
von Köln

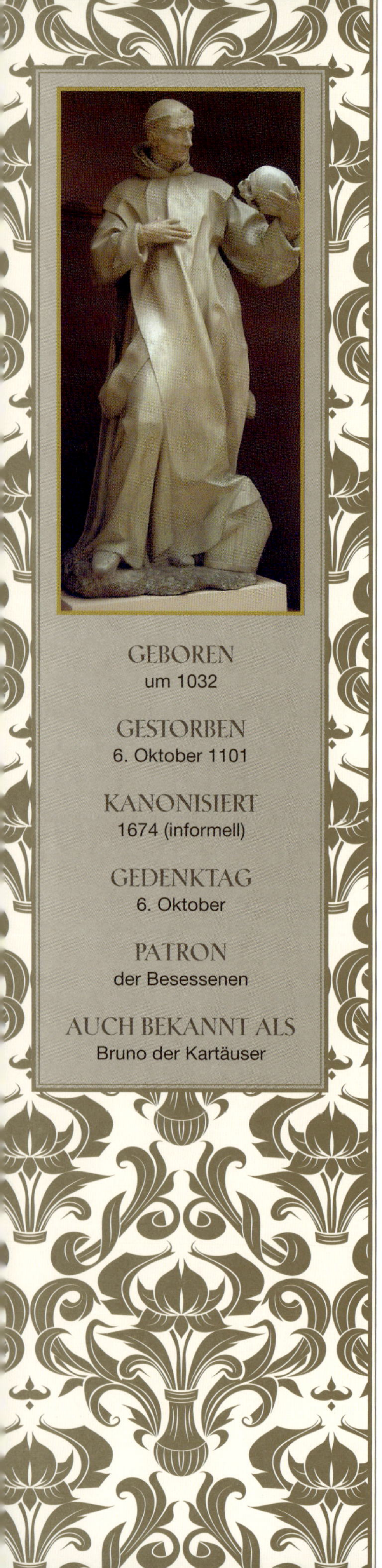

GEBOREN
um 1032

GESTORBEN
6. Oktober 1101

KANONISIERT
1674 (informell)

GEDENKTAG
6. Oktober

PATRON
der Besessenen

AUCH BEKANNT ALS
Bruno der Kartäuser

Bruno, der aus Köln stammte, lehrte von 1057 bis 1075 an der Domschule in Reims. Ein Schüler war der spätere Papst Urban II. Urban berief Bruno zu seinem Berater, nachdem dieser sich in die Berge bei Grenoble zurückgezogen und das Stammkloster der Kartäuser gegründet hatte, das als „La Grande Chartreuse" (Große Kartause) bekannt wurde. Obwohl man nicht weiß, welche Rolle genau Bruno bei der Reform gespielt haben mag, ist das Vertrauen, das der Papst in ihn setzte, ein Beweis seines Einflusses. Bruno blieb fünf Jahre bei Papst Urban, bevor er sich 1095 erneut zurückzog, dieses Mal nach La Torre in Kalabrien, wo er weitere Kartausen gründete.

Bruno ist vor allem durch den Kartäuserorden bekannt. Die Kartäuser nehmen, wie die Kamaldulenser, das eremitische Leben in ihre Regel auf, und sie leben in Armut. Die strengen Praktiken der Kartäuser, darunter fast ununterbrochenes Schweigen, wöchentliches Fasten und harte körperliche Arbeit, konnten der Popularität des Ordens nichts anhaben. Bruno wurde nie offiziell durch die Kirche heiliggesprochen, doch seit Papst Leo X. 1514 seinem Kult für den Kartäuserorden genehmigte und Papst Gregor XV. dann 1674 für die gesamte Kirche, wird er als Heiliger verehrt.

Bruno von Köln ist vor allem als Gründer des Eremitenordens der Kartäuser bekannt, der ein kontemplatives und einfaches Leben führt. Die Kartäuser stellen den berühmten Chartreuse-Likör her, trinken aber selbst niemals Alkohol.

BERNHARD
von Clairvaux

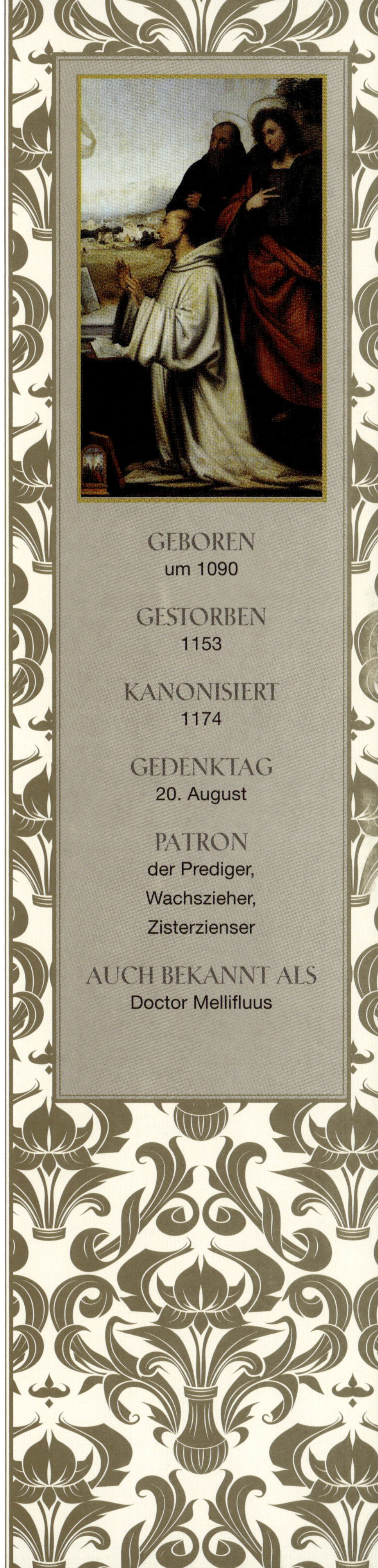

Bernhard wurde 1112 oder 1113 Zisterziensermönch, nachdem er eine Vision seiner verstorbenen Mutter hatte. Er besaß eine exzellente Bildung und hatte einen charismatischen, energiegeladenen Charakter. Großen Einfluss hatte er auf seinen Zisterzienserorden, aber er hinterließ auch in anderen bedeutenden Fragen des 12. Jahrhunderts bleibende Spuren.

Preise Ihn für die

vergebenen Sünden;

preise Ihn erneut für die

verliehenen Tugenden.

HEILIGER BERNHARD VON CLAIRVAUX

Das Kloster Cîteaux war 1098 von Robert von Molesme, dem Stifter des Zisterzienserordens, gegründet worden, der eine Reform der Benediktsregel anstrebte, doch das Kloster drohte daran zu scheitern, bis Bernhard mit 30 weiteren Gefährten dort eintrat. 1115 wurde Bernhard nach Clairvaux gesandt, wo er ein neues Kloster begründete, in dem er Abt wurde. Bernhard gründete 163 Klöster; allein in Clairvaux lebten 700 Mönche. Das rasche Anwachsen des Zisterzienserordens im 12. Jahrhundert verdankte sich hauptsächlich seinem Einfluss, vor allem seiner engen Beziehung zu Papst Eugen III., der einst sein Schüler gewesen war.

Bernhard wich den kirchenpolitischen Konflikten seiner Zeit nicht aus. Von 1130 bis 1138 erwies er sich als Unterstützer Papst Innozenz' II., dessen Wahl vom Gegenpapst Anacletus angefochten wurde; zweimal hielt er öffentliche Streitreden mit führenden Gelehrten. Vor allem jedoch war er ein Verfechter des zweiten Kreuzzuges (1147–1149), dessen desaströser Ausgang ihn zutiefst entmutigte. Bernhard, selbst Sohn eines Kreuzritters, sah die Notwendigkeit, Ritter im Heiligen Land zu wissen, die sich um Kranke kümmern und Pilger verteidigen würden. 1128 setzte er sich für die Anerkennung des Ordens der Tempelritter ein.

DOMINIKUS

ominikus gründete 1215 in Toulouse den Orden der Prediger, besser bekannt unter dem Namen Dominikaner. Der Orden wurde schnell in ganz Europa bekannt und erhielt nur ein Jahr nach seiner Gründung die Bestätigung durch den Papst. Da sich die Dominikaner der Bekämpfung der Häresie verschrieben hatten, wurden sie bald mit den 1231 unter Papst Gregor IX. einsetzenden Inquisitionen verbunden.

DAS LEBEN DES DOMINIKUS

Dominikus war im altkastilischen Caleruega geboren worden, vor 1199 wurde er Kanoniker an der Kathedrale von El Burgo de Osma. Er verschrieb sich von Anfang an der Armut und dem Studium und beeindruckte den Bischof von Osma, Diego, der ihn mit auf eine Reise nach Dänemark und Südfrankreich nahm. Die Reise hinterließ bleibenden Eindruck bei Dominikus, der die Vernachlässigung des Glaubens wahrnahm, und besonders den Einfluss der Katharer.

Die Katharer waren eine dualistische Sekte, die vermeintlich alten Traditionen folgte; seit 1143 hatten sie zahlreiche Anhänger gefunden. Zu Dominikus' Zeit waren sie besonders in der norditalienischen Lombardei und im südfranzösischen Languedoc, wo sie Albigenser genannt wurden, stark vertreten.

Entsetzt schlossen sich Bischof Diego und Dominikus, die man entsandt hatte, um gegen die Häresie zu predigen, den Zisterziensern der Lombardei an, fanden sie jedoch zu nach-

Dominikus (links) und Franz von Assisi, die beide große Bettelorden gründeten.

sichtig und ineffizient, nicht zuletzt ob eines Mangels an Bildung. Dominikus ersuchte Rom, einen neuen Orden von

Lobpreisen,

segnen,

predigen.

gut ausgebildeten Predigern gründen zu dürfen, der sich der Bekämpfung der Häresien verschrieb, wurde jedoch nicht erhört. Doch Dominikus predigte unermüdlich weiter.

Schließlich setzte er seine Ordensgründung doch durch. Seinem Bettelorden widmete er sich mit ganzer Kraft. Er war ein begabter Verwalter; zudem reiste er von Toulouse aus nach Rom,

Zu den Attributen, mit denen der heilige Dominikus oft abgebildet wird, gehören die Lilie als Symbol der Keuschheit sowie Buch und Stab. Letztere beziehen sich auf die Geschichte aus der Legenda aurea *des Jacobus de Voragine, in der Dominikus diese Gegenstände von Petrus und Paulus erhält, mit der Weisung, er solle sie nehmen und in der Welt predigen.*

Bologna, Spanien und durch Frankreich. Die Grundprinzipien des Ordens waren höhere Bildung, Armut und die Predigt. Dominikus starb 1221 auf einer seiner Reisen in Bologna.

Die Inquisition

1231 erteilte Papst Gregor IX. die erste Anordnung zur Untersuchung ketzerischer Glaubensmeinungen. Obwohl man oft von „DER Inquisition" spricht, gehörten die Inquisitoren nicht einer monolithischen Institution an, sondern vielen eigenständigen Kommissionen. Die Dominikaner spielten eine bedeutende Rolle in der Inquisition, für die sie nach Deutschland, Frankreich und Italien entsandt wurden. Zunächst galt ihr Augenmerk den Katharern, doch bald begannen die Inquisitoren, sich auf andere abweichende Lehren zu konzentrieren, darunter auch die „Häresie" von Juden und Muslimen, deren erste großflächige Verfolgung im 13. Jahrhundert stattfand.

Obwohl es nur magere Beweise für eine aktive Rolle Dominikus' in der Inquisition gibt, stellt ihn das um 1495 entstandene Gemälde Inquisitionstribunal des heiligen Dominikus *von Pedro Berruguete als Großinquisitor dar, der einem Autodafé vorsitzt, dem öffentlichen Ketzergericht.*

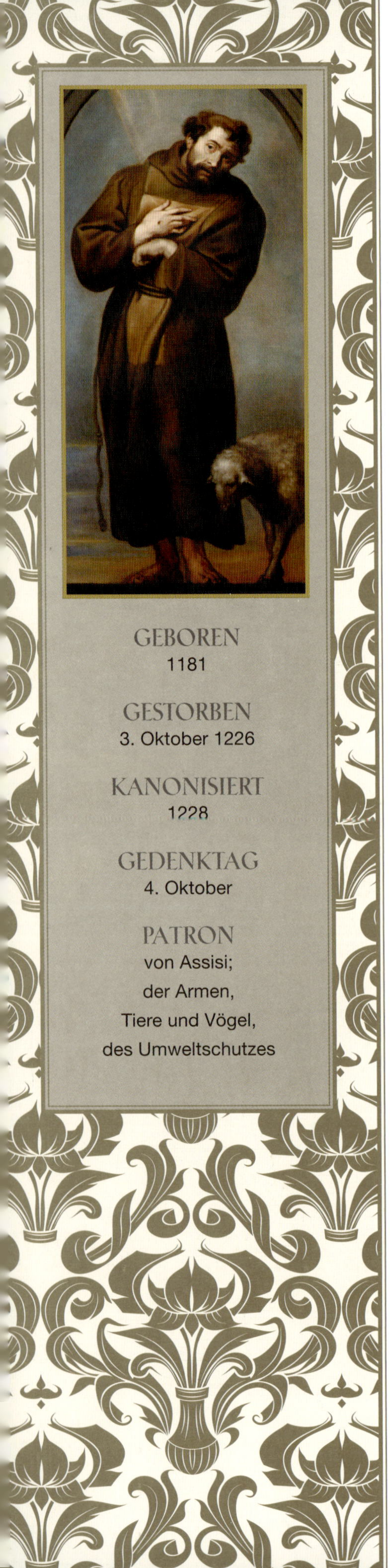

GEBOREN
1181

GESTORBEN
3. Oktober 1226

KANONISIERT
1228

GEDENKTAG
4. Oktober

PATRON
von Assisi;
der Armen,
Tiere und Vögel,
des Umweltschutzes

FRANZ
von Assisi

In Franz' Jugend deutete kaum etwas auf sein späteres Leben hin. Er wandte sich erst der christlichen Religion zu, nachdem er 1201 in einer Schlacht verwundet worden war und ein Jahr in Gefangenschaft verbracht hatte. Beim Gebet in der heruntergekommenen kleinen Kirche San Damiano in Assisi empfing er eine göttliche Weisung. Vom Kreuz herab erteilte Christus ihm den Auftrag: „Gehe und setze mein Haus instand, du siehst, es zerfällt."

Franz von Assisi soll 1223 die Krippenszene mit Menschen und Tieren inszeniert haben, sodass er als Schöpfer des Krippenspiels gilt.

KIRCHENWIEDERAUFBAU

Franz folgte der Weisung, verkaufte den Besitz seines Vaters und baute die Kirche wieder auf. Nach einem Streit mit seinem Vater legte er das Armutsgelübde ab. Seine charismati-

Herr, gewähre, dass ich nicht so sehr suche, geliebt zu werden, sondern liebe.

HEILIGER FRANZ VON ASSISI

sche und bescheidene Persönlichkeit zog bald Anhänger an, und so schrieb Franz 1210 die erste Regel für seine Gemeinschaft der „Minderen Brüder", deren Grundlagen Gehorsam, Armut und Orthodoxie waren.

Um 1211, nach einer Romreise, errichteten die Brüder einfache Häuser neben der ebenfalls durch Franz wiederhergerichteten Kirche Portiuncula bei Assisi. Sie reisten ohne Unterlass, predigten, lebten als Tagelöhner,

Bauern und gelegentlich als Bettler und zeichneten sich vor allem durch ihre Armut aus. Aufgrund ihrer Nähe zur Bevölkerung konnten sie den Glauben der Armen und Ungebildeten festigen, und die Kirche konnte in ihrem Kampf gegen die Häresie vom Wirken der Franziskaner profitieren.

SPÄTERES WIRKEN

Franz reiste nach Syrien und dann nach Marokko, um Muslime zum Christentum zu bekehren, doch die Umstände frustrierten ihn. 1219 empfing ihn zwar der Sultan Al-Kamil, weigerte sich aber, zu konvertieren.

Bei seiner Rückkehr nach Italien fand Franz 1220 seinen Orden im Chaos. Die Franziskaner, nun auf 5000 Anhänger angewachsen, brauchten Führung und Organisation. Franz gab demutsvoll zu, dass er diese Fähigkeiten nicht besaß, und trat von der Ordensleitung zurück.

1224 hatte Franz eine mystische Vision, in der ihm Christus in Gestalt eines sechsflügeligen Engels erschien. Als er aufwachte, sah er die Wundmale Christi an seinem Körper. Um 1225 verfasste er den noch heute berühmten Sonnengesang. Obwohl erst 45 Jahre alt, war Franz krank und fast blind. Er starb 1226 in Assisi.

DER HEILIGE FRANZ UND DIE TIERE

Franz' Liebe zur Natur ist bekannt: Er hoffte, der Kaiser des Heiligen Römischen Reiches würde ein Gesetz zum Wohlergehen der Tiere erlassen. Einer Legende zufolge zähmte Franz einen herumstreifenden Wolf, indem er insistierte, dass die Dorfleute dem Tier Futter gaben, da es nur der Hunger zur wilden Bestie gemacht hatte. Die Dorfleute setzten den Wolf später sogar in ihrer Kirche bei.

Neben dem „Ersten Orden", dem Orden der Minderen Brüder, gründete Franz von Assisi den Terziarenorden, für den er 1221 die Regel verfasste. Die Mitglieder dieses sogenannten Dritten Ordens legten kein Gelübde ab, verschrieben sich aber dem franziskanischen Ideal. Klara von Assisi, eine Adlige, die dem weltlichen Leben entsagte, um ein Nonnenkloster zu gründen, rief gemeinsam mit Franz den „Zweiten Orden" ins Leben, den Klarissenorden, der sich in ganz Europa verbreitete.

OBEN: *Klara von Assisi war eine der ersten Anhängerinnen Franz von Assisis. Sie gründete den Orden der „Armen Damen" nach dem Vorbild des ersten Franziskanerordens. Zehn Jahre nach ihrem Tod wurde ihr Orden unter dem Namen Klarissenorden bekannt.*

LINKS: *Franz von Assisi ist der Schutzpatron der Tiere. In der Kunst wird er oft von Vögeln umgeben abgebildet oder mit einem Wolf zu seinen Füßen.*

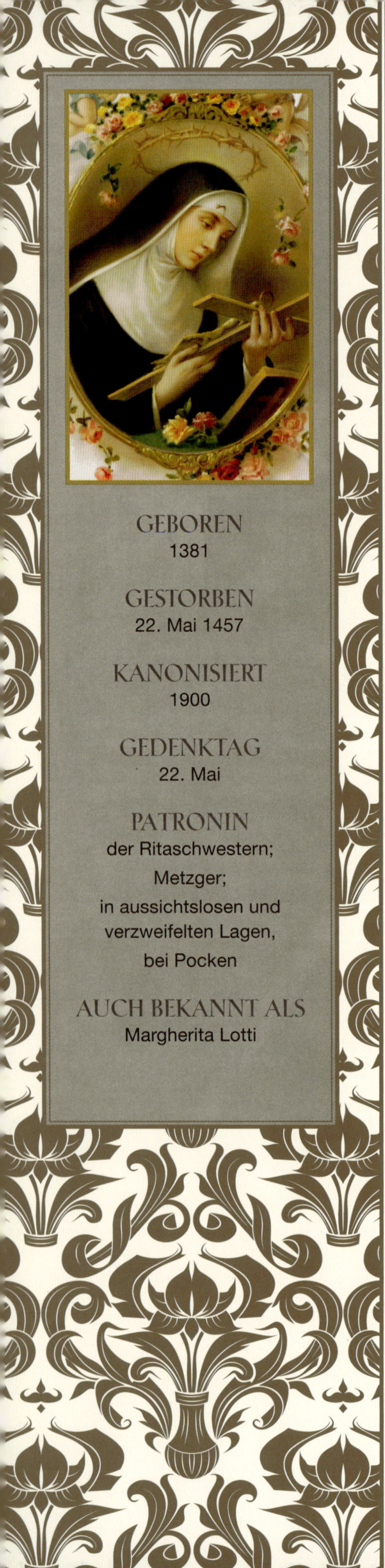

RITA
von Cascia

Der Kult der heiligen Rita von Cascia verbreitete sich bald nach ihrem Tod und wurde 1457 für Italien genehmigt, obwohl sie erst 1628 selig- und 1900 heiliggesprochen wurde. Vor allem auch ihre Verehrung als Helferin bei Ehestreitigkeiten machte sie zu einer sehr beliebten Heiligen. Rita heiratete jung und gehorchte damit dem Wunsch ihrer Eltern. Ihr Ehemann misshandelte sie jedoch und war ihr untreu; nach 18 Ehejahren wurde er bei einer Messerstecherei getötet.

Ihre Söhne, die den Vater rächen wollten, überzeugte Rita, dem Mörder zu vergeben. Tragischerweise starben beide Jungen kurz darauf an einer Krankheit. Trotzdem war Rita dankbar für die Aussöhnung ihrer Söhne mit Gott.

Rita wird meist mit der von der Dornenkrone herrührenden Wunde auf der Stirn abgebildet.

Rita, die seit ihrer Kindheit Nonne werden wollte, was ihre Heirat verhindert hatte, bemühte sich nun, um die Aufnahme in das Augustinerinnenkloster in Cascia. Der Konvent lehnte sie als Nichtjungfrau zunächst ab, nahm sie schließlich aber doch auf. Rita wurde eine mustergültige Nonne – gehorsam, fromm und bußfertig. 1441 empfing sie während des Gebetes erstmals das Wundmal der Dornenkrone: Sie fühlte, wie eine Dorn in ihre Stirn stach, und trug die sichtbare Wunde von da an für den Rest ihres Lebens.

Bitte lass mich leiden wie dich, göttlicher Erretter.

HEILIGE RITA VON CASCIA

ANGELA
Merici

Angela verlor schon als junges Mädchen ihre Eltern und eine ältere Schwester. Nach einer Vision, in der sie ihre Schwester mit der Jungfrau Maria sah, trat sie in den Dritten Orden der Franziskaner ein. Mit mehreren Gefährtinnen kehrte sie nach 1490 in ihr Dorf Desenzano am Gardasee zurück und begann dort, Mädchen zu unterrichten, vor allem in katholischer Religion.

Sie eröffnete zwei Schulen, eine in Desenzano und eine in Brescia. Ihre Bemühungen inspirierten andere junge Frauen, es ihr gleichzutun. Angela reiste nach Kreta (wo sie der Legende nach erblindete, aber bei ihrer Rückkehr genas), in das Heilige Land und nach Rom, wo sie Papst Clemens VII. (1523–1534) traf. Ihr Herz hing an ihrer Arbeit mit den Jugendlichen, und sie träumte davon, eine Ordensgemeinschaft für Frauen zu gründen und weiter zu lehren.

1535 begründete sie mit 28 Anhängerinnen die „Compagnia di Sant'Orsola" (Gesellschaft der heiligen Ursula). Zu Beginn führten die Frauen ein einfaches Leben ohne die formellen Zwänge eines Klosters, wie etwa Gelübde und Klausur. Sie unterrichteten und beteten gemeinsam, ihr Wirken galt der Erziehung von Mädchen. Später wurde der Orden eine formelle Kongregation und wählte eine weltabgeschiedene Lebensform, verlor jedoch nie die Sicht auf seine pädagogische Mission. Im 17. und 18. Jahrhundert spielte er eine bedeutende Rolle bei der Bekehrung der amerikanischen Ureinwohner.

> *Die Nächstenliebe gewinnt Seelen und führt sie zur Tugend.*
>
> 
>
> HEILIGE ANGELA MERICI

Angela Merici, Gründerin des ersten Frauenordens mit pädagogischer Mission.

GEBOREN
24. Dezember 1491

GESTORBEN
31. Juli 1556

KANONISIERT
1622

GEDENKTAG
31. Juli

PATRON
der Jesuiten;
Soldaten;
der geistlichen Übungen

AUCH BEKANNT ALS
Íñigo López de Loyola

IGNATIUS
von Loyola

I gnatius' Jugend ließ nicht vermuten, welche Bedeutung er später für die katholische Religion haben sollte. Er war das jüngste Kind einer baskischen Adelsfamilie und wurde im Haushalt des königlichen Großschatzmeisters erzogen, wo er das Leben eines Höflings führte. 1517 wurde er Soldat und dient vier Jahre lang, bevor eine schwere Verwundung am rechten Bein seinen Dienst beendete.

Auf dem Familienschloss in Loyola erholte er sich von der Verletzung und den grausamen Heilungsversuchen.

HEILIGER IGNATIUS VON LOYOLA

Ignatius lenkte sich mit Lektüre ab, darunter Jacobus de Voragines *Legenda aurea*, jener populären Sammlung von Lebensgeschichten der Heiligen, sowie die *Vita Christi* des Kartäusers Ludolf von Sachsen.

Die Bücher bedeuteten einen Wendepunkt in Ignatius' Leben. Er las sie wieder und wieder und fand Frieden und einen Sinn in ihnen, den er sonst vermisste. Nach seiner Genesung begab er sich in die berühmte Abtei Nuestra Señora de Montserrat in Katalonien. Anschließend verbrachte er fast ein Jahr als Einsiedler in einer Höhle bei Manresa, litt unter Krankheit, inneren Qualen und Entbehrungen. In Manresa begann er sein wichtigstes Werk,

Ignatius von Loyola wandelte sich vom Soldaten zum leidenschaftlichen Diener Christi.

die *Exercitia spiritualia* (Geistliche Übungen), das 1548 mit päpstlicher Genehmigung veröffentlicht wurde.

PILGER UND PRIESTER

1523 beschloss Ignatius, eine Pilgerreise in das Heilige Land zu unternehmen, das seit 1516 unter der Vorherrschaft des Osmanischen Reiches stand. Er hoffte, dort für den Rest seines Lebens zu predigen. Die Franziskaner jedoch, die noch eine schwache Kontrolle über die heiligen Stätten ausübten, wollten weder riskieren, ihre Gastgeber mit feurigen Predigten zu verärgern, noch konnten sie Lösegeld zahlen, sollte ein christlicher Prediger entführt werden. Sie vereitelten Ignatius' Ambitionen, und er kehrte 1524 enttäuscht nach Spanien zurück.

Er beschloss, Priester zu werden, studierte an den Universitäten von Alcalá, Salamanca und Paris, wo er 1535 einen Magisterabschluss erhielt. Seine Studienzeit in Spanien war nicht einfach: In Alcalá und Salamanca verhaftete man ihn, zunächst wegen unbefugter Tätigkeit als Prediger, dann wegen des Vorwurfs der Häresie, den ein Inquisitor der Dominikaner erhob. In Paris scharte er einige Gefährten um sich, die mit ihm das Gelübde ablegten, in Armut und Keuschheit als Diener Gottes zu wirken, unter ihnen der heilige Franz Xaver.

DIE GESELLSCHAFT JESU

1539 beschloss die von Ignatius geleitete Gemeinschaft, zu einem neuen religiösen Orden zu werden. Im folgenden Jahr erhielt die „Societas Jesu" (Gesellschaft Jesu) die päpstliche Approbation. Die Jesuiten bekannten sich zu unbedingtem Gehorsam gegenüber dem Papst: Sie gelobten, überallhin zu reisen und

OBEN: DIE Vision von La Storta. *In Italien hatte Ignatius die Vision Christi mit dem Kreuz auf der Schulter, der ihn zum Diener Gottes bestimmte. Dies regte Ignatius an, die „Societas Jesu" zu gründen.*

LINKS: *In Saint-Pierre de Montmartre, einer der ältesten Kirchen von Paris, legten Ignatius und sechs seiner Kommilitonen im Sommer 1534 ihre Gelübde ab, sie wurden die ersten Jesuiten.*

jedwede Pflichten zu erfüllen, die der Papst ihnen auferlegen würde. Der Jesuitenorden wurde sehr bald zu einem der aktivsten missionarischen Arme der Kirche.

Ignatius starb nach kurzer und heftiger Fiebererkrankung, doch war sein Orden nun auf über 1000 Mitglieder angewachsen. Heute sind die Jesuiten bekannt für ihre Arbeit in den Bereichen Bildung und Forschung.

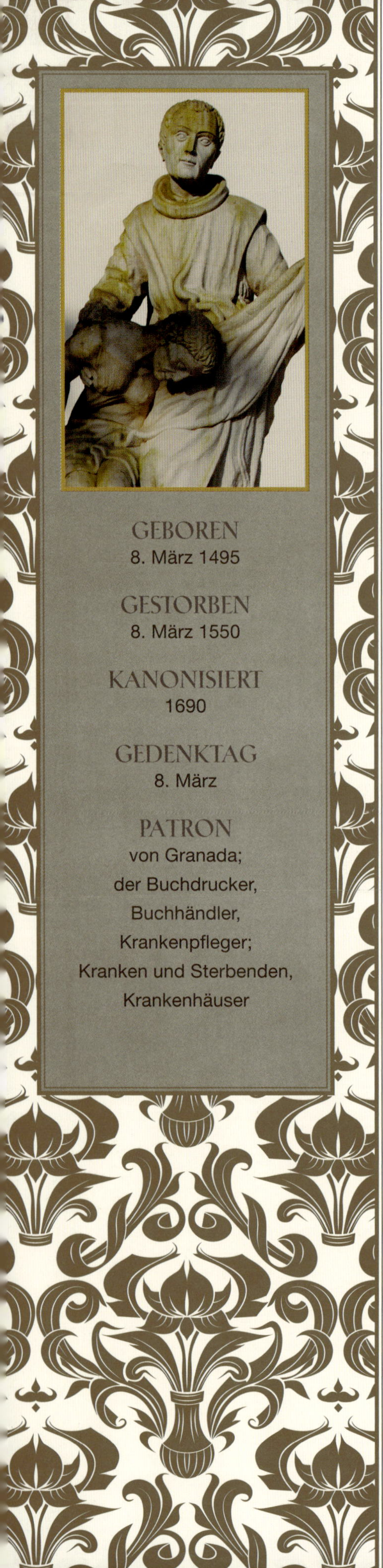

JOHANNES
von Gott

Johannes von Gott, dessen Taufname João war, hatte eine ungewöhnliche Kindheit für einen Heiligen: Als Kind rannte er von zu Hause weg, arbeitete als Schafhirte und ging später zur spanischen Armee, wo er ein Leben niederer Moral führte. Nachdem er die Armee verlassen hatte, plante er, nach Nordafrika zu gehen, um dort den Christen zu helfen, die in die Gefangenschaft der Mauren geraten waren. Stattdessen jedoch führte ihn sein Weg nach Gibraltar, wo er gegen magere Erlöse religiöse Bücher verkaufte. Mit 40 Jahren hatte er eine Vision der Jungfrau Maria mit dem Jesuskind; darin nannte Maria ihn „Johannes von Gott". Das stärkte den Wunsch in ihm, seine Jugendsünden wiedergutzumachen, und er begab sich nach Granada.

Dort begegnete er Johannes von Ávila, dessen Predigten ihn so bewegten und beschämten, dass er verzweifelt durch die Straßen rannte, jammerte und sich so zum Gespött der Leute machte, dass die Behörden ihn schließlich in ein Spital einwiesen. 1539 fand er seine wahre Berufung und kümmerte sich mit solcher Hingabe um die Kranken, dass er bald Gefolgsleute fand. 1540 gründete er den Laienorden der Barmherzigen Brüder, nach dem Tode seines Begründers auch die „Barmherzigen Brüder vom heiligen Johannes von Gott" genannt.

Johannes' Bekehrung war so intensiv, dass alle, die ihn sahen, um seinen Verstand fürchteten. Sein Aufenthalt in einem Spital führte zu der Entscheidung, sein Leben den Kranken zu widmen.

JOHANNES
vom Kreuz

Johannes vom Kreuz, der mit Teresa von Ávila als Gründer des Ordens der Unbeschuhten Karmeliten gilt, nahm für seinen Orden größte Schwierigkeiten auf sich. Geboren wurde er unter dem Namen Juan de Yepes Álvarez. Er fühlte sich zum religiösen Leben hingezogen und trat 1563 den Karmeliten bei.

Während seines Studiums der Theologie lernte Johannes in Medina die

> *Am Abend unseres Lebens werden wir nach der Liebe gerichtet werden.*
>
> ❧
>
> HEILIGER JOHANNES VOM KREUZ

Karmelitin Teresa von Ávila kennen. Sie überzeugte ihn, sich ihren Reformbemühungen um den Orden anzuschließen. Gemeinsam mit ihr gründete er 1568 in Duruelo das erste Kloster der Unbeschuhten

Karmelitinnen. 1570 eröffnete er in Alcalá de Henares ein Ordenskolleg, dem er als Rektor vorstand, 1572 wurde er Beichtvater im Kloster der Menschwerdung in Ávila, wo er bis 1577 wirkte. Im gleichen Jahr sperrten ihn nicht reformierte Karmeliten für neun Monate im Kloster Toledo ein. Sie misshandelten ihn und ließen ihn fast verhungern, doch er konnte aus dem Gefängnis fliehen.

Der Konflikt zwischen den Zweigen der Karmeliten wirkte sich noch am Ende seines Lebens aus: Vom Generalkapitel des Ordens wurde er 1591 seiner Ämter enthoben und ins Exil geschickt, in dem er verstarb.

Johannes verehrte besonders die Jungfrau Maria, von der er mehrere Visionen hatte und der er sein Überleben in lebensbedrohlichen Situationen zuschrieb.

Statue des Karmeliten Johannes vom Kreuz

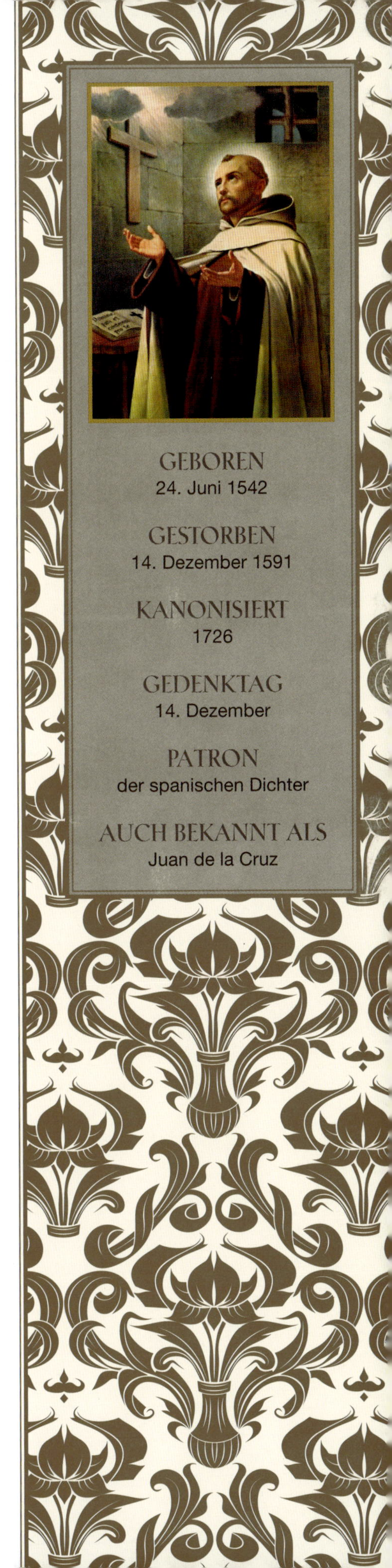

GEBOREN
24. Juni 1542

GESTORBEN
14. Dezember 1591

KANONISIERT
1726

GEDENKTAG
14. Dezember

PATRON
der spanischen Dichter

AUCH BEKANNT ALS
Juan de la Cruz

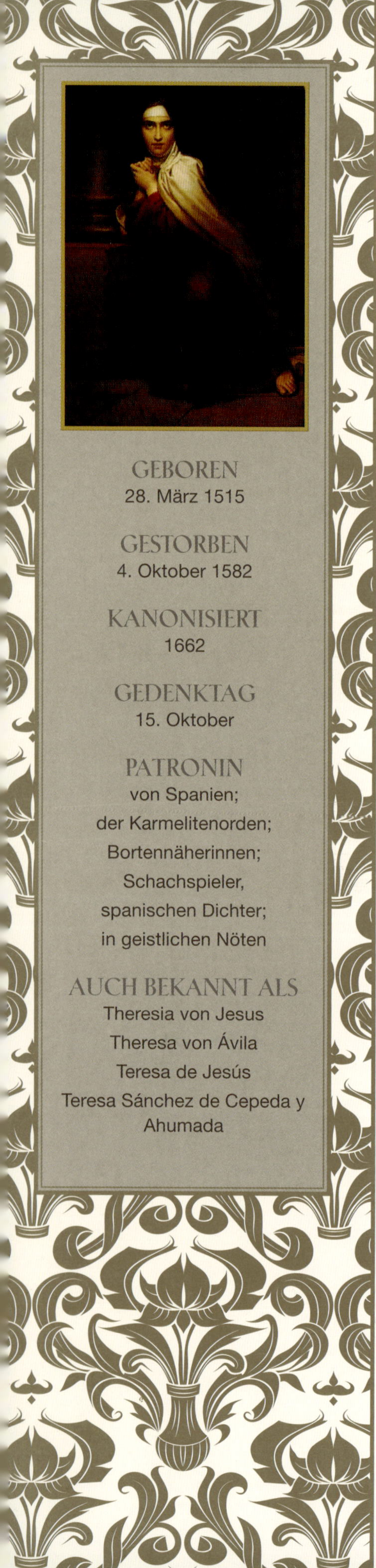

TERESA
von Ávila

Teresa wurde mit 20 Jahren Nonne, als sie gegen den Willen ihres Vaters – später gab er jedoch nach – in den Konvent der Karmelitinnen in Ávila eintrat. Sie entstammte einer kastilischen Adelsfamilie und fühlte sich bereits in jungen Jahren zum religiösen Leben hingezogen. Einmal lief sie mit ihrem Bruder von zu Hause weg, um im von den Mauren beherrschten Nordafrika als Märtyrerin zu sterben.

Nach ihrem Eintritt ins Kloster litt Teresa an einer schweren Krankheit.

Dabei war sie einmal dem Tode so nahe, dass ihr die Sterbesakramente gespendet wurden und man bereits ein Grab vorbereitete. Doch sie erholte sich wieder, litt aber bis zu ihrem 40. Lebensjahr unter der Krankheit.

Heute meint man, dass Teresa an der Malaria tropica erkrankt war. Sie selbst sah die Krankheit als Gottes Strafe für ihre Sünden und war überzeugt, dass sie ihre Genesung dem heiligen Joseph verdankte. Die lange Krankheit und Konvaleszenz öffneten ihren Geist für das innere Gebet, und so wurde sie eine große Mystikerin. Obwohl man sie als liebenswürdige Persönlichkeit achtete, stieß die Offenbarung ihrer außergewöhnlichen Erfahrungen auf Spott.

DIE UNBESCHUHTEN KARMELITINNEN

1562 gründete Teresa das erste reformierte Karmelitinnenkloster. Sie war unzufrieden mit der gemilderten Regel ihres Klosters, die überdies im ganzen Orden Einzug gehalten hatte, und wollte

Teresas analytische Schriften über ihre mystischen Erfahrungen und ihre tiefgründigen Gedanken zum kontemplativen Gebet führten dazu, dass sie zur Kirchenlehrerin ernannt wurde.

zu einer strengeren Lebensform zurückkehren. In Johannes vom Kreuz fand
sie einen Mitstreiter für ihre Reformbemühungen; er war selbst Karmelit
und von der Notwendigkeit einer Reform überzeugt.

Nachdem das Generalkapitel des
Ordens 1575 die Reformbestrebungen
abgewiesen hatte, erfuhren die Reformer
der Unbeschuhten Karmeliten (so genannt, weil sie barfuß oder in Sandalen
gingen) eine starke Opposition, waren
Verfolgungen und Festnahmen aus-

Leiden ist eine große

Gnade. Erinnere dich,

alles hat bald ein Ende

. . . und sei mutig.

Denke nur, wie ewig

unser Gewinn ist.

HEILIGE TERESA VON ÁVILA

gesetzt, so auch Johannes vom Kreuz.
Doch die Reformer blieben standhaft,
1580 trennte der Papst schließlich die
beiden Ordenszweige, 1593 wurden die
Unbeschuhten Karmelitinnen zu einem
eigenständigen Orden.

REFORMERIN UND KIRCHENLEHRERIN

Teresa starb 1582. Mit den von ihr gegründeten Klöstern hatte sie den Grundstein für eine bleibende Reform gelegt.
Zu ihren wichtigen Texten gehören ihre
Autobiografie und die Schriften über ihre
mystischen Erfahrungen, darunter ihr
berühmtestes Werk *Moradas* (Die Seelen-
burg), sowie ihre Doktrin zur persönli-
chen spirituellen Entwicklung. Papst
Paul VI. ernannte sie 1970 als erste weib-
liche Heilige zur Kirchenlehrerin.

OBEN: *Teresa von Ávila mit Or-
densschwestern der Unbeschuhten
Karmelitinnen, die auch unter der
Bezeichnung „Barfüßige Karmelitinnen" bekannt sind. Teresa gründete diesen Ordenszweig in dem
Bestreben, zu einer strengeren und
eremitischen Lebensform im Kloster
zurückzukehren.*

UNTEN LINKS: *Diese Statue der heiligen Teresa ist an der Stadtmauer
von Ávila zu sehen.*

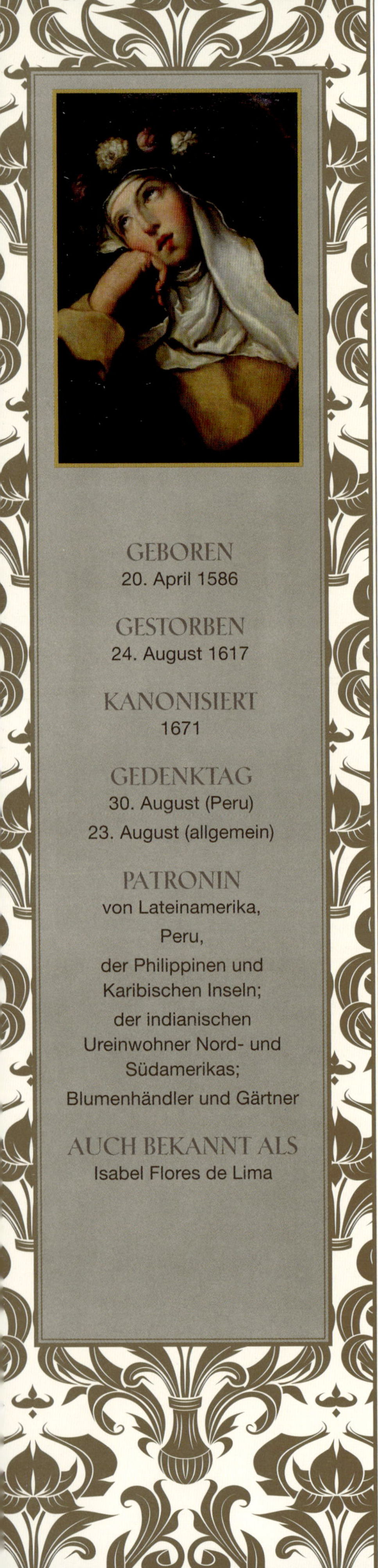

GEBOREN
20. April 1586

GESTORBEN
24. August 1617

KANONISIERT
1671

GEDENKTAG
30. August (Peru)
23. August (allgemein)

PATRONIN
von Lateinamerika,
Peru,
der Philippinen und
Karibischen Inseln;
der indianischen
Ureinwohner Nord- und
Südamerikas;
Blumenhändler und Gärtner

AUCH BEKANNT ALS
Isabel Flores de Lima

ROSA
von Lima

Die heilige Rosa kam als Isabel Flores in Lima in Peru zur Welt. Ihr Vater war ein Kavallerist aus San German in Puerto Rico, ihre Mutter stammte aus Lima. Mit Rosas Heiligsprechung, 54 Jahre nach ihrem Tod, wurde sie die erste Heilige des amerikanischen Kontinents. Sie starb mit nur 31 Jahren nach einem Leben, in dem sie extreme Buße übte.

Zu Rosas Vorfahren zählten Spanier und Inkas. Ihre Schönheit zog Verehrer an, und ihre Eltern wünschten, dass sie heiratete. Rosa, die jedoch entschieden hatte, ein Leben in Jungfräulichkeit zu führen, entstellte ihr Aussehen. Mit 20 Jahren wurde sie Dominikanerterziarin und lebte in teilweiser Abgeschiedenheit

> *Außer dem Kreuz gibt es keine andere Leiter, die uns in den Himmel gelangen ließe.*
>
> ❋
>
> HEILIGE ROSA VON LIMA

Rosa, für ihre Schönheit bewundert, wollte nicht heiraten. Um von sich abzuschrecken, rieb sie ihr Gesicht mit Pfeffer ein, damit sich entstellende Flecken bildeten.

in einer Hütte des elterlichen Gartens. Um ihre verarmte Familie zu unterstützen, pflanzte sie Blumen an und stellte Stickarbeiten und Spitzen her.

Wenn sie nicht arbeitete, zog sich Rosa in ihre Askese zurück. Sie fastete oft, trug eine Krone mit Metallspitzen, schlief auf Glas- und Tonscherben, Steinen und Dornen, geißelte sich und trug mit Nesseln gefüllte Handschuhe. Sie war mystisch begabt, erlebte religiöse Ekstasen und hatte Visionen von Jesus Christus. Trotz ihres abgeschiedenen Lebens erlangte sie einen Ruf als Kämpferin gegen die Korruption in Peru, damals eine Kolonie der Spanier, und Helferin der Armen und Kranken. Sie starb nach langer Krankheit, und bei ihrem Tod strömten die Menschen in die Kathedrale von Lima, um ihr die letzte Ehre zu erweisen.

Das Gemälde zeigt Rosa, im Habit mit Rosenkrone, kniend zur Rechten der Heiligen Jungfrau Maria mit dem Kind. Die Weigerung ihrer Eltern, Rosa den Beitritt in ein Kloster zu erlauben, hielt die junge Frau nicht von ihrem Ziel ab, ein frommes Leben zu führen. Sie wurde Dominikanerterziarin, was ihr ermöglichte, bei ihrer Familie zu wohnen, während sie sich dem Gebet widmete.

Johannes Macías

Im späten 16. und frühen 17. Jahrhundert litt Lima einerseits unter politischen Unruhen, war aber auch ein Ort tiefer Gläubigkeit. Zu Rosas Lebzeiten gab es noch andere, die sich durch ein heiligmäßiges Leben und die Hingabe an den Glauben auszeichneten, darunter Martin von Porres und Johannes Macías, mit denen Rosa befreundet war.

Johannes, nur ein Jahr älter als Rosa, war in Spanien unter dem Namen Juan de Arcas Sanchez geboren worden. Mit 25 Jahren kam er als Angestellter eines reichen Kaufmanns zum ersten Mal in die Neue Welt. Er lebte einige Zeit in Kolumbien und Ecuador und reiste dann nach Peru, wo er den Rest seines Lebens verbrachte.

In Peru beschäftigte er sich erstmals mit dem Wirken der Dominikaner, was ihn bewog, sich einem religiösen Leben zuzuwenden. So verschenkte er seinen Besitz an die Armen und zog in die Umgebung von Lima, um als Schäfer zu arbeiten. Er unterstützte die Dominikaner, soweit er konnte, bis er 1623 sein Ordensgelübde ablegte. Als Mönch widmete er sich dem Gebet, der Buße und der Nächstenliebe und kümmerte sich um die Kranken und Bedürftigen, die ihn aufsuchten.

MARTIN
von Porres

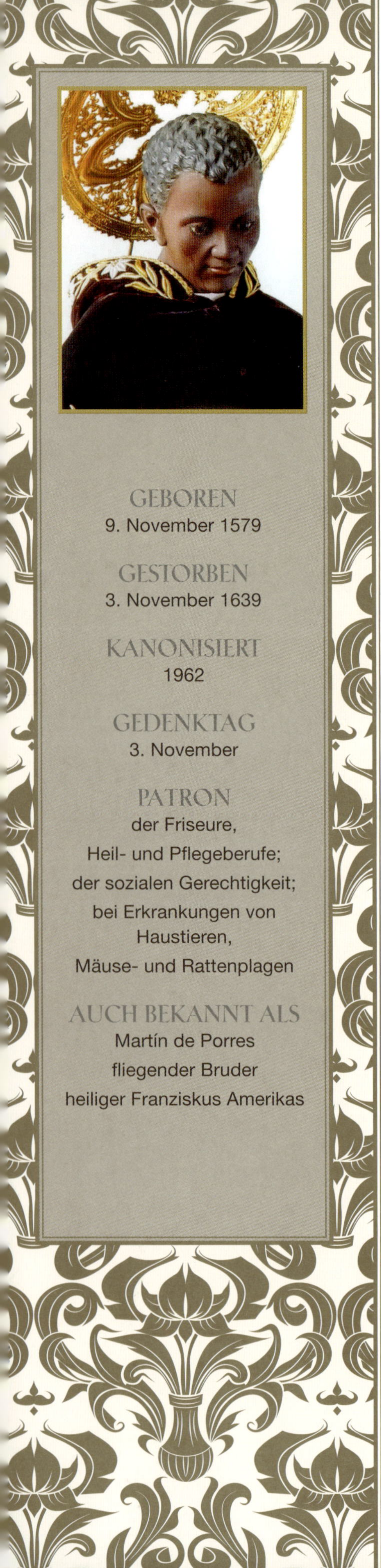

Martin wuchs als unehelicher Sohn des spanischen Adligen Juan de Porres und der Schwarzen Anna Velásquez in Lima auf, zu einer Zeit, als dort ein Klima des Rassismus allgegenwärtig war. Mit 15 Jahren trat Martin dem Dominikanerorden bei. Als Mulatte durfte er das Habit nicht tragen und wirkte als Laienbruder. Er erledigte auch die niedrigsten Aufgaben mit solcher Bereitwilligkeit, dass die Dominikaner das Ordensstatut übergingen und er schließlich 1603 das Mönchsgelübde ablegte.

In seiner Jugend war Martin bei einem Bader in die Lehre gegangen und wurde bald als Heiler bekannt, der alle Menschen vorurteilslos behandelte. Er betrieb auch ein Spital, in dem Hunde und Katzen versorgt wurden. Wegen seiner großen Tierliebe erhielt er den Beinamen „heiliger Franziskus Amerikas". Martin kümmerte sich um die Armen und baute für deren Versorgung Obstbäume an. Ihm werden zahlreiche Wunder zugeschrieben, darunter die Fähigkeit zur Levitation, sodass er auch der „fliegende Bruder" genannt wurde. Bereits 1660 wurden die ersten Bemühungen für seine Heiligsprechung eingeleitet, die jedoch erst 1962 erfolgte, als die westliche Welt begann, sich dem Problem des Rassismus zu stellen.

Diese Skulptur des heiligen Martin von Porres schuf der Dominikanerpater Thomas McGlynn. Der Heilige hält hier sein Attribut, den Besen (erkennbar an dem Stiel), ein Symbol der Demut, mit der Martin selbst die niedrigsten Arbeiten im Kloster erledigte.

VINZENZ
von Paul

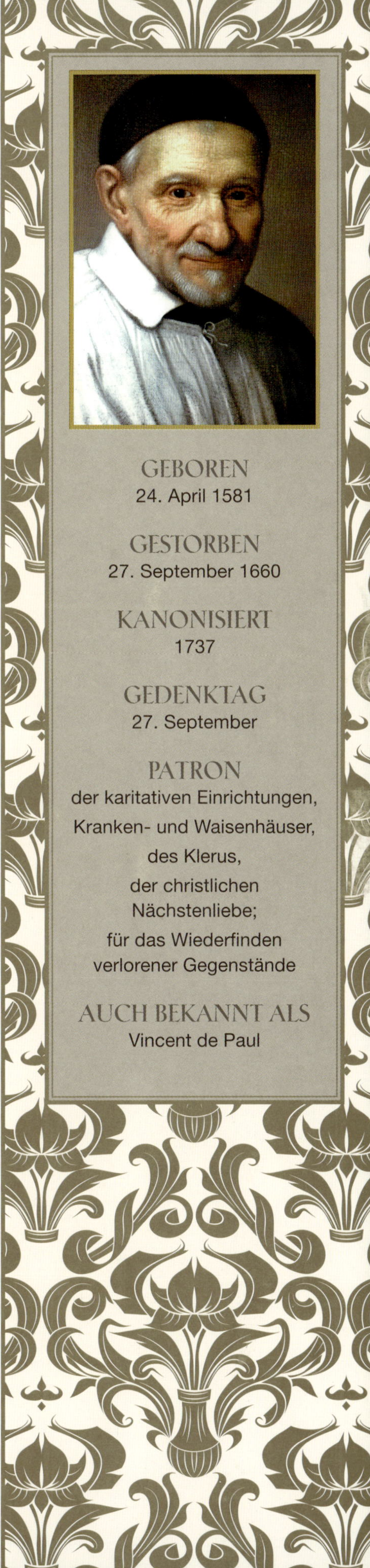

GEBOREN
24. April 1581

GESTORBEN
27. September 1660

KANONISIERT
1737

GEDENKTAG
27. September

PATRON
der karitativen Einrichtungen,
Kranken- und Waisenhäuser,
des Klerus,
der christlichen
Nächstenliebe;
für das Wiederfinden
verlorener Gegenstände

AUCH BEKANNT ALS
Vincent de Paul

V inzenz von Paul war eine Zeit lang Berater des französischen Königs, arbeitete mit Kardinal Richelieu zusammen und war mit vielen französischen Adligen befreundet. Doch er richtete seine Bemühungen stets auf die Bedürftigen aus und sammelte Geld für karitative Zwecke.

HL. VINZENZ VON PAUL

Der heilige Vinzenz von Paul erhielt wertvolle Unterstützung von den Vinzentinern und den Töchtern der christlichen Liebe.

1625 gründete er die „Congregatio Missionis" (Kongregation der Mission), eine Vereinigung von Priestern, die sich vornehmlich um die Armen und Kranken in ländlichen Regionen kümmerten. Nachdem die Vereinigung 1633 ihren Sitz in die Nähe der Pariser Kirche St. Lazare verlegt hatte, wurde sie „Lazaristen" oder, nach ihrem Gründer, auch „Vinzentiner" genannt. Zusammen mit Louise de Marillac gründete Vinzenz die „Filles de la Charité" (Töchter der christlichen Liebe), eine Ordensgemeinschaft, die sich der Pflege der Armen und Kranken widmete. Darüber hinaus gründete Vinzenz Kranken- und Waisenhäuser, Pflegeanstalten und andere Institutionen für bedürftige Menschen. Er kaufte auch christliche Sklaven in Nordafrika frei, und er half Flüchtlingen des Dreißigjährigen Krieges.

Seine Taten fanden Anerkennung bei Hof, wo er als Berater für Ludwig XIII. und nach dessen Tod für die Königinwitwe, Anna von Österreich, tätig war. Papst Leo XIII. sprach Vinzenz 1885 heilig.

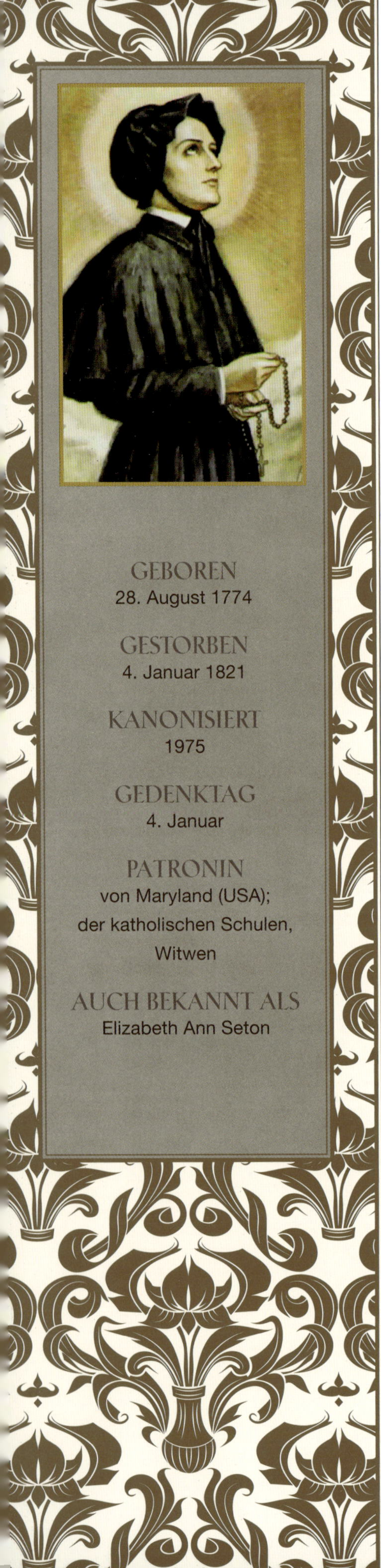

ELIZABETH
Anna Bayley Seton

Elisabeth Anna Seton wurde als Tochter einer reichen Familie in New York geboren und war mit einem Geschäftsmann verheiratet, bis eine Folge tragischer Ereignisse ihr Leben überschattete: 1803 ging die Firma ihres Mannes bankrott. Er verstarb kurz darauf an Tuberkulose während eines Erholungsurlaubs in Italien mit Elisabeth und ihrer ältesten Tochter.

Elisabeth war immer gläubig gewesen, jedoch als Mitglied der Episkopalkirche erzogen worden. In Italien fühlte sie sich zum Katholizismus hingezogen und konvertierte 1805 bei ihrer Rückkehr nach New York. Sie war 30 Jahre alt, hatte fünf kleine Kinder und drei junge Schwägerinnen, um die sie sich kümmern musste, da auch ihre Schwiegereltern bereits verstorben waren. Sie unterrichtete als Lehrerin, doch die damalige antikatholische Haltung vieler New Yorker führte dazu, dass Eltern ihre Kinder aus Elisabeths Schule nahmen. 1807 lernte sie Reverend Dubourg kennen, der in Baltimore eine Schule leitete. Er überredete sie, 1808 die Saint Joseph's School für katholische Mädchen in Baltimore zu eröffnen, die erste Schule dieser Art in den Vereinigten Staaten.

Elisabeth vereinte eine Gruppe katholischer Lehrerinnen um sich und gründete nach dem Vorbild der französischen „Filles de la Charité" die „Sisters of Charity", die 1813 die Regel des heiligen Vinzenz von Paul annahmen. Damit war der erste katholische Orden in den Vereinigten Staaten gegründet. Danach eröffneten die Schwestern das erste katholische Waisenhaus der USA in Philadelphia. 1975 wurde sie als erste Nordamerikanerin heiliggesprochen.

Die Kirche „Shrine of Elizabeth Ann Bayley Seton" wurde im New Yorker Stadtteil Manhattan neben der ehemaligen Residenz der Familie Seton, dem James Watson House, errichtet.

MARY
MacKillop

Mary MacKillop war eine entschlossene Frau mit tiefer moralischer Überzeugung. Ihr war das Schicksal widerfahren, dass sie sowohl exkommuniziert als auch heiliggesprochen wurde.

Mary arbeitete als Lehrerin, neigte aber sehr zu einem religiösen Leben und wurde Nonne. 1866 gründete sie zusammen mit Pater Julian Woods den

Gott gibt mir Kraft

für das Nötige.

HEILIGE MARY MACKILLOP

ersten katholischen Orden Australiens, die „Sisters of Saint Joseph of the Sacred Heart" (Schwestern des Heiligen Joseph vom Heiligen Herzen). Heute zählt der Orden rund 850 Schwestern, die Marys Mission weiterführen und sich rund um die Welt um die Erziehung armer und benachteiligter Kinder kümmern.

Die Sisters of Saint Joseph of the Sacred Heart wählten Mary MacKillop 1899 zur Generaloberin des Ordens. Dieses Amt bekleidete sie trotz eines Schlaganfalls bis zu ihrem Tod 1909.

Gerade ihre Sorge um Kinder brachte Mary Schwierigkeiten ein: Sie hatte einen katholischen Priester wegen Kindesmissbrauch angezeigt und wurde im Gefolge des Skandals 1870 vom Bischof von Brisbane exkommuniziert.

Obwohl dies zweifellos ein harter Schlag für die fromme Mary war, weigerte sie sich, ihre Aussage zurückzuziehen. Nach weiteren Untersuchungen wurde die Exkommunikation rückgängig gemacht.

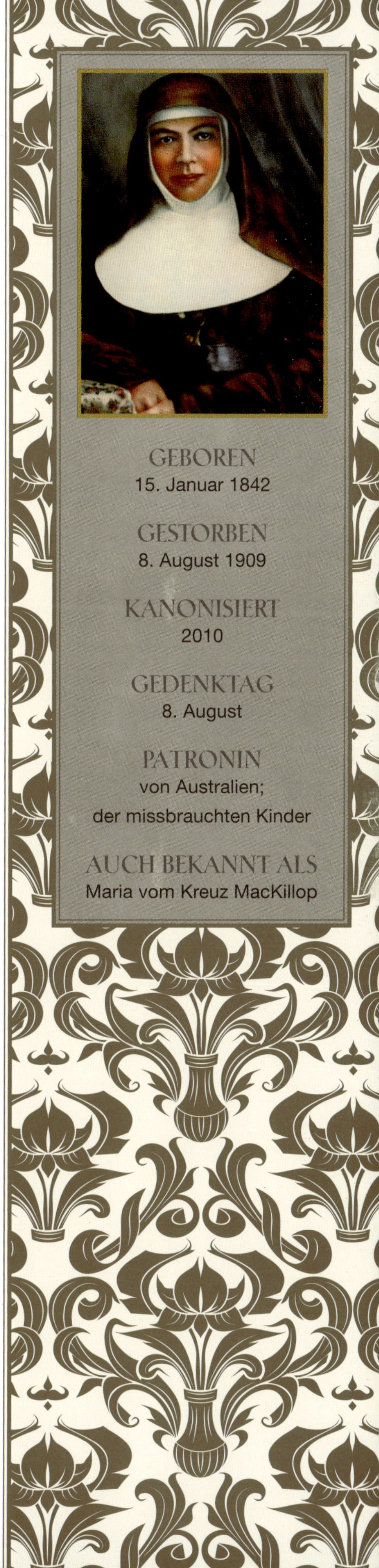

Heilige Missionare und Bekehrer

❧

Seit den Missionsreisen des heiligen Paulus in der Mitte des 1. Jahrhunderts haben die Missionare eine bedeutende Rolle in der Geschichte des Christentums gespielt. Große Missionare wie Augustinus von Canterbury, Kilian und Franz Xaver riskierten ihr Leben, um die Botschaft Christi zu verbreiten.

Es gab drei große Wendepunkte in der Geschichte der Konversion zum Christentum. Der erste war die Entscheidung eines weltlichen Herrschers: Mit dem Übertritt Kaiser Konstantins des Großen zum Christentum im frühen 4. Jahrhundert wurde die christliche Religion im Römischen Reich offiziell anerkannt. Einen weiteren Grundstein legte die Politik Papst Gregors I. (590–604), der Missionare über die Grenzen des Kaiserreichs aussandte. Mit der Entdeckung der Neuen Welt im 15. Jahrhundert schließlich gingen viele Missionare nach Amerika und in den Fernen Osten, neue Handelswege und Schiffsrouten erleichterten das Reisen.

Hätten diese mutigen Heiligen nicht ihre Pioniertätigkeit vollbracht, würde die Landkarte des Christentums heute anders aussehen – und ohne Zweifel engere Grenzen haben.

GEBOREN
um 354

GESTORBEN
22. Juni 431

KANONISIERT
vor der Kongregation

GEDENKTAG
22. Juni

PATRON
der Müller

AUCH BEKANNT ALS
Pontificus Meropius Anicius
Paulinus

PAULINUS
von Nola

Paulinus, in Gallien geboren, diente in verschiedenen öffentlichen Ämtern, 381 wurde er Statthalter in Kampanien. Mit seiner Frau Therasia, einer Spanierin, hatte er einen Sohn, der früh verstarb. Der Legende nach soll Paulinus dem heiligen Martin von Tours begegnet sein, der ihn von einer Augenkrankheit heilte, worauf Paulinus und Therasia zum Christentum übertraten, den größten Teil ihres Besitzes in Gallien verkauften und um 390 nach Barcelona zogen. Dort unterstützten sie die Armen und auch die Kirche durch Zuwendungen aus ihrem Vermögen.

Um 394 ließen sie sich in Nola (Kampanien) nieder. Paulinus verehrte den heiligen Felix von Nola sehr, neben dessen Grab er eine Kirche errichten ließ. Von Nola aus korrespondierte Paulinus unter anderem mit den Heiligen Martin von Tours, Ambrosius, Hieronymus und Augustinus. Paulinus' Leben trug ihm schon zu Lebzeiten bei seinen Mitmenschen den Ruf als Heiliger ein. Um 409 wurde er zum Bischof von Nola gewählt. Er hatte eine ausgezeichnete Begabung für die Musik und Dichtkunst, mehrere seiner Werke sind erhalten.

Hervorzuheben ist die Aufrichtigkeit, mit der Paulinus konvertierte, denn seit Kaiser Konstantins Übertritt zum Christentum war die Konversion auch als politisches Mittel eingesetzt worden, und die Kirche sorgte sich um die Ehrlichkeit, mit der dieser Schritt vollzogen wurde. Paulinus' Beispiel sah die Kirche als ein Vorbild: Er hatte Reichtum, Prestige und gesellschaftliche Stellung aufgegeben, um ein religiöses Leben zu führen.

Die Gebeine des heiligen Paulinus wurden mehrfach umgebettet. Um 800 bezeichnete ein lombardischer Fürst sie erstmals als Reliquien und ließ sie aus dem Grab herausnehmen. Im 11. Jahrhundert kamen Paulinus' Gebeine nach Rom, 1908 wurden sie nach Nola überführt. Heute werden sie in einer Kirche in Sutera auf Sizilien aufbewahrt.

BRIGIDA
von Kildare

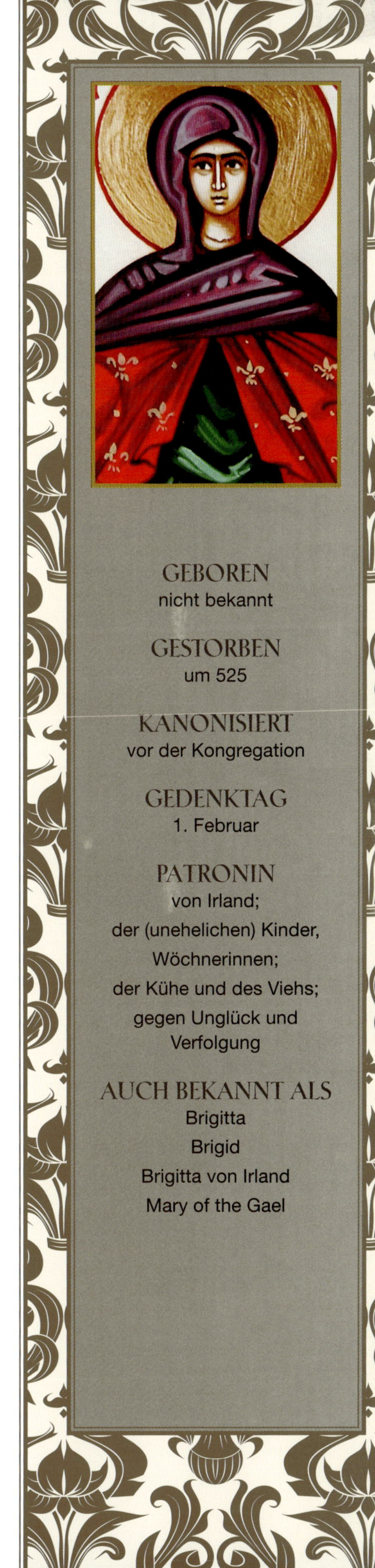

Brigida von Kildare ist wohl die berühmteste Heilige Irlands. Wie um den heiligen Patrick ranken sich auch um Brigida viele Legenden. Es besteht Anlass zu der Vermutung, dass einige der mit ihrer Gestalt verbundenen Merkmale und Assoziationen – so ihr Name, ihr Gedenktag, ihre Bezüge zu Vieh, Schafen und Feuer – auf die vorchristliche, keltisch-irische Göttin Brigid zurückzuführen sind. In der Forschung wird sie von einigen auch als die christianisierte keltische Brigid angesehen; andere wiederum sind der Auffassung, dass der Heiligen der Name der Göttin zugewiesen wurde.

Brigida konvertierte als Kind zum christlichen Glauben. Als sie ihre eigenen wie auch Teile des väterlichen Besitzes verschenkte und sich weigerte, zu heiraten, erweckte sie den Zorn ihres Vaters. Brigida, die als Gründerin des Klosters Kildare gilt, stellte ihr Wirken in den Dienst der Bekehrung anderer. Sie soll auch auch ihren Vater noch auf dem Sterbebett bekehrt haben, indem sie Dämonen mit einem aus Binsen geflochtenen Kreuz vertrieb. Heute sind solche Kreuze aus Binsengeflecht als Brigidskreuze bekannt.

OBEN: *Buntglasfenster einer katholischen Kirche in Dublin mit der Darstellung der Brigida von Kildare, eine der beliebtesten Heiligen Irlands.*

LINKS: *Ein Brigidskreuz*

GEBOREN
nicht bekannt

GESTORBEN
um 525

KANONISIERT
vor der Kongregation

GEDENKTAG
1. Februar

PATRONIN
von Irland;
der (unehelichen) Kinder,
Wöchnerinnen;
der Kühe und des Viehs;
gegen Unglück und
Verfolgung

AUCH BEKANNT ALS
Brigitta
Brigid
Brigitta von Irland
Mary of the Gael

PATRICK
von Irland

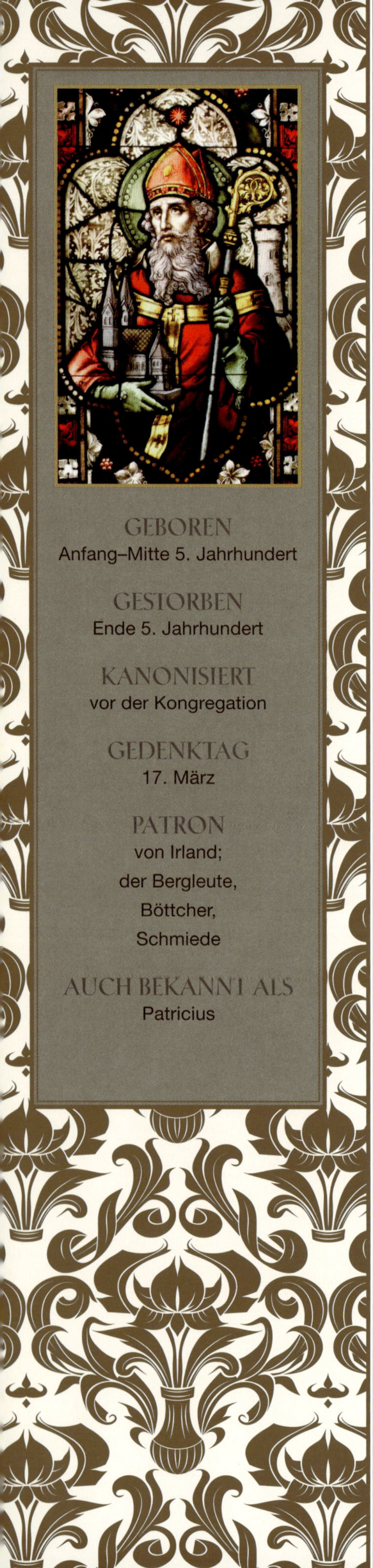

GEBOREN
Anfang–Mitte 5. Jahrhundert

GESTORBEN
Ende 5. Jahrhundert

KANONISIERT
vor der Kongregation

GEDENKTAG
17. März

PATRON
von Irland;
der Bergleute,
Böttcher,
Schmiede

AUCH BEKANNT ALS
Patricius

Nur wenige Heilige haben solche Berühmtheit erlangt wie der heilige Patrick von Irland. Als Sohn christlicher Eltern im römischen Britannien geboren, wurde er als Junge von irischen Räubern gefangen genommen und musste sechs Jahre als versklavter Schafhirte arbeiten. In dieser Zeit, in der er zunehmend frommer und andächtiger wurde, hatte er einen Traum, in dem eine Stimme zu ihm sagte: „Siehe, dein Schiff ist bereit."

Nach mehreren Abenteuern kehrte Patrick zu seiner Familie zurück, um sich auf seine Priesterausbildung vorzubereiten. Damals hatte der Papst den heiligen Palladius nach Irland gesandt, der dort die kleine Minderheit von Christen führen sollte. Nachdem Palladius wieder abgereist war, wurde Patrick 432 als dessen Nachfolger nach Irland geschickt.

APOSTEL VON IRLAND

Patrick beschloss, sich nicht nur um seine christliche Herde zu kümmern, sondern auch die heidnischen Einwohner zu bekehren. Damit wurde er zu einem Pionier, der die erste wahre Mission seit Paulus' Reisen leitete. In dieser Zeit soll er auch die Heldentaten vollbracht haben, die die Legende ihm zuschreibt: die Vertreibung der Schlangen, die Auseinandersetzung mit den Druiden des Königs Loéguire, die Erklärung der Dreifaltigkeit mithilfe eines Kleeblatts.

Patrick konzentrierte seine Bemühungen auf die irischen Könige und die herrschende Schicht. In den südlichen Provinzen Munster und Connacht schien dagegen das Christentum aus den unteren Schichten gewachsen zu sein. In beiden Hälften Irlands erwies sich die Konversion zum Christentum als

Der heilige Patrick von Irland wird oft mit seinem Bischofsstab gezeigt, mit dem er, so die Legende, alle Schlangen aus Irland vertrieb.

Der heilige Patrick und die Druiden

Eine Legende erzählt, wie Patrick zur Feier des Osterfestes ein großes Feuer entzündete und damit einen heidnischen Brauch verletzte, den König Loéguire verfügt hatte. Die Druiden des Königs zogen daraufhin aus, um das Feuer zu löschen, doch es gelang ihnen nicht. So tauchten sie das Gebiet in eine tiefe Dunkelheit, aber Patricks Gebet verdankte sich, dass die Sonne die Dunkelheit vertrieb. Schließlich erhob sich einer der Druiden im Flug über die Erde, doch ein weiteres Gebet des heiligen Patrick ließ den Druiden auf den Boden zurückfallen. Es existieren auch andere Versionen dieses Wettstreits des heiligen Patrick, allerdings wurden sie seiner Lebensbeschreibung erst später hinzugefügt und sind alle nicht zutreffend.

OBEN: *Diese Steinskulptur des heiligen Patrick ziert das Portal der Königlichen Kapelle von Dublin Castle.*

LINKS: *Der heilige Patrick soll in der Down Cathedral in Downpatrick beigesetzt worden sein, in der auch die Heiligen Brigida und Columban bestattet sind.*

ein langsamer Prozess. Unter Patricks leitender Hand entwickelte sich der Norden zu einer christlichen Hochburg, die einige große Klöster und Heilige hervorbrachte.

Der Überlieferung nach soll Patrick im Jahre 444 oder 457 auch das Kloster Armagh gegründet haben.

DER HEILIGE PATRICK UND DIE KIRCHE VON IRLAND

Obwohl Patrick Irland nicht ganz allein zum Christentum bekehrt hat, wie einige seiner Hagiografen behaupten, so war er doch ein Geburtshelfer der irischen Kirche. Diese sollte später eine bedeutende Rolle bei der Bekehrung anderer Völker spielen, wie auch hinsichtlich der Entwicklung des westlichen Mönchstums.

Wegen seines missionarischen Eifers wurde Patrick auch angegriffen. Seine Verteidigungsschrift *Confessio* und sein Brief an die Soldaten des Croticus sind die verlässlichsten Informationsquellen zu seinem Wirken. Patrick soll in Saul gestorben und entweder dort oder in Downpatrick bestattet worden sein.

KURZ ERLÄUTERT:
Pilgerreisen

Eine Pilgerreise oder Wallfahrt, die Reise zu einem geheiligten Ort als Zeichen religiöser Andacht, kennt das Christentum schon mindestens seit dem 2. Jahrhundert.

Das Neue Testament gibt den Christen nicht ausdrücklich vor, zu heiligen Stätten zu pilgern, doch bereits die frühen Christen reisten zu den bedeutenden Orten im Leben Jesu, besonders nach Jerusalem. Später wurde Rom neben dem Heiligen Land das vielbesuchte Ziel der Pilger. Im Mittelalter zogen die Grabstätten der Heiligen Pilger an, und die Einkünfte durch diese wurden zu einem internationalen Wirtschaftsfaktor. So verschrieben sich die Ritterorden, etwa der Templerorden, dem Schutz der Pilger auf ihrer Reise ins Heilige Land.

Wie die Praxis der Pilgerreisen selbst, so änderte sich auch die Popularität einzelner Pilgerorte über die Zeit. Nach der Reformation waren Pilgerfahrten für mehrere Jahrhunderte nicht mehr so populär. Erst im späten 19. Jahrhundert erstarkte das Interesse für solche Reisen. Heute gibt es auf der ganzen Welt Pilgerstätten; die größten von ihnen, darunter Rom und Jerusalem, ziehen jährlich Millionen von Pilgern an.

Wichtige Pilgerstätten der Welt

BOSNIEN-HERZEGOWINA
- Međugorje

DEUTSCHLAND
- Kölner Dom
- Altötting

Seit 1620 haben unzählige Pilger der berühmten Statue des Prager Jesuleins in der Kirche Maria vom Siege in Prag ihre Ehre erwiesen.

ECUADOR
- Schrein Unserer Lieben Frau vom guten Erfolg

FRANKREICH
- Lourdes
- Notre-Dame in Paris
- Basilika Sacré-Cœur auf dem Montmartre in Paris
- Basilika Sainte-Thérèse in Lisieux

GRIECHENLAND
- Patmos

GROSSBRITANNIEN
- Kathedrale von Canterbury in England
- St Patrick's Purgatory in Irland
- St David's in Wales

INDIEN
- Vailankanni

ISRAEL
- Grabeskirche
- Bethanien
- Bethlehem
- Via Dolorosa in Jerusalem
- Berg Tabor
- Nazareth
- See Genezareth
- Haus des Petrus in Kapernaum

ITALIEN
- Petersdom im Vatikan
- Via Francigena in Rom
- Basilika San Francesco in Assisi
- Basilika vom Heiligen Haus in Loreto

MEXIKO
- Basilika der Jungfrau von Guadalupe

NORWEGEN
- Schrein des hl. Olav in Trondheim

POLEN
- Basilika der Muttergottes von Licheń

PORTUGAL
- Fátima

SLOWAKISCHE REPUBLIK
- Levoča

SPANIEN
- Ávila
- Santiago de Compostela in Galizien

TSCHECHISCHE REPUBLIK
- Prager Jesulein

TÜRKEI
- Hagia Sophia in Istanbul
- Antiochia (Antakya)

UNGARN
- Máriapócs

USA
- National Shrine of Our Lady of Consolation in Ohio

Die Ende des 14. Jahrhunderts verfassten Canterbury-Erzählungen von Geoffrey Chaucer berichten von Pilgern auf dem Weg zum Schrein des heiligen Thomas Becket in der Kathedrale von Canterbury.

COLUMBAN
von Iona

GEBOREN
um 521

GESTORBEN
597

KANONISIERT
vor der Kongregation

GEDENKTAG
9. Juni

PATRON
von Irland und Schottland;
der Buchbinder,
irischen Dichter;
gegen Blitz und Feuer

AUCH BEKANNT ALS
Kolumban
Columban/Kolumban der
Ältere
Colum Cille
Columcille
Colm Cille
Columban von Hy
Apostel Schottlands

Gemeinsam mit den Heiligen Patrick und Brigida ist Columban Patron Irlands, zugleich ist er auch der Schutzpatron Schottlands zusammen mit dem Apostel Andreas (St Andrew). Columban entstammte einer mächtigen Adelsfamilie und wurde im Nordwesten Irlands geboren. Mehr als 30 Jahre seines Lebens verbrachte er missionierend in Schottland, wo er auch das berühmte Kloster von Iona gründete.

Der fromme und charismatische Columban war ein aktiver Missionar, Gelehrter und Dichter.

COLUMBANS KLÖSTER

Der heilige Adomnán verfasste um 690 die bekannteste Biografie über Columban. Sie schildert Columban als kraftvollen Menschen, von entschiedener Frömmigkeit, aber charismatisch, als begabten Dichter und Gelehrten. Neben dem Kloster in Iona, das zu einem Zentrum der Bildung wurde, gründete Columban weitere Klöster in Derry, Durrow und möglicherweise in Kells; das *Book of Kells*, Irlands berühmtestes illuminiertes Manuskript, erhielt seinen Namen von diesem Kloster, obwohl es wahrscheinlich in Iona geschrieben, zumindest aber dort begonnen wurde. Die schottische Überlieferung schreibt Columban zahlreiche weitere Kirchengründungen zu, doch keine davon ist gesichert.

KOLONISIERUNG UND CHRISTIANISIERUNG

Im 4. Jahrhundert hatten die Iren begonnen, sich im westlichen Britannien in Kolonien anzusiedeln. Dieser Prozess wurde beschleunigt, als im 5. Jahrhundert die Dynastie der Dál Riata aus dem äußersten Nordosten Irlands nach Schottland eindrang und das erste keltische Königreich in Schottland errichtete. Vermutlich geschah dies unter dem Einfluss des Uí-Neill-Clans, der nach Osten vordrang und versuchte, den Norden unter seine Herrschaft zu bringen. Nichtsdestoweniger war es ein König der Dál-Riata-Dynastie – die Dál Riata wurden in Schottland Columbans erste christliche Herde –, der dem heiligen Columban die Insel Iona übergab.

Über Columbans missionarisches Wirken berichtet Adomnán in einer Geschichte: Columban erreichte eines Tages die Festung des Piktenkönigs Bridei (Brude mac Maelchon), deren Tore verschlossen waren. Er bekreuzigte sich und klopfte an, woraufhin die Tore ganz von selbst mit Wucht aufsprangen. Beda Venerabilis zufolge konvertierten König Bridei und sein Volk der Pikten daraufhin geschlossen zum Christentum. Bedas Behauptung, dass es König Bridei gewesen sei, der Columban die Insel Iona übergab, ist jedoch nicht glaubhaft. Der genaue Umfang von Columbans missionarischem Wirken lässt sich nicht benennen. Seine Legende breitete sich jedoch in Schottland und im nördlichen Britannien sehr schnell aus.

Darstellung Columbans in der Saint Margaret's Chapel, Edinburgh Castle

Columban vor dem Tor der Piktenfestung. Als er sich bekreuzigte und anklopfte, sprang das Tor von selbst auf.

Die Ruinen der Kirche Saint Columba in Gartan in Donegal

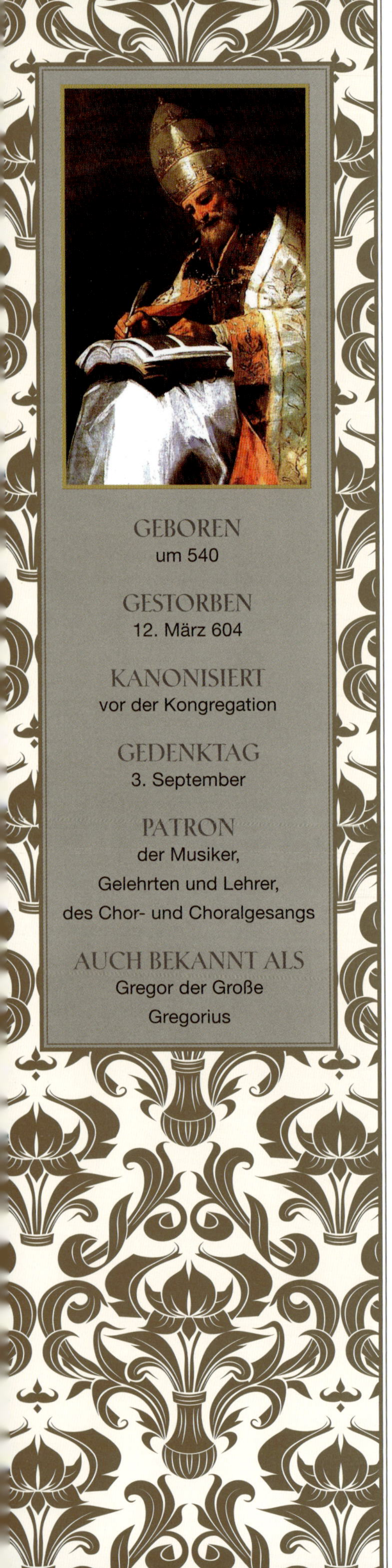

Papst GREGOR I.

Papst Gregor I. hatte nie nach seinem Amt gestrebt, doch war sein Wirken so nachhaltig, dass er als einer von insgesamt nur zwei Päpsten den Beinamen „der Große" erhielt. Mit den Heiligen Ambrosius, Hieronymus und Augustinus von Hippo ist er auch einer der vier lateinischen Kirchenväter. Er führte die katholische Kirche am Übergang von der Spätantike zum frühen Mittelalter und bereitete am Ende des Römischen Reiches die Ausdehnung des politischen Machtbereiches des Papstes in einem unabhängigen Kirchenstaat vor.

ARISTOKRAT, GESANDTER, PAPST

Gregor stammte aus einer reichen römischen Patrizierfamilie. Er bekleidete um 572 ein hohes politisches Amt in Rom. Doch nach dem Tod seines Vaters zog er sich aus dem öffentlichen Leben zurück und gründete mit seinem Erbe in der Folgezeit sieben Klöster – sechs in Sizilien und eines auf dem Caelius-Hügel in Rom, das er dem heiligen Andreas weihte. Dorthin zog er sich 575 zurück und verbrachte dort drei Jahre.

578 bestellte Papst Benedikt I. Gregor zu einem der Diakone von Rom, 579 schickte ihn Pelagius II. als Gesandten nach Konstantinopel. 585 kehrte Gregor nach Rom zurück in sein Kloster, dem er bis 590 als Abt vorstand, im gleichen Jahr wurde er zum Papst

Gregor wurde 590 zum Papst gewählt. Die Taube auf seiner rechten Schulter symbolisiert göttliche Inspiration.

gewählt. Mehrere Hagiografien berichten von einer Missionsreise, die Gregor nach England geplant haben soll, nachdem er in Rom auf dem Sklavenmarkt junge Angelsachsen gesehen hatte. Beda Venerabilis zufolge verweigerte die römische Bevölkerung ihrem beliebten Prediger jedoch die Reise.

APOSTEL DER ENGLÄNDER

590 hatte Gregor die Wahl zum Papst nur zögerlich angenommen; einige Jahre später entsandte er den mit ihm befreundeten Augustinus von Canterbury zur Missionierung der Angelsachsen. Dieser

OBEN: *Handschrift aus dem 15. Jahrhundert mit einem gregorianischen Choral.*

LINKS: *Papst Gregor I. ist hier mit seinem typischen Attribut, dem Buch, dargestellt.*

Gregors Anweisungen führten nicht nur zu einer verstärkten Christianisierung des Königreiches von Kent, sie dienten auch als Vorbild für folgende Missionierungen. Äußerst wichtig war Gregor, dass Augustinus behutsam vorging: Keinesfalls sollte es zur Zerstörung heidnischer Kultstätten kommen, sie sollten für christliche Zwecke neu eingeweiht werden. Auch heidnische Feste sollten nicht unterdrückt werden, doch die Heiden sollten auch christliche Feste kennenlernen. Gregor hatte vorausgesehen, dass der Prozess der Christianisierung auf diese Weise zwar langsamer vonstattengehen mochte, letztendlich aber gewährleistete, dass die Missionare nicht Gefahr liefen, Gewalt ausgesetzt zu sein.

Das führte dazu, dass katholische und heidnische Rituale teilweise miteinander verschmolzen. So sind heute viele in der Christenheit fest verankerte Elemente – wie der Weihnachtsbaum oder der Osterhase – nicht römischen Ursprungs. Somit hatte Gregors Gestaltung der Missionierung maßgeblichen Einfluss auf das abendländische Christentum in seiner heutigen Form; sein Wirken für die Christianisierung eines Kontinents machte ihn zu einem der bedeutendsten Kirchenführer.

reiste nach England, doch durch ihn sprach Gregor, den der Angelsachse Beda Venerabilis sogar „unseren eigenen Apostel" nannte.

Gregorianischer Gesang

Gregor brachte seine päpstliche Autorität in die Entwicklung des abendländischen Christentums ein. Er trieb nicht nur die Christianisierung voran und baute die Rolle der Klöster aus, sondern nahm auch die politische Autorität eines weltlichen Machthabers wahr, als das Römische Reich zerfiel. Zudem erließ er die Regelung, die Gesänge während der heiligen Messe und liturgischen Rituale zu vereinfachen. Der daraus entstandene *cantus planus*, auch „gregorianischer Gesang" genannt, wurde während des gesamten Mittelalters praktiziert.

GEBOREN
nicht bekannt

GESTORBEN
um 604

KANONISIERT
vor der Kongregation

GEDENKTAG
27. Mai (allgemein)
26. Mai (England und Wales)

PATRON
von England

AUGUSTINUS
von Canterbury

Augustinus, der aus Italien stammte, war Prior des Andreasklosters auf dem Caelius-Hügel in Rom. Doch ihm war es nicht bestimmt, ein abgeschiedenes Mönchsleben zu führen, denn 596 entsandte ihn Papst Gregor I. gemeinsam mit etwa 30 Mönchen als Leiter einer Missionsreise nach England, um die Angelsachsen zu missionieren. Doch Augustinus und die Mönche hatten Vorbehalte, sich nach Britannien zu begeben, sodass sie in Gallien umkehrten. Gregor jedoch insistierte auf der Reise.

597 schließlich traf Augustinus mit etwa 40 Mönchen im Königreich Kent ein, damals eines der ältesten und mächtigsten angelsächsischen Reiche. König Æthelberht von Kent war bereits mit einer Christin verheiratet, der fränkischen Prinzessin Bertha, und hieß Augustinus respektvoll willkommen. Er brauchte einige Zeit, um den König zu bekehren, doch als dieser sich schließlich taufen ließ, taten es ihm viele seiner Untertanen gleich.

Augustinus ließ die Kathedrale in Canterbury bauen, richtete die Diözesen von London und Rochester ein sowie eine Schule in Canterbury. Es gelang ihm jedoch weder, die junge englische Kirche mit den benachbarten keltischen Kirchen zu vereinen, noch die Unterschiede in der Liturgie zu überwinden, die sie trennten. Bis zur Synode von Whitby 664 blieb dies ungelöst. Augustinus wurde im Kloster St Peter und Paul in Canterbury beigesetzt, das er gegründet hatte und das später nach ihm benannt wurde.

Die nach Augustinus von Canterbury benannten St Augustine Gospels gehören zu den ältesten erhaltenen Werken der Buchmalerei.

GALLUS

Gallus verbrachte den größten Teil seines Lebens auf dem europäischen Kontinent. Er schloss sich dem heiligen Columban dem Jüngeren an, den er bei der Gründung mehrerer Klöster in Gallien, darunter das Kloster Luxeuil, unterstützte. 610 reisten Gallus und Columban an den Bodensee. Gallus blieb in der Region, während Columban nach Italien weiterreiste, und gründete mehrere Einsiedeleien. Als die Mönche in Luxeuil ihm das Amt des Abtes antrugen, lehnte er dies ebenso ab wie das Bischofsamt, in dem Frankenkönig Sigibert ihn gern gesehen hätte.

Gallus wird oft mit einem Bären abgebildet. Der Legende nach befahl Gallus, der sich mit einem Gefährten in die Wildnis zurückgezogen hatte, einem Bären, Feuerholz heranzubringen.

Die Klosterbibliothek

Vieles deutet darauf hin, dass das Kloster von Sankt Gallen schon ab 820 eine bedeutende Bibliothek besaß. Im Mittelalter genoss das Skriptorium, in dem die Mönche Bücher handschriftlich kopierten, einen hervorragenden Ruf. Die Bibliothek blieb über die Jahrhunderte intakt und ist heute, mit etwa 400 Bänden aus der Zeit vor dem Jahr 1000, eines der besten Beispiele für eine mittelalterliche Klosterbibliothek. 1983 wurde sie von der UNESCO zum Weltkulturerbe erklärt. Heute ist sie Forschungsbibliothek und Museum.

Gallus war einer der ersten Missionare überhaupt, der die Alemannen, einen westgermanischen Stammesverband, bekehrte. 719 entstand an der Stelle der Einsiedlerklause am Bodensee, in der Gallus bestattet worden war, das berühmte Kloster Sankt Gallen.

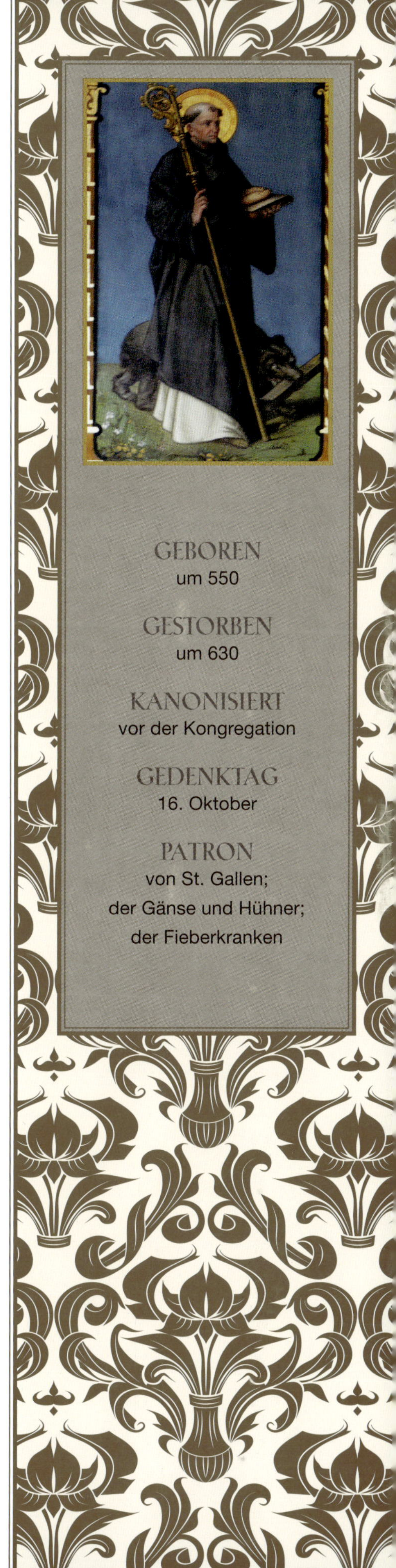

GEBOREN
um 550

GESTORBEN
um 630

KANONISIERT
vor der Kongregation

GEDENKTAG
16. Oktober

PATRON
von St. Gallen;
der Gänse und Hühner;
der Fieberkranken

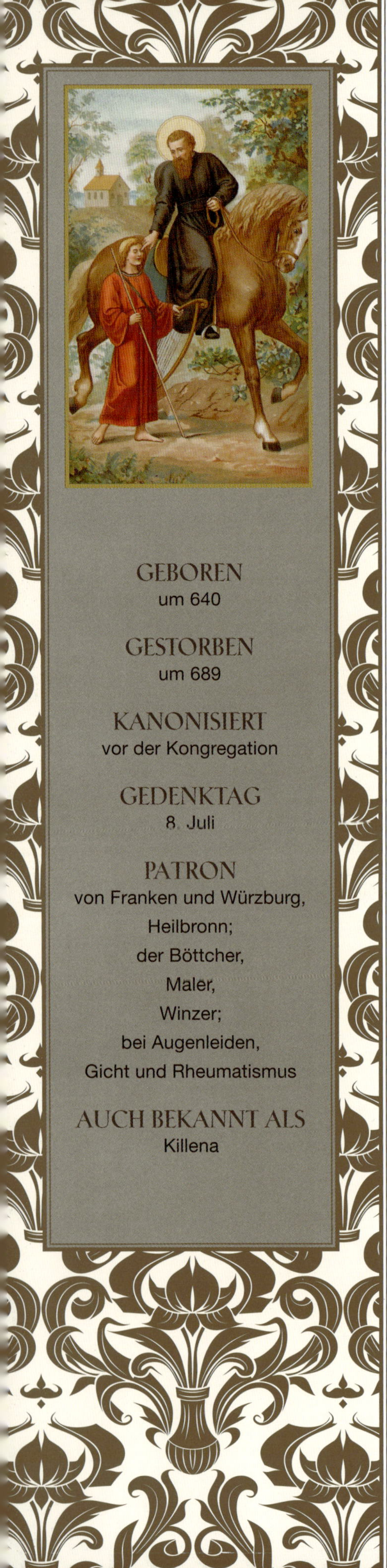

GEBOREN
um 640

GESTORBEN
um 689

KANONISIERT
vor der Kongregation

GEDENKTAG
8. Juli

PATRON
von Franken und Würzburg,
Heilbronn;
der Böttcher,
Maler,
Winzer;
bei Augenleiden,
Gicht und Rheumatismus

AUCH BEKANNT ALS
Killena

KILIAN
von Würzburg

Es gibt nur wenig historisch gesicherte Informationen über Kilian, doch er wurde bereits früh verehrt. An seinem Gedenktag wird noch heute in einigen süddeutschen Regionen, so in Würzburg, das Kilianifest gefeiert. Die Herkunft des Heiligen ist nicht genau bekannt, wahrscheinlich kam er aus Irland, anderen Quellen zufolge stammte er aus Schottland.

Möglicherweise wurde Kilian in Irland zum Bischof geweiht, wobei er, wie zu der Zeit nicht unüblich, kein eigenes Bistum besaß. Er mag auch eine Zeit lang Abt des Klosters Iona gewesen sein. Als Wanderbischof überkam ihn der Wunsch zu missionieren, und so begab er sich mit elf Gefährten in das damals zum Ostfrankenreich gehörende Gebiet um Würzburg. Um die Erlaubnis für die Missionierung der dortigen Heiden zu erhalten, soll er 686 nach Rom zu Papst Konon (686–687) gereist sein und kehrte mit nur zwei Gefährten, dem Priester Kolonat und dem Diakon Totnan, zurück.

Obwohl Kilian, so die Legende, den fränkischen Herzog Gosbert und einige von dessen Untertanen bekehrte, starb er mit seinen beiden Gefährten den Märtyrertod. Der Legende nach hatte Kilian den Herzog gedrängt, sich von seiner Frau Gailana, der Witwe von dessen Bruder, zu trennen, da ihre Heirat als unrechtmäßig galt. Gailana, erbost über diese Einmischung, ließ die Missionare ermorden. Die Mörder, vom Wahnsinn geschlagen, gestanden ihre Tat.

Kilian war ein Wanderbischof, der mit missionarischem Eifer durch weite Teile Europas zog.

BONIFATIUS

Obwohl bereits andere Missionare in den Regionen gepredigt hatten, in denen der heilige Bonifatius missionierte, wird er zu Recht als „Apostel der Deutschen" bezeichnet. Er arbeitete nicht nur unermüdlich für die Bekehrung in Hessen, Thüringen und Friesland, er kämpfte auch gegen die Häresie, veranlasste Reformen, richtete zahlreiche Diözesen ein und wurde der erste Erzbischof von Mainz.

Bonifatius wurde unter dem Namen Winfrid oder Wynfreth im angelsächsischen England geboren und genoss eine Ausbildung in Exeter und Nursling. 705 erhielt er die Priesterweihe, 716 begab er sich auf seine erste Mission nach Friesland. Von da an widmete er sich seiner Missionstätigkeit, zwischen Reisen nach Rom und Treffen mit den fränkischen Herrschern, deren Macht er einen großen Teil seines Erfolges zu verdanken hatte. Die Entwicklungen erwiesen sich im Ostfränkischen Reich zu jener Zeit als sprunghaft, so war das Wirken vieler früherer Missionare, darunter der heilige Kilian, von ungebildeten oder unorthodoxen Priestern zunichtegemacht worden, und zahlreiche Bewohner hingen weiter dem Heidentum an.

Bonifatius selbst hatte jedoch großen Erfolg bei der Bekehrung; unter der Herrschaft Karls des Großen und

HEILIGER BONIFATIUS

Pippins des Jüngeren, den Bonifatius selbst 751 zum König gesalbt haben soll, veranlasste er viele weitreichende Reformen. Doch Bonifatius' eigentliche Berufung blieb die missionarische Arbeit, und so kehrte er kurz nach der Krönung Pippins nach Friesland zurück, wo er und seine Gefährten 754 von Ungläubigen ermordet wurden.

Miniaturmalerei aus dem Fuldaer Sakramentar *mit der Heidentaufe (oben) und dem Märtyrertod des heiligen Bonifatius (unten).*

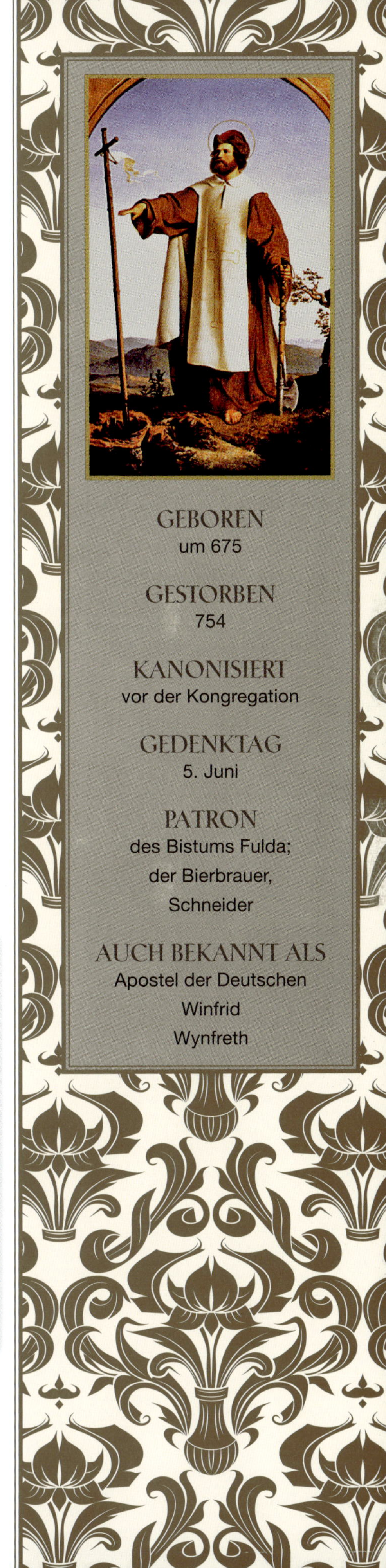

GEBOREN
um 675

GESTORBEN
754

KANONISIERT
vor der Kongregation

GEDENKTAG
5. Juni

PATRON
des Bistums Fulda;
der Bierbrauer,
Schneider

AUCH BEKANNT ALS
Apostel der Deutschen
Winfrid
Wynfreth

KYRILL UND METHOD

Die Brüder Konstantin und Michael wurden als Söhne eines hochgestellten Beamten in Thessaloniki geboren und sind heute als „Apostel der Slawen" bekannt.

Michael nahm den Namen Method an, als er dem weltlichen Leben entsagte, um in einem Kloster im Olymp-Gebirge zu leben. Konstantin, der erst am Ende seines Lebens in ein Kloster eintrat, hatte als Kind Slawisch gelernt und studierte an der Universität von Konstantinopel, wo er später auch lehrte. Er arbeitete auch als Bibliothekar in der Hagia Sophia, bevor er seinem Bruder in das Kloster folgte.

Etwa 861 wurde Konstantin – wahrscheinlich mit Method – vom byzantinischen Kaiser Michael III. auf eine Missionsreise in das Reich der Chasaren am Asowschen Meer gesandt. Konstantin gelang es, viele Chasaren, unter denen auch Muslime lebten, zum Christentum zu bekehren, die Oberschicht nahm jedoch die jüdische Religion an. Auch soll Konstantin auf der Krim die Gebeine von Papst Clemens I. (88–97) gefunden und sie um 868 nach Rom überführt haben.

MISSIONSREISE NACH MÄHREN

863 wurden die Brüder nach Mähren geschickt, auf Bitten des Fürsten Ratislav. Das Land war zwar offiziell christlich, doch hielt die Bevölkerung an heidnischen Traditionen fest. Ratislav hatte gebeten, man möge ihm slawisch sprechende Lehrer senden, die die christliche Theologie in die Sprache seines Volkes übersetzen konnten.

Kyrill und Method waren Prediger, Lehrer und nimmermüde Boten des katholischen Glaubens.

Mehr als vier Jahre predigten die Brüder erfolgreich und bekehrten die Slawen in Mähren. Dennoch stießen sie auf starken Widerstand – nicht seitens der Heiden, sondern seitens fränkischer Missionare, die den Eingriff in ihr Missionsgebiet übel nahmen und den Einfluss Konstantinopels fürchteten, dessen Kirche in einem angespannten Verhältnis zu Rom stand.

Angesichts der Empörung reisten Konstantin und Method nach Rom und stritten auf ihrem Wege mit jenen, die daran festhielten, dass nur drei Sprachen für die Kirche gelten sollten: Griechisch, Latein und Hebräisch. In Rom hieß Papst Hadrian II. die Brüder willkommen, verteidigte ihre Mission und den Gebrauch des Slawischen in der Liturgie. Er ernannte Method zum Erzbischof von Mähren und Pannonien. Konstantin spürte das Ende seines Lebens nahen: Er trat mit dem Ordensnamen Kyrill in ein Kloster in Rom ein, wo er 869 starb.

DER KAMPF FÜR DIE SLAWEN

Method kehrte nach Mähren zurück, traf jedoch trotz der Unterstützung des Papstes auf Widerstand. Ostfränkisch-bayerische Bischöfe ließen ihn 870 festnehmen, und er kam für drei Jahre ins Gefängnis. Durch päpstliche Intervention kam er wieder frei und predigte unermüdlich, musste jedoch stets um den Klerus im Ostfrankenreich herummanövrieren, der ihn schließlich 879 der Irrlehre und des Ungehorsams bezichtigte und zurück nach Rom zwang. Dieses Mal verteidigte ihn Papst Johannes VIII., und Method kehrte nach Mähren zurück. Er starb erschöpft 885 und hinterließ eine Gruppe Gefolgsleute, die fortfuhren, das Evangelium zu predigen und die heiligen Texte zu übersetzen.

OBEN: *Der Bildhauer Albin Polasek schuf diese Statue von Kyrill und Method. In der Tschechischen Republik werden die beiden heiligen Brüder noch heute verehrt.*

LINKS: *Kyrill und Method haben die glagolitische Schrift für die Übersetzung der Bibel ins Slawische entwickelt. Der* Codex Zographensis, *den man erst 1843 in Bulgarien wiederauffand, ist ein illuminiertes altkirchenslawisches Manuskript der Evangelien in glagolitischer Schrift und stammt aus dem 10. oder 11. Jahrhundert.*

NIKON
Metanoites

Im 7. Jahrhundert rückten die Muslime der Arabischen Halbinsel in das Byzantinische Reich vor. Im 10. Jahrhundert drängten die Byzantiner sie zurück, gewannen 944 Edessa und die Inseln Kreta und 965 Zypern. Nikon, der in Pontus (nördliches Kleinasien) geboren wurde, zog in eigener Mission aus, um ehemals byzantinisches Gebiet durch die Rechristianisierung seiner Einwohner zurückzugewinnen.

An vielen Orten waren die Bewohner Christen geblieben, doch ihr Glaube war isoliert vom restlichen Christentum und vom Islam beeinflusst. Nikon erwies sich als unermüdlicher Prediger, der es sich zum Ziel gesetzt hatte, das orthodoxe Christentum in

Nikon rief unermüdlich dazu auf, Buße zu tun, wie es im Evangelium des Matthäus steht.

diesen Gebieten wiederherzustellen. Er reiste durch Kleinasien, Kreta und Griechenland. Wo immer er war, gemahnte Nikon, Buße zu tun. Sein fortwährender Ausruf „Metanoite!" (Tut Buße) trug ihm schließlich seinen Beinamen „Metanoites" ein.

Nikon ist der Schutzpatron von Sparta. Er gründete dort nach 40 Jahren des Reisens und Predigens ein Kloster, in dem er auch starb. Die Informationen über sein Leben beruhen fast ausschließlich auf der Beschreibung *Leben des heiligen Nikon Metanoites*, die der Vorsteher des Klosters in Sparta etwa 50 Jahre nach dem Tode des Heiligen verfasste; sie ist ein wertvolles Dokument über die Rechristianisierung im Byzantinischen Reich.

Tut Buße, denn das Reich der Himmel ist nahegekommen.

❧

MATTHÄUS 3,2

NORBERT
von Xanten

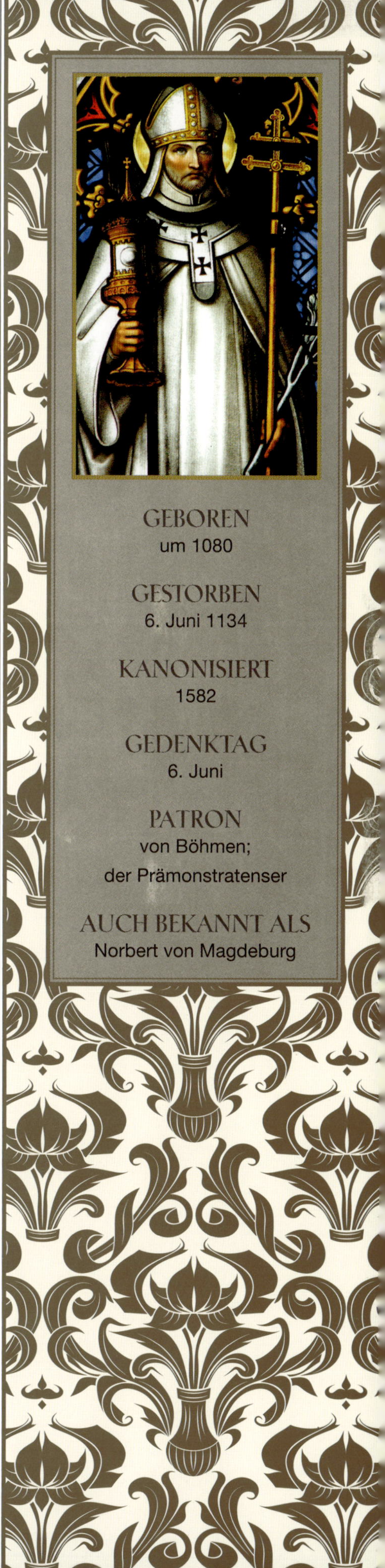

GEBOREN
um 1080

GESTORBEN
6. Juni 1134

KANONISIERT
1582

GEDENKTAG
6. Juni

PATRON
von Böhmen;
der Prämonstratenser

AUCH BEKANNT ALS
Norbert von Magdeburg

Norbert stammte aus adligem Hause, legte die heiligen Gelübde ab und wurde aus politischen Erwägungen Subdiakon und Stiftsherr. Dennoch führte er als Kaplan und Berater am Hof des römisch-deutschen Kaisers Heinrich V. ein verweltlichtes Leben.

Seine Bekehrung im eigentlichen Sinne, die ihn seine bisherige Lebensführung als sinnlos erkennen ließ, soll 1115 stattgefunden haben. Auf dem

Oh Priester, du bist

nicht du, weil du Gottes

Habe bist.

HEILIGER NORBERT VON XANTEN

Weg durch Westfalen geriet er in ein Unwetter, ein Blitz schlug so nahe neben seinem Pferd ein, dass er abgeworfen wurde. Während er bewegungslos im Sturm dalag, hörte er plötzlich eine innere Stimme, die ihm auftrug, Heiligkeit und Frieden zu suchen.

Dieses Ereignis veränderte ihn vollkommen. Er lebte fortan nach seinem Gelübde, verkaufte seinen Besitz und predigte Buße. Seine Bemühungen richteten sich auch auf eine Reform des Klosterlebens. Diese führten ihn schließlich 1121 in Frankreich zur Gründung des neuen Ordens der Prämonstratenser – benannt nach dem Mutterkloster in Prémontré –, der sich der Seelsorge und der Askese verschrieb.

Die Statue des heiligen Norbert von Xanten (links) neben den Heiligen Wenzeslaus und Siegmund auf der Karlsbrücke in Prag.

HYAZINTH
von Polen

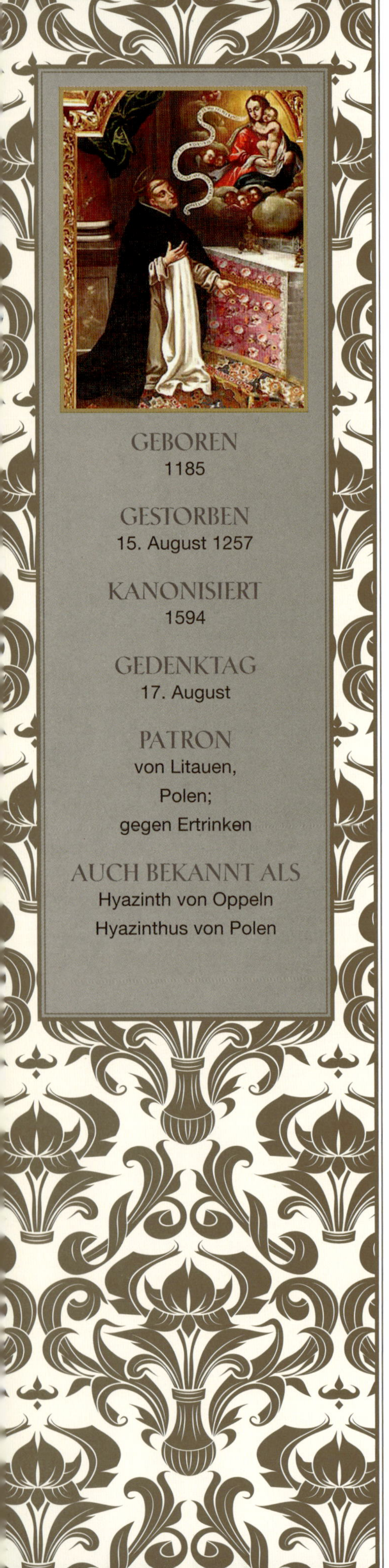

Hyazinth war der Sohn einer schlesischen Adelsfamilie und studierte in Krakau, Prag und Bologna. 1218 reiste er mit seinem Bruder Ceslaus und seinem Onkel, dem Bischof von Krakau, nach Rom. Dort begegnete er dem heiligen Dominikus, von dem er sehr beeindruckt war, und trat in den Dominikanerorden ein. Nachdem er aus Rom zurückgekehrt war, gründete er in vielen Städten Polens Dominikanerklöster; Hyazinths Wirken verdankte sich die Verbreitung des Dominikanerordens in weiten Teilen Nordosteuropas.

Seit 966, als König Mieszko I. zur christlichen Religion übertrat, war Polen zwar offiziell eine christliche Nation, dennoch lebten dort noch viele Heiden. Besonders den Bewohnern in abgelegenen Gegenden galten Hyazinths Bemühungen. Er missionierte auch in Skandinavien – hier waren ebenfalls die Städte und die Oberschicht zum Christentum übergetreten, doch lebten noch heidnische Völker in weniger besiedelten Gebieten – sowie in Moskowien, Russland und Litauen. Hyazinth soll auf dem Wasser gewandelt sein und dafür mehrfach Zeugen an der Weichsel

Hyazinth tat viel für die Ausbreitung des Dominikanerordens. Er missionierte auch in Skandinavien, Russland und Litauen.

und am Dnjepr gehabt haben. Er war ein eifriger Prediger und bekehrte Schismatiker, Häretiker, Heiden und Muslime. Heute ist er als Schutzpatron Polens und Litauens bekannt.

FRANZ
Xaver

Franz Xaver kam nicht weit vom Geburtsort des heiligen Ignatius von Loyola zur Welt, den er 1529 kennenlernte. Diesem schloss er sich als einer der ersten Gefährten an, mit denen Ignatius 1539 dann seinen Orden begründete.

Die Jesuiten konzentrierten sich von Beginn an auf die missionarische Arbeit; jedoch erwarb sich Franz Xaver wegen seines außergewöhnlichen Missionierungseifers bald den Ruf als „größter Missionar" seit Paulus. Auf Bitten König Johanns III. von Portugal begab sich Franz 1541 in die portugiesische Kolonie Goa in Indien. In Goa arbeitete er hart daran, dem unchristlichen Verhalten der dort lebenden Portugiesen entgegenzutreten und die Inder zum christlichen Glauben zu bekehren. Obwohl er zur Seekrankheit neigte und Schwierigkeiten hatte, fremde Sprachen zu erlernen, verbrachte Franz die folgenden sieben Jahre in unermüdlicher missionarischer Tätigkeit in Südindien, Ceylon (Sri Lanka), auf der Malaiischen Halbinsel und den Molukken.

1549 reiste Franz nach Japan, wo er mit solchem Erfolg missionierte, dass bei seiner Abreise 1551 etwa 2000 Christen dort lebten. Auf einer Missionsreise nach China starb Franz, ohne die Sterbesakramente zu erhalten, nach plötzlicher Krankheit auf der Insel Sancian (vor Kanton).

Sein starker Glaube führte Franz Xaver zu einem Leben als jesuitischer Missionar in viele Gebiete Asiens.

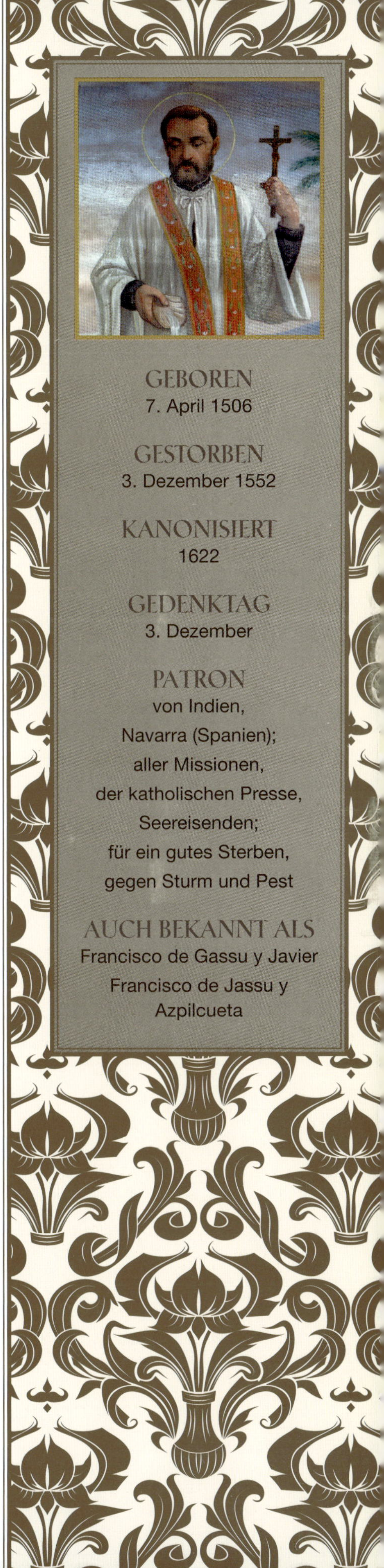

GEBOREN
7. April 1506

GESTORBEN
3. Dezember 1552

KANONISIERT
1622

GEDENKTAG
3. Dezember

PATRON
von Indien,
Navarra (Spanien);
aller Missionen,
der katholischen Presse,
Seereisenden;
für ein gutes Sterben,
gegen Sturm und Pest

AUCH BEKANNT ALS
Francisco de Gassu y Javier
Francisco de Jassu y
Azpilcueta

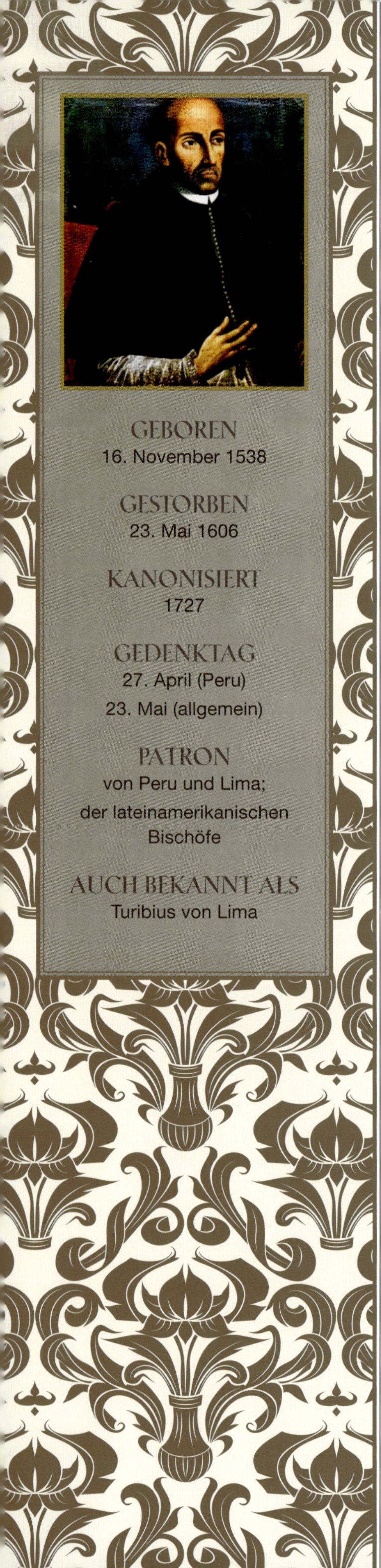

TORIBIO
de Mogrovejo

Toribio Alfonso de Mogrovejo wurde 1580 als Erzbischof nach Lima entsandt und fand bei seiner Ankunft in Peru seine Diözese in einem Zustand geistlichen und moralischen Verfalls vor. Die Spanier hatten das Inkareich 50 Jahre zuvor erobert

Für seine Bemühungen um die Einwohner Perus erntete Toribio den Respekt der Bevölkerung. Als Erzbischof von Lima taufte und bekehrte er etwa eine halbe Million Menschen, darunter auch die bekanntesten Heiligen Südamerikas, Rosa von Lima und Martin von Porres.

und anschließend Tausende Einheimischer bekehrt. Es gab jedoch nur wenige Priester, Religionsunterricht existierte so gut wie gar nicht. So wussten die getauften Indios eigentlich gar nichts über die Religion, der sie angehörten. Die

spanischen Herrscher waren tyrannisch, grausam, unmoralisch und habgierig, was die Lage nur noch verschlimmerte.

Toribios riesiges Bistum erstreckte sich über mehr als 45 000 km² oft unwegsamen Geländes ohne Straßen, doch er reiste in jeden Winkel. Seine erste Reise dauerte sieben Jahre.

In Lima bemühte sich Toribio darum, den Missbrauch der regierenden Autoritäten zu verringern, und reformierte die Geistlichkeit.

Er setzte sich für die Rechte der Indios ein und lernte mehrere der einheimischen Sprachen, um seinen missionarischen Pflichten und seiner Arbeit besser nachgehen zu können. Er baute Kirchen und Krankenhäuser und gründete das erste Priesterseminar Nord- und Südamerikas. Bis zu seinem letzten Tag nahm er seinen missionarischen Auftrag wahr und starb nach kurzer Krankheit in Peru.

Franz
von Solano

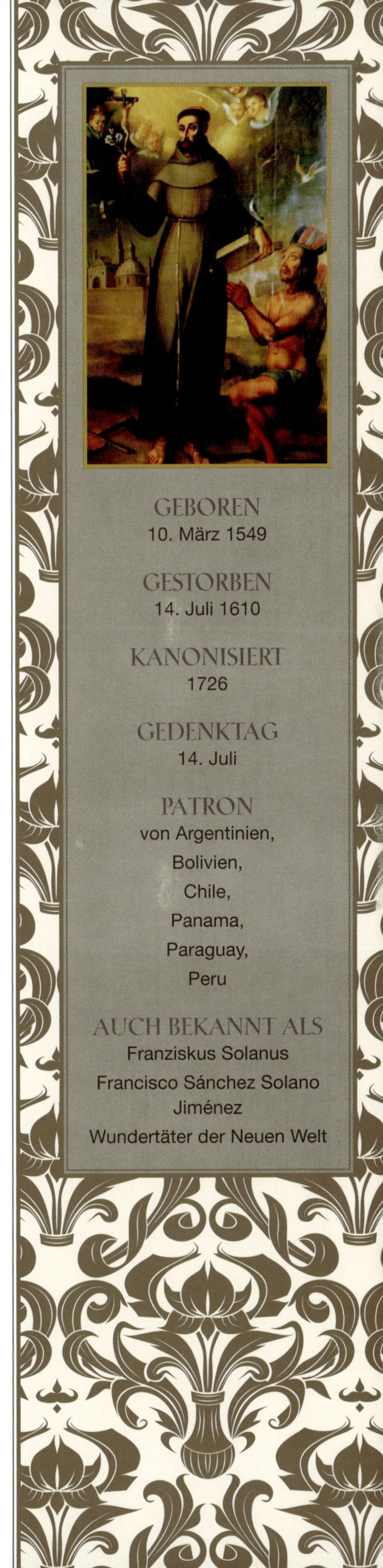

Franz von Solano war ein Missionar im Reformgeist des Toribio de Mogrovejo, den er in Lima traf. Franz hatte an einem Jesuitenkolleg studiert, trat nach seiner Studienzeit 1569 dem Franziskanerorden bei und empfing 1576 die Priesterweihe. Als 1583 in Granada die Pest ausbrach, zeichnete er sich durch seine Fürsorge und seinen Beistand für die Opfer aus, bis er selbst erkrankte.

Wieder genesen, wuchs in ihm das Verlangen, Missionar zu werden. 1589 wurde ihm dies gewährt, und er begab sich nach Südamerika. Doch unterwegs lief sein Schiff während eines Sturmes auf Grund. Anstatt in das Rettungsboot zu flüchten, blieb Franz auf dem Schiff, um die dort zurückgelassenen afrikanischen Sklaven zu taufen. Das Schiff zerbrach schließlich, doch Franz und die übrigen Überlebenden wurden, wie er es prophezeit hatte, gerettet.

1590 kam Franz nach Lima; er reiste durch Südamerika, ließ sich dabei weder durch die Gefahren des schwierigen Geländes, Raubtiere, feindliche Indianer noch die extremen klimatischen Bedingungen beirren. Er besaß eine schnelle Auffassungsgabe und lernte mehrere indianische Sprachen.

20 Jahre zog er predigend durch den Westen des Kontinents, durch Teile des heutigen Kolumbien, Peru, Bolivien, Chile, Argentinien und Paraguay.

Franz von Solano wurde auch als „Wundertäter der Neuen Welt" bezeichnet. Er predigte und taufte viele Menschen in weiten Teilen Südamerikas.

PETRUS
Claver

Petrus Claver trat dem Jesuitenorden in Spanien bei und entschied sich bald, Missionar in der Neuen Welt zu werden. 1610 kam er nach Cartagena im heutigen Kolumbien und war schockiert über die Bedingungen, unter denen die afrikanischen Sklaven lebten. Die Sklaven wurden nach langer Seereise in engen und krankheitsverseuchten Schiffsverschlägen ausgeladen, in Kranke und Gesunde aufgeteilt und gebrandmarkt. Sie erfuhren brutalste, unmenschliche Behandlungen.

In Cartagena, damals größter Sklavenhafen der Kolonialherren, wo jährlich etwa 3000 Schwarzafrikaner ankamen (einigen Schätzungen zufolge bis zu 10 000 in manchen Jahren), suchte Petrus die Schwarzen in den Schiffsverschlägen auf und half, wie er konnte; manchmal trug er die Kranken auf seinem Rücken hinaus. Er verband die Wunden der Sklaven, pflegte die Erkrankten und brachte ihnen, mithilfe von Dolmetschern, die christliche Religion nahe. Während seiner Mission taufte er etwa 100 000 Schwarze.

Petrus sah sich selbst als „Sklave der Sklaven", kümmerte sich als Seelsorger aber auch um die einheimische Bevölkerung, ob in Herrschaftshäusern oder Sklavenhütten. Sein Einsatz für die Sklaven sorgte jedoch für Empörung. Als er 1654 an der Pest starb, verweigerten ihm die Behörden einen christlichen Gottesdienst und genehmigten allein eine zivile Trauerfeier.

> *Um Gott zu lieben, wie Er geliebt werden sollte, müssen wir uns von jeder weltlichen Liebe lösen. Wir dürfen nichts lieben außer Ihm, und wenn wir doch etwas anderes lieben, dürfen wir es nur um Seinetwillen lieben.*
>
> ❋
>
> HEILIGER PETRUS CLAVER

KATHERINE
Maria Drexel

Katherine Maria Drexel widmete ihr langes Leben der Bekehrung, Fürsorge und Erziehung der Amerikaner indianischer und afrikanischer Abstammung. 1858 in Philadelphia geboren, durchlebte sie eine Epoche mit entscheidenden Entwicklungen in der Geschichte der Rechte amerikanischer Minderheiten in den USA, vom Amerikanischen Bürgerkrieg (1861–1865) bis zum Beginn der Bürgerrechtsbewegung ab 1955.

Katherine stammte aus einer sehr reichen katholischen Bankiersfamilie und bekundete schon in jungen Jahren Interesse an einem religiösen Leben. Ihr Mentor war der spätere Bischof von Nebraska, James O'Connor. Im Alter von 31 Jahren legte sie das Nonnengelübde ab. Damals hatte sie bereits eine Schule für amerikanische Indianer in Santa Fe, New Mexico, errichtet.

1889 missionierte sie bei den Dakota-Indianern, und zwei Jahre später gründete sie den Orden der Schwestern vom Heiligen Sakrament, den der Vatikan 1913 bestätigte. Mithilfe ihres Ordens gründete Schwester Katherine Missionsstationen für Indianer, Schulen für Afroamerikaner – darunter die High School, die 1925 zur Xavier University of Louisiana wurde – und 40 Missionszentren. Für diese Projekte verwendete sie ihr gesamtes Vermögen.

1935 erlitt Katherine einen Herzanfall und legte ihr Amt als Generaloberin zwei Jahre später nieder, doch sie betete und arbeitete weiter, selbst als sie im Rollstuhl saß. Ihr Sarg wurde von Afroamerikanern und Indianern zu Grabe getragen.

Die heilige Katherine Maria Drexel ist insbesondere für ihr missionarisches Wirken bei der Evangelisierung der amerikanischen Indianer und Afroamerikaner bekannt.

GEBOREN
26. November 1858

GESTORBEN
3. März 1955

KANONISIERT
2000

GEDENKTAG
3. März

AUCH BEKANNT ALS
Katharine Mary Drexel

ST. LUDMILLA
ST. METHODIUS
ST. WENCESLAUS

Heilige adliger Abkunft

Ein Sprichwort aus der Bibel besagt: „Leichter geht ein Kamel durch ein Nadelöhr als ein Reicher in das Reich Gottes" (Matthäus 19,24). Dennoch gibt es zahlreiche Beispiele von Frauen und Männern, die ihren Reichtum und ihre gesellschaftliche Stellung für die Entwicklung des geistlichen Lebens eingesetzt haben. Einige unter ihnen, wie Wenzeslaus von Böhmen, Wladimir der Große von Russland und Olav II. von Norwegen, spielten bedeutende Rollen in dem Bemühen, ihr jeweiliges Land zum Christentum zu bekehren. Andere, unter ihnen Helena, die Mutter Kaiser Konstantins des Großen, und Eduard der Bekenner von England, gingen mit ihrem eigenen Beispiel voran, führten ein frommes und bescheidenes Leben, trotz ihrer äußerst privilegierten Stellung. Wieder andere Herrscher, wie Ludwig IX. von Frankreich, der vielleicht berühmteste Heilige königlichen Geblüts, spendeten enorme Geldsummen für den Bau von Klöstern, Kirchen und die Errichtung wohltätiger Einrichtungen. Doch in der Tat bilden diese Heiligen adliger Herkunft die Ausnahme von der Regel, die das biblische Sprichwort versinnbildlicht.

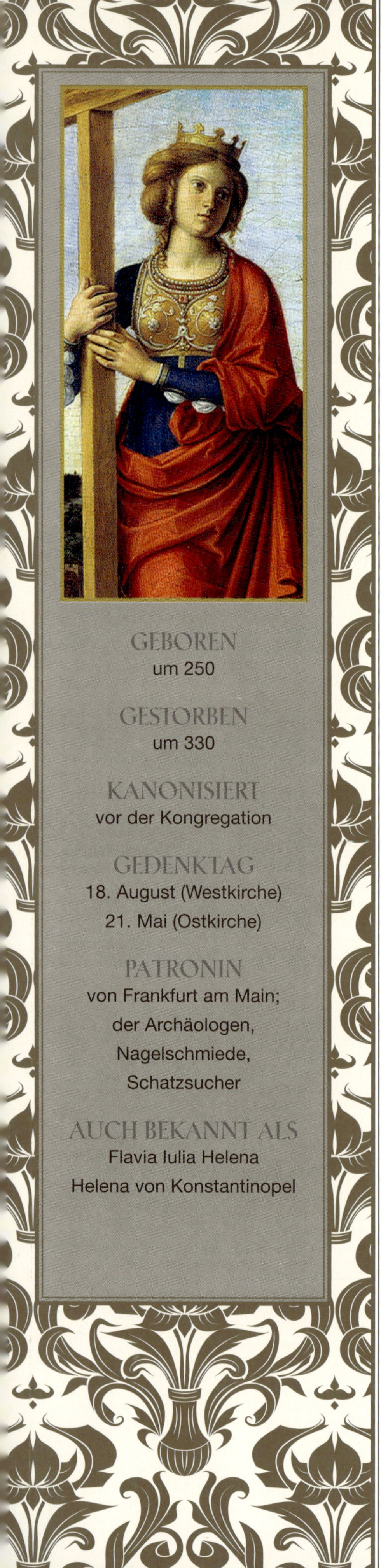

GEBOREN
um 250

GESTORBEN
um 330

KANONISIERT
vor der Kongregation

GEDENKTAG
18. August (Westkirche)
21. Mai (Ostkirche)

PATRONIN
von Frankfurt am Main;
der Archäologen,
Nagelschmiede,
Schatzsucher

AUCH BEKANNT ALS
Flavia Iulia Helena
Helena von Konstantinopel

HELENA

Konstantin der Große war der erste Kaiser des Römischen Reiches, der sich zur christlichen Religion bekannte und auch seine Mutter Helena überzeugte, zu konvertieren. Helena stammte aus einfachen Verhältnissen und war die Gefährtin des Generals Constantius Chlorus. Als dieser als Constantius I. 293 Kaiser wurde, trennte er sich von Helena, doch ihr gemeinsamer Sohn Konstantin, der 306 zum römischen Kaiser erhoben wurde, stellte ihr Ansehen wieder her.

312 ließ sie sich taufen; ihre Hingabe an den christlichen Glauben war so vollkommen, dass Zeitgenossen meinten, sie sei seit ihrer Geburt Christin gewesen. Helena nutzte ihren Reichtum, um den Armen zu helfen, ließ Kirchen und Klöster errichten, besuchte Gefangene und sorgte in einigen Fällen auch für deren Entlassung. Sie trug einfache Kleider und führte ein Leben, das einer römischen Kaiserin gar nicht angemessen schien.

Nachdem Konstantin 324 alleiniger Herrscher Roms wurde, begab sich Helena auf eine Pilgerreise nach Palästina. Sie stiftete dort zwei Kirchen und soll der Legende nach in Jerusalem auch das Kreuz Christi wieder aufgefunden haben. Helena starb wahrscheinlich in Palästina oder Nikomedia und wurde in Rom beigesetzt.

Statue der heiligen Helena im Petersdom in Rom

WENZESLAUS I.
von Böhmen

Wenzeslaus war der Sohn des Herzogs Vratislav I. von Böhmen und der Drahomíra von Stodor. Er wurde von seiner christlichen Großmutter Ludmilla erzogen. Als sein Vater 921 starb, übernahm Wenzelaus' Mutter Drahomíra die Vormundschaft für den noch minderjährigen Thronfolger. Sie ließ Ludmilla ermorden, möglicherweise, um eine rivalisierende politische Macht aus dem Weg zu räumen, vielleicht aber auch aus religiösen Gründen – Drahomíra war Heidin und keine Freundin der Christen. 922 übernahm Wenzelaus die Herrschaft in Böhmen.

Wenzeslaus führte seine Regierung mit Umsicht und trieb die Christianisierung seines Volkes voran. Doch die starke antichristliche Politik seiner Mutter fand viele Unterstützer im Volk, und zudem machten ihn seine Christianisierungsbemühungen bei den Heiden im Lande unpopulär. Auch seine Anerkennung der Oberhoheit König Heinrichs I. (Heinrich der Vogler) trug ihm viele Widersacher ein.

Wenzeslaus' Todesjahr wird je nach Quelle auf 929 oder 935 datiert. Sein Bruder Boleslav, der von Drahomíra erzogen worden war, ließ ihn ermorden und wurde sein Nachfolger als Herzog von Böhmen. Die unerwartete Verehrung von Wenzeslaus nach dessen Tod veranlasste Boleslav, die Gebeine seines Bruders in die St.-Veits-Rotunde in Prag zu überführen. Binnen eines Jahrhunderts wurde Wenzeslaus zum Landespatron von Böhmen.

Die heilige Ludmilla von Böhmen. Sie zog ihren Enkel Wenzeslaus auf und wurde kurz nach ihrem Tod 921 heiliggesprochen. Ludmilla und ihr Ehemann Bořivoj I. von Böhmen wurden sehr wahrscheinlich durch die Heiligen Kyrill und Method zum christlichen Glauben bekehrt.

GEBOREN
um 907

GESTORBEN
September 929 oder 935

KANONISIERT
vor der Kongregation

GEDENKTAG
28. September

PATRON
von Tschechien (Böhmen)

AUCH BEKANNT ALS
Wenzel von Böhmen
Wenzel I. der Heilige

WLADIMIR
der Große

GEBOREN
um 955

GESTORBEN
15. Juli 1015

KANONISIERT
vor der Kongregation

GEDENKTAG
15. Juli

PATRON
von Russland

AUCH BEKANNT ALS
Wladimir I. Swjatoslawitsch
Wladimir I.
Wladimir I. der Heilige
Wladimir I. von Kiew

Nachdem er im Machtkampf mit seinen Brüdern gesiegt hatte, regierte Wladimir als Alleinherrscher über die Kiewer Rus. Doch suchte er sich von seinen Verpflichtungen gegenüber Schweden zu befreien, das ihm mit einem Söldnerheer geholfen hatte, und wandte sich dem Byzantinischen Reich zu. Als Wladimir 988 zum Christentum übertrat, war dies ein bedeutender Schritt in der stufenweisen Hinwendung zur Ostkirche. Die Gründe für seine Loslösung von der heidnischen Religion waren primär politischer Natur – Teil einer Allianz mit Konstantinopel –, doch seine Bekehrung war dennoch aufrichtig.

988 heiratete Wladimir die Tochter des byzantinischen Kaisers Basileios II., eine Christin; im gleichen Jahr ließ er sich taufen. Er erhob die christliche Religion nach byzantinischem Ritus zur Staatsreligion, zerstörte heidnische Idole und ermutigte sein Volk, zum Christentum überzutreten. Obwohl seine Unterstützung griechischer Missionare und seine Allianz mit Konstantinopel dazu führten, dass Russland dem Weg der orthodoxen Ostkirche folgen sollte, erkannte auch die römisch-katholische Kirche Wladimirs Heiligkeit an.

Wladimir war Russlands erster christlicher Herrscher und ist einer der Schutzpatrone des Landes. Er dehnte den Herrschaftsbereich der Kiewer Rus aus. 1015 fiel er im Kampf gegen einen seiner Söhne bei Kiew.

Die Taufe Wladimirs. Die Entscheidung für das orthodoxe Christentum als neue Religion basierte auch auf der Reaktion seiner Gesandten, die von der reinen Schönheit der byzantinischen Kirche berichteten. Nach seiner Konversion war Wladimir jedoch ein überzeugter Christ.

HEINRICH II.

Heinrich wurde in die dynastischen Auseinandersetzungen des deutschen Adels hineingeboren und 995, nach dem Tode seines Vaters, Herzog von Bayern. Umstritten war auch seine Wahl zum König des Ostfrankenreiches 1002; 1014 wurde er römisch-deutscher Kaiser. Er war gezwungen, gegen zerstrittene Verwandte, Rebellen und fremde Mächte zu kämpfen, und widmete seine Regentschaft der Stärkung und Einigung des Heiligen Römischen Reiches, das sich in der direkten Nachfolge Roms sah.

Heinrichs Ergebenheit an den katholischen Glauben war zum Teil auch politisch motiviert. So versetzte ihn etwa seine Unterstützung der Bischöfe in die Lage, die stabile Kirchenhierarchie in der Auseinandersetzung mit den aufständischen Reichsfürsten für seine Interessen zu nutzen.

In jungen Jahren hatte er eine Ausbildung für das Priesteramt durchlaufen. Er errichtete die Diözese von Bamberg in der Absicht, eine Art Zentrum für missionarische Aktivitäten zu schaffen, gründete Schulen, Klöster und das Basler Münster. Heinrich war ein tieffrommer und ergebener Katholik, doch es trifft wohl nicht zu, dass er und seine

Die heilige Kunigunde von Luxemburg. Die Gattin Heinrichs II. ist die Patronin von Luxemburg, ihr Gedenktag ist der 3. März.

Frau Kunigunde sich Enthaltsamkeit geschworen hatten. Auch Kunigunde wird als Heilige verehrt.

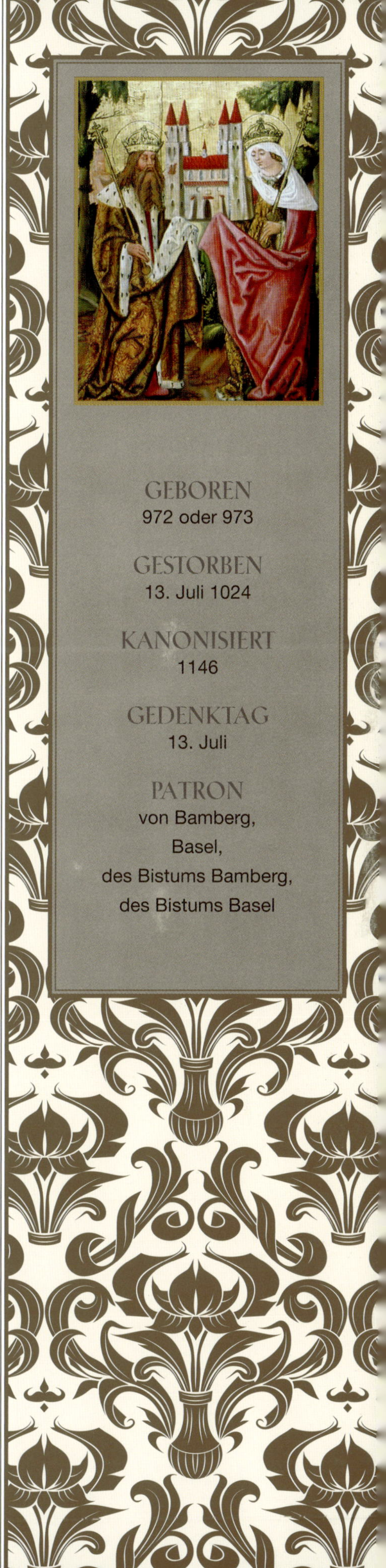

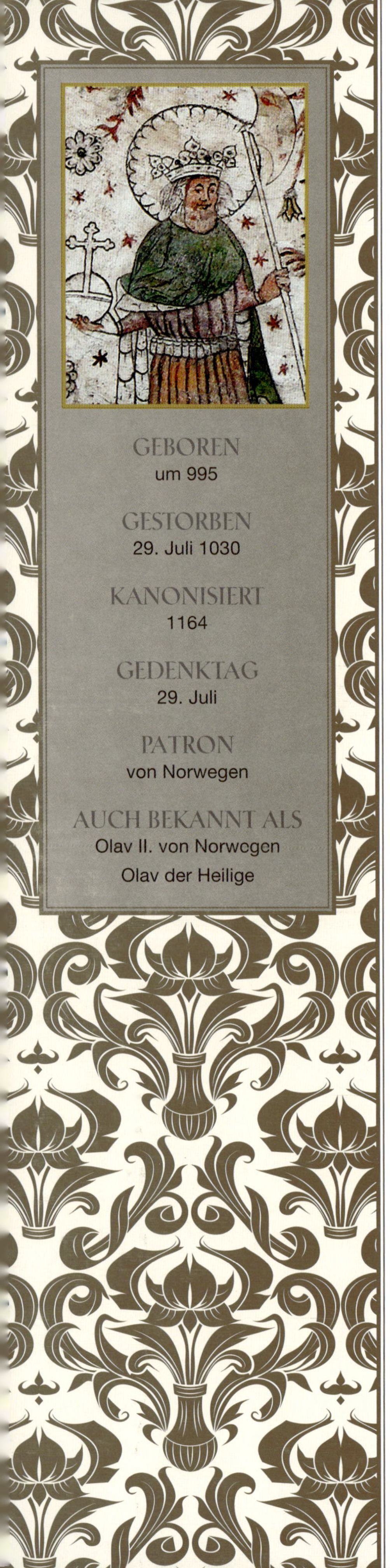

GEBOREN
um 995

GESTORBEN
29. Juli 1030

KANONISIERT
1164

GEDENKTAG
29. Juli

PATRON
von Norwegen

AUCH BEKANNT ALS
Olav II. von Norwegen
Olav der Heilige

OLAV
Haraldsson

Olav trat wahrscheinlich um 1013 in Frankreich zum christlichen Glauben über. Die von seinem Vorgänger Olav Tryggvason begonnene Christianisierung Norwegens setzte er fort.

Als Olav heranwuchs, befand sich Norwegen unter dänischer Vorherrschaft, und er verbrachte seine Jugend bei Verwandten in Russland. Er nahm an Wikingerfeldzügen im baltischen und nordatlantischen Raum teil.

1015 kehrte Olav nach Norwegen zurück und begann mit der Unterwerfung des Landes; im Jahr darauf bestieg er Norwegens Thron. Seine Anstrengungen galten der politischen Einigung und insbesondere der Christianisierung des Landes, einschließlich der Regionen, die noch wenig Berührung mit dem Christentum gehabt hatten. Dabei führte er einen unerbittlichen, mitunter gewaltsamen Kampf gegen die Gegner des Christentums. Mehrere gegen Olavs Herrschaft opponierende Stammesfürsten schlossen sich Knut dem Großen an, König von Dänemark und England, der Norwegen 1028 eroberte und sich zum König erklärte.

1029 wurde Olav ins Exil gezwungen, kehrte aber ein Jahr später mit einer Armee zurück. Diese Rückeroberung war jedoch nur von kurzer Dauer, denn Olav fiel 1030 in der Schlacht von Stiklestad. Olav wurde als Märtyrer verehrt.

Auf der Krumme dieses Bischofsstabs aus dem 14. Jahrhundert ist der heilige Olav mit einer Streitaxt abgebildet, ein Attribut, das auf ihn als kriegerischen Herrscher verweist.

STEPHAN I.
von Ungarn

Stephans Vater Géza leitete 972 die Christianisierung in seinem Land ein, doch war für Géza die neue Religion nicht mehr als ein Lippenbekenntnis. Stephan dagegen war sich der Bedeutung seiner Taufe bewusst, und als er 997 an die Macht kam, bat er Papst Silvester II. um die Anerkennung als christlicher Regent. Der Papst sandte ihm die Stephanskrone, mit der sich Stephan 1001 zum König von Ungarn krönen ließ, und verlieh Stephan zudem den Titel „Apostolischer König".

Stephans Politik galt der Einigung der zersplitterten Stämme in seinem Land; er erließ neue Gesetze, richtete neue Strukturen zur Regierung des Landes ein und ließ zahlreiche königliche Festungen bauen. In seinem Bemühen, die Christianisierung seines Volkes zu vollenden, gründete er zahlreiche Klöster und teilte das Reich in Diözesen auf. Seine tiefe Hingabe an den Glauben verdeutlicht eine wohl zutreffende Beschreibung: Demnach soll er sich des Öfteren verkleidet haben, um eigenhändig Almosen unter den Armen des Landes zu verteilen, und einmal nur knapp den Überfall von Verbrechern überlebt haben.

Stephans Sohn, den er sorgfältig erzogen hatte, um die christliche Zukunft des Landes sicherzustellen, starb bei der Jagd. Danach ging die Krone an weniger gläubige Herrscher. Die Verehrung Stephans begann sehr bald und dauert

Hab Erbarmen mit allen, die Gewalt erleiden, halte immer das Beispiel des Herrn im Herzen, der sagte: „Ich wünsche Barmherzigkeit, nicht Opfer."

STEPHAN I. VON UNGARN ZU SEINEM SOHN

bis heute an. Die Ungarn sehen in ihm nicht nur den Gründer der Nation, sondern auch ihren Nationalheiligen.

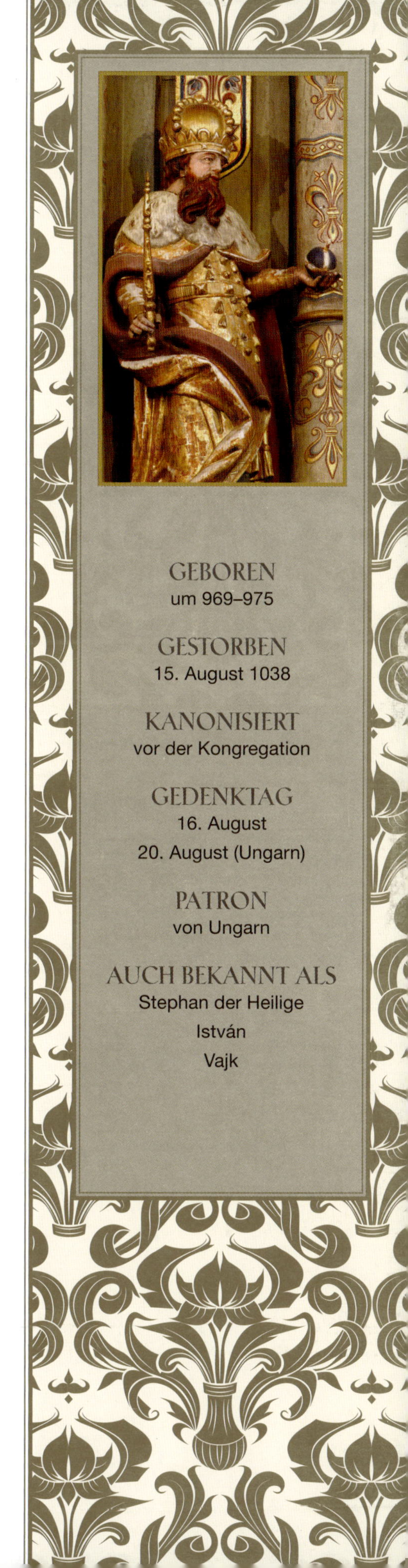

GEBOREN
um 969–975

GESTORBEN
15. August 1038

KANONISIERT
vor der Kongregation

GEDENKTAG
16. August
20. August (Ungarn)

PATRON
von Ungarn

AUCH BEKANNT ALS
Stephan der Heilige
István
Vajk

KURZ ERLÄUTERT:

Reliquien

Reliquien sind ein bedeutender Bestandteil der Heiligenverehrung, sowohl in der römisch-katholischen wie auch in der orthodoxen Tradition. Es handelt sich dabei um Gegenstände, die einmal in physischen Kontakt mit dem Heiligen kamen, oder – von noch größerer Bedeutung – um körperliche Überreste der Heiligen: Knochen, Haar oder ihr erhaltener Körper. In den orthodoxen Kirchen konzentriert sich die Heiligenverehrung meist auf Ikonen. Die erste Erwähnung von Reliquien in christlicher Überlieferung findet sich in der Apostelgeschichte (19,1–12), wo berichtet wird, wie Wäschestücke des heiligen Paulus die Kranken heilten und Dämonen austrieben.

Im Mittelalter waren Reliquien äußerst gesuchte Gegenstände; sie zogen eine große Anzahl von Gläubigen und Pilgern an, wovon die Klöster, Kirchen und Kathedralen, die sie beherbergten, profitieren konnten. Mitunter wurden

Wir huldigen den Reliquien der Märtyer nicht mit Gottesdienst, wir beten sie nicht an; aber wir verehren sie, um Denjenigen anzubeten, um dessentwillen sie Märtyrer wurden.

HEILIGER HIERONYMUS (EP. 37)

die Reliquien in kostbaren Reliquiaren aufbewahrt. Doch kam es auch zu vielen Fälschungen, und so lehnten die Protestanten während der Reformation die Reliquienverehrung rundheraus ab. In der katholischen wie in der orthodoxen Heiligenverehrung blieben Reliquien jedoch wichtige, heilige Gegenstände, und der Erwerb gilt noch immer als bedeutendes Ereignis.

Reliquien erster Klasse des heiligen Bonifatius: Reliquienkissen mit einem Knochenfragment des Heiligen in der Mitte sowie Knochenfragmenten der Heiligen Benedikt von Nursia und Bernhard von Clairvaux an den Kissenecken.

RECHTS: *Kopfreliquiar des heiligen Martin von Tours aus dem 14. Jahrhundert. Im 10. Jahrhundert wurden Reliquien oft in Behältnissen aufbewahrt, die die Form der Reliquie selbst hatten, wie ein Fuß oder Arm.*

UNTEN: *Ein Reliquienkasten aus dem 12. Jahrhundert. Mittelalterliche Kunsthandwerker schufen solche aufwendig gearbeiteten Behältnisse zur Aufbewahrung der Heiligenreliquien.*

KLASSIFIZIERUNG DER RELIQUIEN

Die katholische Kirche unterscheidet drei Kategorien von Reliquien.

Erste Klasse: Gegenstände, die in direkter Verbindung mit dem Leben Jesu stehen, wie das Kreuz und das Leichentuch, oder bei denen es sich um die körperlichen Überreste eines Heiligen handelt, wie Knochen, Haar oder Teile des Körpers.

Zweite Klasse: Kleidungsstücke, die die heilige Person getragen hat, oder Gegenstände, die sie besaß oder regelmäßig benutzte, wie ein Rosenkranz oder ein Buch.

Dritte Klasse: Gegenstände, die mit den Reliquien der ersten oder zweiten Klasse in Berührung kamen, etwa einzelne Stofffetzen.

Die Stephanskrone, die Stephan I. von Ungarn trug;, ein Beispiel für eine Reliquie zweiter Klasse.

GEBOREN
um 1003

GESTORBEN
5. Januar 1066

KANONISIERT
1161

GEDENKTAG
13. Oktober

PATRON
von England;
der englischen Könige

EDUARD
der Bekenner

Nach der Machtübernahme der Dänen 1013 in England wuchsen Eduard und sein Bruder Alfred im Exil auf und verbrachten einige Zeit in der Normandie, wo Eduard sich einem religiösen Leben zuwandte. Der Kampf um die Rückeroberung des englischen Thrones führte 1035 oder 1036 zu Alfreds Tod. Dennoch ernannte der dänische Herrscher von England, Harthacnut (Hardeknut), seinen Halbbruder Eduard zu seinem Nachfolger. Eduard bestieg den englischen Thron 1042.

Der Teppich von Bayeux stellt die Eroberung Englands durch die Normannen dar. König Eduard der Bekenner entsendet Harold Godwinson als Boten in die Normandie.

DER BEKENNER

Auch als König behielt Eduard seinen Respekt für die Kirche bei und stärkte ihre Position in England, hieß päpstliche Abgesandte willkommen und vergrößerte den Reichtum des Bistums Westminster, wo er eine Kirche bauen ließ, in der er später beigesetzt werden sollte. Sein Engagement für Westminster resultierte aus dem Gelübde, sich auf eine Pilgerreise nach Rom zu begeben; als seine königlichen Pflichten es jedoch unmöglich machten, dies zu erfüllen, erlaubte ihm der Papst, stattdessen Westminster auszubauen.

Eduard erwarb sich den Ruf als tiefreligiöser und demütiger Herrscher, was zu seinem Beinamen „der Bekenner" führte. Seine Untergebenen schätzten ihn für seine Großzügigkeit, sein persönliches Interesse und seine Fürsorge für die Armen und den Erlass der hohen Steuern für das Volk. Eine Legende berichtet von Eduards Wohltaten und seiner Heiligkeit: 1063 zog Eduard vor einer Johannes dem Evangelisten geweihten Kapelle seinen Ring vom Finger und überreichte ihn einem Bettler. Zwei Jahre später begegnete zwei englischen Pilgern auf ihrer Reise durch Palästina ein alter Mann, der sich als heiliger Johannes zu erkennen gab. Er schenkte ihnen den Ring, den Eduard dem Bettler gegeben hatte, und sagte, er werde Eduard im Himmel begegnen.

1066

Eduard musste sich nicht nur gegen die Monarchen Skandinaviens behaupten, sondern auch gegen den Adelsstand im eigenen Land. Die meisten Schwierigkeiten verursachte ihm der Herzog Godwin von Wessex. Schlau und machtvoll, hatte Godwin 1042 Eduard unterstützt. Der Einfluss der Normannen auf Eduard jedoch war ihm ein Dorn im Auge; Godwin war der Ansicht, dass der König − nebst anderen Fehlern − dazu neigte, normannische Bischöfe über die englischen zu erheben. Trotz dieser Bedenken verheiratete Godwin seine Tochter Edith mit Eduard, doch die Verbindung zerbrach, und Godwin musste mit seiner Familie, einschließlich seiner Tochter, ins Exil gehen. Eduards Ehe, behauptete man, sei aufgrund seines Keuschheitsgelübdes nie vollzogen worden. Auf Drängen des Volkes lenkte Eduard jedoch ein, und so kehrte Godwin zurück.

Eduard starb im Jahr 1066 kinderlos. Der Tod des Königs entfachte einen heftigen Streit unter den potenziellen Nachfolgern, zu denen Godwins Sohn Harold, Harald Hardrada von Norwegen und Wilhelm, Herzog der Normandie (Wilhelm der Eroberer), gehörten, dessen erfolgreiche Invasion Ende 1066 als Wendepunkt in der englischen Geschichte gilt.

Eduards Popularität wuchs im späten Mittelalter. Papst Alexander III. sprach Eduard 1161, vor allem dank Heinrichs Bemühen, heilig.

OBEN: *Von der ersten Westminster Abbey sind keine Überreste erhalten, doch Heinrich III. ließ die Kirche zu Ehren Eduards neu errichten und seine Reliquien in einem Schrein im Altarraum aufbewahren.*

LINKS: *Eine der Tafeln des aus dem 14. Jahrhundert stammenden* Wilton-Diptychons *zeigt Eduard den Bekenner zwischen Edmund dem Märtyrer und Johannes dem Täufer, vor ihnen kniet Richard II.*

LINKS: *Eine Szene des Teppichs von Bayeux stellt den feierlichen Begräbniszug für Eduard dar.*

GEBOREN
um 1045

GESTORBEN
16. November 1093

KANONISIERT
1250

GEDENKTAG
10. Juni

PATRONIN
von Schottland

AUCH BEKANNT ALS
Margaret of Scotland

MARGARETA
von Schottland

Als Enkelin des angelsächsischen Königs Edmund Ironside war Margareta während der Zeit der dänischen Herrschaft in England gezwungen, mit ihrer Familie im Exil zu leben. Sie wuchs in Ungarn auf, wo sie eine exzellente Erziehung erhielt, eine fromme Christin wurde und den Wunsch äußerte, ein religiöses Leben in Keuschheit zu führen.

Nach dem Tod des letzten dänischen Königs von England, Harthacnut (Hardeknut), kehrte Margareta nach England zurück, doch nach 1066 betrachteten die normannischen Herrscher Margareta und ihre Familie als Personae non gratae, und sie floh nach Schottland. Dort begegnete sie König Malcolm III., den sie 1069 heiratete. Der König war Margareta in tiefster Liebe verbunden und gestand ihr großen Einfluss am Hofe und auch gegenüber der schottischen Kirche zu.

Sie leitete Kirchenreformen ein, las die Evangelien und kirchliche Literatur und gründete mehrere Kirchen und Klöster, darunter die Benediktinerabtei Dunfermline, wo sie später bestattet wurde. Sie führte die schottische Kirche wieder zur römisch-katholischen Liturgie.

Margareta starb mit 47 oder 48 Jahren. Einer ihrer Söhne, David, wurde König von Schottland und ebenfalls heiliggesprochen. Ihr Ehemann wurde 1093 in einer Schlacht gegen Wilhelm II. von England getötet.

Margareta von Schottland wurde in der Kirche der Abtei Dunfermline bestattet. König David I. von Schottland baute die Kirche zu Ehren seiner Mutter.

DAVID I.

David war das jüngste Kind von König Malcolm III. von Schottland und dessen Frau, der heiligen Margareta. Er bestieg den schottischen Thron 1124. Durch seine Heirat wurde er zum Earl of Huntingdon und erhob äußerst wagemutig auch Anspruch auf die englische Grafschaft Northumberland.

Eine von Davids Schwestern hatte den englischen König geheiratet; ihre Tochter Mathilda erhob nach dem Tod ihres Vaters 1135 Anspruch auf den Thron, wurde aber von ihrem Cousin Stephan von Blois herausgefordert. Es kam zum englischen Bürgerkrieg 1135–1154, aus dem Stephan als Sieger hervorging. David unterstützte seine Nichte in diesem Kampf, auch im Hinblick auf seinen eigenen Anspruch auf die englischen Grafschaften. Obwohl er eine militärische Niederlage erlitt, gewann er Northumberland und Cumberland.

David, der in England erzogen worden war, erwies sich als resoluter und ambitionierter Herrscher. Als König von Schottland führte er Reformen nach anglo-normannischem Vorbild ein, darunter Änderungen im Rechtssystem und die Stärkung des Handels, damit die Städte wachsen konnten. David war

König David I. gründete Melrose Abbey; von dem Kloster sind nur noch Ruinen erhalten.

tiefreligiös und bemühte sich, die Stellung der schottischen Kirche zu konsolidieren und sie von englischen und skandinavischen Erzbistümern unabhängig zu halten, was ihm letztlich nicht gelang. Er gründete Kirchen und Klöster und trug viel zur Verbreitung des Mönchstums und zur Marienverehrung bei. Er war bekannt für seine großzügigen Almosen und wurde bald nach seinem Tode verehrt.

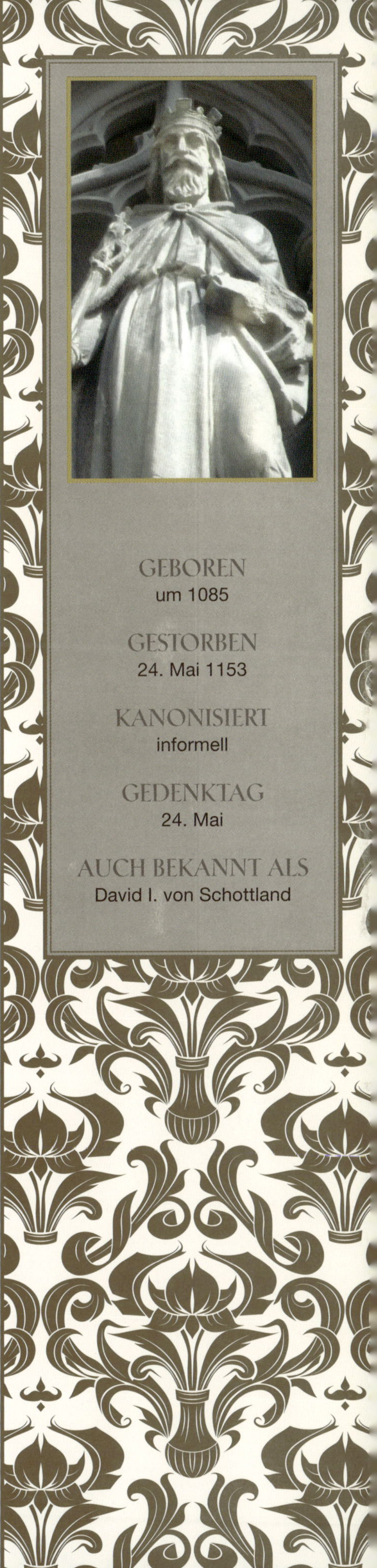

GEBOREN
um 1085

GESTORBEN
24. Mai 1153

KANONISIERT
informell

GEDENKTAG
24. Mai

AUCH BEKANNT ALS
David I. von Schottland

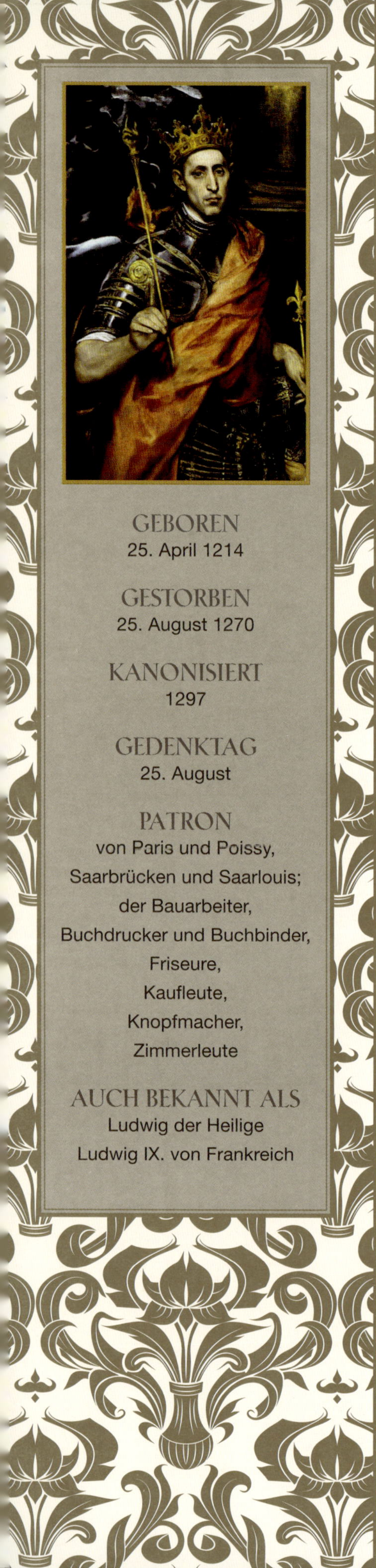

GEBOREN
25. April 1214

GESTORBEN
25. August 1270

KANONISIERT
1297

GEDENKTAG
25. August

PATRON
von Paris und Poissy,
Saarbrücken und Saarlouis;
der Bauarbeiter,
Buchdrucker und Buchbinder,
Friseure,
Kaufleute,
Knopfmacher,
Zimmerleute

AUCH BEKANNT ALS
Ludwig der Heilige
Ludwig IX. von Frankreich

LUDWIG IX.

Ludwig IX. herrschte zu einer Blütezeit französischer Macht und Kultur. Ludwig war ein Förderer der Kultur und unterstützte die damals geradezu explosionsartige Ausbreitung gotischer Architektur. Er zeigte sich interessiert an den intellektuellen Errungenschaften seiner Zeit und pflegte Freundschaften mit Thomas von Aquin und Robert de Sorbon, der 1257 die erste Universität von Paris, die Sorbonne, gründete.

DIE HERRSCHAFT LUDWIGS IX.

Ludwigs Vater starb 1226. Da Ludwig erst zwölf Jahre war, übernahm seine Mutter Blanche (Blanka von Kastilien) die Vormundschaft. Sie konnte sich

Um Streit zu vermeiden, widerspreche nie, es sei denn, es wird gesündigt oder ein Nachbar ist in Gefahr; und wenn du anderen widersprechen musst, so tue es mit Takt und nicht mit Zorn.

in dem Streit mit England über die Vorherrschaft in einigen großen und reichen Territorien die päpstliche Unterstützung Frankreichs sichern. Blanche beendete auch den Albigenserkreuzzug, der als katholischer Angriff auf die Häresie in Südfrankreich begonnen hatte, dann aber zu einem politischen Desaster eskaliert war. Mit 20 Jahren übernahm Ludwig die Regentschaft und wurde ein Vorbild für christliche Monarchen; er herrschte mit Weisheit,

Ludwig verteilt Almosen an Bettler. Bereits als junger König soll Ludwig freigebig gewesen sein.

Diplomatie und Tugend. Er spendete an Kirchen, unterstützte Klosterorden, stärkte die Geltung des Rechts und gründete ein Krankenhaus für Blinde, das es noch heute gibt. 1259 handelte Ludwig mit seinem Schwager König Heinrich III. von England eine Abmachung aus, die den sechsjährigen Kampf um die Normandie beendete, jedoch nicht den Hundertjährigen Krieg abwenden konnte.

DIE DORNENKRONE

1239 bot Kaiser Balduin II. von Konstantinopel Ludwig aus Dankbarkeit für dessen Unterstützung den Kauf einer außergewöhnlichen Reliquie an: ein Stück aus der Dornenkrone Christi – und später auch ein Stück vom Kreuz Christi. Obwohl Balduin einen hohen Preis verlangte, zögerte Ludwig nicht. Zur Aufbewahrung der Reliquien ließ er die Sainte-Chapelle in Paris bauen, das wohl berühmteste Bauwerk, das unter seiner Herrschaft entstand, und heute eines der am besten erhaltenen Beispiele gotischer Architektur.

LUDWIG DER KREUZFAHRER

1244 beendeten Muslime die christliche Vorherrschaft in Jerusalem, der ein Vertrag von 1229 zugrunde lag. Ludwig rief einen Kreuzzug aus, um die Heilige Stadt zurückzuerobern, obwohl er schwer krank war. Nach vierjähriger Vorbereitung brach er 1248 zum sechsten Kreuzzug auf, 1249 nahm er das ägyptische Damiette ohne große Mühe ein. Dies sollte jedoch der einzige Lichtblick sein. Die Kreuzfahrer wüteten abscheulich, sehr zum Leidwesen des Königs. Krankheiten griffen um sich, und im Februar 1250 wurde das Heer der Kreuzfahrer bei al-Mansura in Ägypten

Auch wenn die von ihm geführten beiden Kreuzzüge ins Heilige Land ein Desaster aus christlicher Sicht waren, so glaubte Ludwig IX. zutiefst an deren Richtigkeit.

vernichtend geschlagen. Ludwig wurde gefangen genommen, aber gegen ein Lösegeld und das Versprechen seines Rückzugs nach Damiette mit den anderen Gefangenen freigelassen.

Ludwig reiste durch die christlichen Gebiete Palästinas, kehrte aber 1254 nach Frankreich zurück, ohne viel erreicht zu haben. 1270 zog er in einen weiteren Kreuzzug nach Tunis. Nach seiner Ankunft in Tunis erkrankte er schwer und starb kurz darauf. Sogar auf dem Sterbelager versuchte der Monarch noch eine fromme Mission, indem er die griechischen Gesandten bat, Versöhnung mit der römisch-katholischen Kirche zu suchen.

Eine Statue Ludwigs in der Sainte-Chapelle in Paris

NIKOLAUS II.
Alexandrowitsch

Nikolaus II. bestieg den russischen Zarenthron 1894. Er zeichnete sich während seiner Regentschaft durch eine autokratische, wenig reformbereite Politik aus. Wie seine deutschstämmige Frau Alexandra war er tiefreligiös. Im Zuge der Oktoberrevolution war er 1917 gezwungen, abzudanken. Er und seine Familie wurden zunächst unter Arrest gestellt und im Sommer 1918 ermordet.

Die Jahrzehnte später gefundenen Überreste wurden DNA-Tests unterzogen, die die Identität bestätigten. Etwa zur gleichen Zeit erhob sich in der Kirche die Frage der Heiligsprechung, um die ein heftiger Streit entbrannte. Niemand zweifelte an der tiefen Religiosität Nikolaus' II., doch Kritiker warfen ihm vor, dass seine inkompetente Herrschaft und seine autokratische Politik die Russische Revolution beschleunigt, wenn nicht gar hervorgerufen hätten.

Dazu kam, dass die Kirchenautoritäten ihm den Status des Märtyrers verweigerten, weil er nicht für den Glauben gestorben war. Schließlich wurde er 2000 von der russisch-orthodoxen Kirche als „Passionsträger" heiliggesprochen, der durch die Hand politischer Feinde litt und starb – wie einst Jesus Christus. Die Heiligsprechung von Nikolaus erfolgte gemeinsam mit der seiner ermordeten Familienangehörigen sowie weiterer 860 orthodoxer Gläubiger, die während der Revolution als Märtyrer starben.

Nikolaus 1911 mit seiner Frau Alexandra und ihren Kindern. 2000 wurde die gesamte Familie als „Passionsträger" heiliggesprochen.

Register

I

Ignatius von Antiochia, hl. 13
Ignatius von Loyola, hl. 164
Íñigo López de Loyola, *siehe*
Ignatius von Loyola, hl.
Inkareich 198
Inquisition 75, 121, 124, 137, 159
Investiturstreit 64, 65
Iona (Irland) 153, 185, 190, 214
Irenäus von Lyon, hl. 45
Irenäus von Smyrna, *siehe* Irenäus
von Lyon, hl.
Isabel Flores de Lima, *siehe* Rosa
von Lima, hl.
Isidor von Sevilla, hl. 62

J

Jacek Odrowąż, *siehe* Hyazinth von
Polen, hl.
Jakobus Boanerges, *siehe* Jakobus
der Ältere, hl.
Jakobus der Ältere, hl. 90
Jakobus der Große, *siehe* Jakobus
der Ältere, hl.
Jakobus Zebedäus, *siehe* Jakobus
der Ältere, hl.
James Watson House 174
Japan 41, 197
Jean-Marie-Baptiste Vianney, hl.
127
Jean-Marie Vianney, *siehe* Jean-
Marie-Baptiste Vianney, hl.
Jeanne d'Arc, *siehe* Johanna von
Orléans, hl.
Jeanne la Pucelle, *siehe* Johanna von
Orléans, hl.
Jehudiel der Erzengel 87
Jerusalem (Israel) 12, 34, 82, 90,
92, 100
Jesuiten 75, 137, 147, 165, 197, 200
João Ciudad Duarte, *siehe* Johannes
von Gott, hl.
Johann III., König von Portugal 197
Johann Baptist, *siehe* Johannes der
Täufer, hl.
Johanna „von der Lilie", *siehe*
Johanna von Orléans, hl.
Johanna von Orléans, hl. 110
Johannes Boanerges, *siehe* Johannes
der Evangelist, hl.
Johannes Bosco, hl. 133
Johannes Calvin, 77
Johannes Chrysostomos, hl. 58
Johannes der Apostel, *siehe*
Johannes der Evangelist, hl.
Johannes der Evangelist, hl. 101
Johannes der Täufer, hl. 82
Johannes Macías, hl. 171
Johannes Markus, *siehe* Markus, hl.
Johannes Massias, *siehe* Johannes
Macías, hl.
Johannes Vianney, *siehe* Jean-Marie-
Baptiste Vianney, hl.

Johannes vom Kreuz, hl. 167
Johannes von Antiochia, *siehe*
Johannes Chrysostomos, hl.
Johannes von Gott, hl. 166
Johannesevangelium 63, 97, 98
Jordan 34, 83
Josef von Copertino, *siehe* Joseph
von Copertino, hl.
Joseph der Arbeiter, *siehe* Joseph
von Nazareth, hl.
Joseph der Zimmermann, *siehe*
Joseph von Nazareth, hl.
Joseph von Copertino, hl. 121
Joseph von Nazareth, hl. 88
Juan de Arcas Sanchez, *siehe*
Johannes Macías, hl.
Juan de Dios, *siehe* Johannes von
Gott, hl.
Juan de la Cruz, *siehe* Johannes vom
Kreuz, hl.
Juan Diego, hl. 113
Juan Diego Cuauhtlatoatzin, *siehe*
Juan Diego, hl.
Juan Macías, *siehe* Johannes
Macías, hl.
Judas Thaddäus (Judas), *siehe*
Simon und Judas, hl.
Judasbrief 99
Judentum 86, 192
Jungfrau von Orléans, *siehe* Johanna
von Orléans, hl.

K

Kamaldulenser 155, 156
Kant 67
Kapernaum (Israel) 49
Kappadokien (Kleinasien) 49,
138
Kappadokische Kirchenväter 49,
52
Kappadokische Philosophen 52
Kapuziner 115, 124, 131
Karl VI. (Kaiser) 27
Karl VII. (König) 111
Karl Borromäus, hl. 74
Karl der Große 111, 191
Karl Martell 111
Karmeliten 147, 167, 169
Kartäuser 146, 147, 156
Karthago (Africa) 15, 21, 22, 32
Kastilien 168
Katakomben von San Sebastiano
119
Katalonien 15, 164
Katharer 158
Katharina Benincasa, *siehe*
Katharina von Siena, hl.
Katharina Fieschi Adorno, *siehe*
Katharina von Genua, hl.
Katharina Labouré, *siehe* Catherine
Labouré, hl.
Katharina Mary Drexel, *siehe*
Katherine Maria Drexel, hl.
Katharina von Alexandria, hl. 31

Katharina von Alexandrien, *siehe*
Katharina von Alexandria,
hl.
Katharina von Aragón 38
Katharina von Genua, hl. 114
Katharina von Ricci, *siehe* Caterina
de' Ricci, hl.
Katharina von Siena, hl. 108
Katherine Maria Drexel, hl. 201
Kelten 149, 151, 152, 184, 188
Kephas, *siehe* Petrus, hl.
Kierkegaard, Søren 7
Kiewer Rus 206
Kilian von Würzburg, hl. 190
Kilianifest 190
Killena, *siehe* Kilian von Thüringen,
hl.
Kirche von Alexandria 96
Kirchenlehrer 137, 146, 158, 159,
171, 172
Kirchenstaat 109
Kirchenväter 43, 61, 62, 85, 186
Klara von Assisi, hl. 147, 161
Klarissen 124, 146, 147, 161
Kleinasien 45, 47, 49. 50, 194
Knut der Große 208
Köln (Deutschland) 70, 73
Kölner Dom 182, 183
Kolosseum (Rom) 13
Kolumban, *siehe* Columban von
Iona, hl.
Kolumbien 171, 199, 200
Kongregation für die
Heiligsprechungsprozesse
69
Konstantin (römischer Kaiser) 28,
33, 46, 139, 204
Konstantin und Michael, *siehe*
Kyrill und Method, hl.
Konstantinopel 47, 55, 58
Kreuzzüge 217
Kunigunde, hl. 207
Kyrill und Method, hl. 192
Kyrill von Alexandria, *siehe* Cyrill
von Alexandria, hl.
Kyrillos von Alexandria, *siehe*
Cyrill von Alexandria, hl.
Kyrillus und Methodius, *siehe* Kyrill
und Method, hl.

L

La Grande Chartreuse, Kloster
(Frankreich) 156
La Torre (Italien) 156
Lanfranc, Erzbischof von
Canterbury 66
Lateinische Kirchenväter, vier 43,
186
Laurentius von Rom, hl. 20
Lazarus 89, 100
Leben des heiligen Nikon
Metanoites 194
Legenda aurea 23, 27, 55, 159,
164

Leo der Große, *siehe* Papst
Leo I., hl.
Leonhard, hl. 9
Levi, *siehe* Matthäus, hl.
Licinius (römischer Kaiser) 33
Lieblingsjünger, *siehe* Johannes der
Evangelist, hl.
Lima (Peru) 170, 198,
Lindisfarne (England) 26, 152
Lisieux (Frankreich) 78
Lissabon (Portugal) 67
Llancarfan (Wales) 34
Loéguire (König) 180
London (England) 36, 7, 38, 188
Lothringen (Frankreich) 110, 173
Lourdes (Frankreich) 78, 132
Lucia von Syrakus, hl. 28
Luciafest 28
Ludmilla von Böhmen, hl. 205
Ludolf von Sachsen 164
Ludwig IX. von Frankreich, hl. 216,
111, 203
Ludwig XIII. (König) 173
Ludwig der Heilige, *siehe* Ludwig
IX. von Frankreich, hl.
Lukas, hl. 100
Lukas der Evangelist, *siehe*
Lukas, hl.
Lukasevangelium 82, 100

M

Macao (China) 39
Madras (Indien) 97
Mähren 192
Mailand (Italien) 51, 53, 56
Majuma (Palästina) 140
Makrina die Ältere 138
Makrina die Jüngere 48
Malabar (Indien) 97
Malcolm III. (König von
Schottland) 214, 215
Manichäismus 56, 57
Manresa (Spanien) 164
Marcelline Pauper, Schwester 131
Margaret of Scotland, *siehe*
Margareta von
Schottland, hl.
Margareta Maria, *siehe* Margareta
Maria Alacoque, hl.
Margareta Maria Alacoque, hl. 123
Margareta von Antiochia, hl. 30
Margareta von Schottland, hl. 214
Margarete von Cortona, hl. 117
Margherita Lotti, *siehe* Rita von
Cascia, hl.
Marguerite-Marie Alacoque, *siehe*
Margareta Maria Alacoque,
hl.
Maria, hl. 84
Maria Celeste Crostarosa,
ehrwürdige 128
Maria Faustyna Kowalska, hl. 135
Maria Maddalena de Pazzi, hl. 120
Maria Magdalena, hl. 89

Bildnachweis

Alle Abbildungen in diesem Buch sind rechtefrei,
mit Ausnahme der nachstehend aufgeführten.
Alle Karten von Paul O'Brien.

Abkürzungen:
o = oben; u = unten; m = Mitte; l = links; r = rechts

SS = Shutterstock.com; WC = Wikimedia Commons

HEILIGE MÄRTYRER

10ur Zvonimir Atletic/SS; 11 Zvonimir Atletic/SS;
12 Zvonimir Atletic/SS; 13ul Vlad Ghiea/SS; 16ol Zvonimir
Atletic/SS; 17or Jose Ignacio Soto/SS; 17ul Renata;
Sedmakova/SS; 18um Kenneth V. Pilon/SS; 19ul Goran
Bogicevic/SS; 21om George Cleminte/SS; 22ol Zvonimir
Atletic/SS; 24um Asier Villafranca/SS; 33m Romary/WC;
34ol Fred.th/WC; 34or John Lord; 35or Ludwig Schneider/
WC; 36 Immanuel Giel; 38om Mary Lane/SS; 40ol und
40or mit freundlicher Genehmigung des Holy Transfiguration
Monastery, http://www.thehtm.org; 41om SFC/SS;
41um catholictradition.org

HEILIGE DES WORTES UND DER SCHRIFT

42r Zvonimir Atletic/SS; 42ul Zvonimir Atletic/SS;
45ul Orf3us/WC; 47ur Godromil/WC; 51or Alfgar/SS;
56ol Zvonimir Atletic/SS; 61or Jastrow/WC; 62um Luis
García/WC; 63om Benedictus/SS; 64mr simonekesh/SS;
64l Bocman1973/SS; 65ur NicFer/WC; 67om Zvonimir
Atletic/SS; 67or Zvonimir Atletic/SS; 73um Willy Horsch/WC;
74ur Juhanson/WC; 78um emei/SS; 79ur igor1308/SS

HEILIGE DER BIBEL

81 Zvonimir Atletic/SS; 85ur Bryan Busovicki/SS;
87ur Renata Sedmakova/SS; 89or Zvonimir Atletic/SS;
91um Zvonimir Atletic/SS; 92um Fel1ks/SS; 93um thaagoon/
SS; 96ol Zvonimir Atletic/SS; 96um Zvonimir Atletic/SS;
98um Zvonimir Atletic/SS

HEILIGE MYSTIKER

106um ΩOrigenes/WC; 109ur Zvonimir Atletic/SS;
110um ribeiroantonio/SS; 111ur iron45/WC; 113um Bill
Perry/SS; 116m Túrelio; 122m Tupungato/SS; 127m
BrendanDias/SS; 130m Renata Sedmakova; 131ur Foyers de
Charité; 132ur Rotatebot/WC

ORDENSHEILIGE

141ur Victorian Traditions/SS; 143ur vyskoczilova/SS;
148ol Panaspics/SS; 149m Lian Deng/SS; 149or BasPhoto/SS;
151ur Ed Phillips/SS; 152ol Alistair Scott/SS; 153om Gordon
Cable; 154ol BasPhoto/SS; 156ol Zaqarbal/WC; 162ur Luigi
Chiesa/WC; 167ur Joseolgon/WC; 169ul Malgorzata Kistryn/
WC; 174um PHB.cz (Richard Semik)/SS

HEILIGE MISSIONARE UND BEKEHRER

178um MikAnCa/WC; 179ul Culnacreann/WC; 179m Jurand/
SS; 180ol Thomas Gun/WC; 180m stenic/WC; 181or Matt
Ragen/SS; 183l Renata Sedmakova/SS; 185ul angusmclellan/
WC; 185or Madame.evangelista/WC; 190m Juri/SS;
193or Radka1/SS; 195 Diligent/WC

HEILIGE ADLIGER ABKUNFT

205 Tiberiu Stan/SS; 207m Evrik/WC; 208m Aiwok/WC;
209or Zvonimir Atletic/SS; 210l SieBot/WC; 212ol A.C.Jones/
SS; 213or Christian Mueller/SS; 214ol Patrick Wang/SS;
214m jean morrison/SS; 215m Myrna Schwartinsky/SS;
215or Kim Traynor/WC; 217ur World Imaging/WC